广东省中小学"百千万人才培养工程"
初中理科名教师培养项目丛书

丛书总主编：于 慧 李晓娟

小学体育与健康课程校本化
实施大单元教学设计案例

李 雪 主 编
梁 枭 副主编

暨南大学出版社
JINAN UNIVERSITY PRESS

中国·广州

图书在版编目（CIP）数据

小学体育与健康课程校本化实施大单元教学设计案例/李雪主编；梁枭副主编．—广州：暨南大学出版社，2024.12
（广东省中小学"百千万人才培养工程"初中理科名教师培养项目丛书／于慧，李晓娟总主编）
ISBN 978 - 7 - 5668 - 3903 - 9

Ⅰ.①小… Ⅱ.①李… ②梁… Ⅲ.①体育课—教学设计—小学②健康教育—教学设计—小学 Ⅳ.①C623.82

中国国家版本馆 CIP 数据核字（2024）第 076440 号

小学体育与健康课程校本化实施大单元教学设计案例
XIAOXUE TIYU YU JIANKANG KECHENG XIAOBENHUA SHISHI
DA DANYUAN JIAOXUE SHEJI ANLI
主　编：李　雪　副主编：梁　枭
···

出 版 人：阳　翼
统　　筹：黄　球　潘江曼
责任编辑：黄　球　梁念慈
责任校对：刘舜怡　何江琳
责任印制：周一丹　郑玉婷

出版发行：暨南大学出版社（511434）
电　　话：总编室（8620）31105261
　　　　　营销部（8620）37331682　37331689
传　　真：（8620）31105289（办公室）　37331684（营销部）
网　　址：http://www.jnupress.com
排　　版：广州良弓广告有限公司
印　　刷：广州市友盛彩印有限公司
开　　本：787mm×1092mm　1/16
印　　张：13
字　　数：260 千
版　　次：2024 年 12 月第 1 版
印　　次：2024 年 12 月第 1 次
定　　价：59.80 元

前　言

为全面贯彻落实党的教育方针，落实立德树人根本任务，深化课程改革，促进义务教育的高质量全面发展，教育部于 2022 年 4 月颁布了《义务教育体育与健康课程标准（2022 年版）》共 16 个学科的课程标准。其中在课程设计理念中提出要根据学生运动技能形成规律和身心发展规律，加强课程内容的整体设计。特别是对专项运动技能的学习应采用大单元教学，通过大单元教学，既能使学生掌握所学专项运动技能，又能提升对运动项目的体验感，从而促进学生核心素养的形成与发展。然而，当前针对专项运动技能大单元整体设计而编写的教学专业类书籍缺乏，使得广大一线小学体育教师在课程实施中依然面临着诸多困难与困惑。因此，编写《小学体育与健康课程校本化实施大单元教学设计案例》一书对小学体育与健康课程标准的贯彻落实至关重要。

本书共分为两篇。问题解决篇主要是对课程标准实施过程中遇到的一系列热点问题进行梳理，并提出了笔者的见解。希望帮助广大一线小学体育教师在课程大单元教学设计实施上构建高质量的专项教学体系。案例篇主要是以专项运动技能教学大单元案例的形式呈现给广大读者。我们从专项技能六大类运动中，每类都选择了具有代表性的项目进行单元设计的撰写，并且每个专项大单元不少于 18 课时。整体设计内容主要包括基础知识与基本技能、技战术、体能训练、规则与裁判法、展示或比赛、观赏与评价。另外，在每个专项大单元教学案例后都配有单元总评，以帮助读者理解该大单元的设计意图。

本书撰写分工如下：第一章由广州市黄埔区开元学校李颖羽、广州市第八十六中学曲成淼、广州市黄埔区东区中学王彩芳、广东外语外贸大学附属科学城实验学校胥茜、广州市黄埔区苏元学校张月、北京师范大学广州实验学校王硕撰写；第二章由广州市黄埔区玉鸣小学王静、广州高新区第一小学马嘉宇、广州开发区第二小学吕俊伟撰写；第三章由华南师范大学附属开发区实验小学连永华撰写；第四章由广州市黄埔区科学城小学宋晓玲撰写；第五章由北京师范大学广州实验学校王硕撰写；第六章由广州市黄埔区玉泉学校陈姿撰写；第七章由广东省教育研究院黄埔实验学校梁枭撰写。本书最后由李雪进行统稿。

　　总体而言，本书不是通篇的理论解读与阐述，而是紧紧围绕小学体育与健康课程专项运动技能大单元教学设计中需要解决的具体问题，通过案例在每节课中进行分解设计与实施。我们期望本书能对广大一线小学体育教师基于课程标准实施小学体育与健康课程教学时产生积极的指导与参考作用。由于编写人员的水平与能力有限，书中可能存在一些不足，敬请读者批评指正。最后，在这里对为本书提供案例和给予良好建议的同仁们表示真诚的感谢！

李　雪

2024 年 6 月

目 录
CONTENTS

问题解决篇

第一章 如何培养体育与健康学科的核心素养

《义务教育体育与健康课程标准（2022 年版）》［以下简称《课程标准（2022 年版）》］指出，随着义务教育的全面普及，必须进一步明确"培养什么人，怎样培养人，为谁培养人"，优化学校育人蓝图。培养学生良好的体育与健康核心素养，对发展学生身心健康，促进学生自觉锻炼意识，增加自觉锻炼次数，提高自我保护意识等具有重要意义。学生作为社会的重要群体，是国家稳步发展的重要基石，少年强则国强，只有注重青少年的体质健康发展，国家才能更好更长远地发展。因此，通过对《课程标准（2022 年版）》的认识与理解，深化体育与健康核心素养的内涵，明确体育教师的教学方向和思路，夯实学生对体育与健康课程技能学习和核心素养重要性的理解，总结培养学生体育与健康核心素养的策略和路径，为相关部门制定政策提供理论依据。

一、核心素养的内涵

《课程标准（2022 年版）》认为，体育与健康课程要培养的核心素养包括运动能力、健康行为和体育品德，三个方面密切联系，相互影响，在体育与健康教育教学过程中得以全面发展，并在解决复杂情境的实际问题过程中整体发挥作用。

体育与健康学科核心素养的提出，是建立在"健康第一"理念和"立德树人"根本任务的基础上的，教师应始终牢记体育课程培养目标。体育与健康学科核心素养要求培养学生终身体育锻炼的意识，长期保持体育活动参与，学习掌握 1～2 项运动项目，积极主动地参与体育活动，能够对运动产生浓厚兴趣，挖掘学生内在的主动学习能力。塑造学生优良的道德品质，实现"以体育人、以体育心"的目标，提高学生的规则意识、团队合作以及探索学习的能力。

二、深入理解体育与健康课程标准对核心素养的要求

《课程标准（2022 年版）》认为，通过对体育与健康课程的学习，学生够能享受运动乐趣，掌握各种运动项目的学练方法，积极参与各种体能练习，达到相应的要求，改善体形，保持良好的身体姿态；在学练多种运动项目技战术和参与展示或比赛的基础上掌握 1～2 项运动技能，认识体能和运动技能发展的重要性，掌握所学运动项目的基础知识和基本原理，了解并运用所学运动项目的规则；经常观看体育比赛并对比赛进行简要分析；形成积极的体育态度，提高分析问题和解决问题的能力。

通过对体育与健康课程的学习，掌握个人卫生保健、营养膳食、青春期生长发育、常见疾病和运动伤病预防、安全避险等知识，并运用于学习和生活中；了解和体验体育活动对心理健康的积极影响，学会调控自己的情绪，积极应对挫折和失败，保持良好的心态，主动同他人交流与合作，知道在不同的环境下进行体育锻炼的方法和注意事项，逐步适应自然环境和社会环境。同时，学生能理解参与体育学练、展示或比赛对个人体育品德塑造的重要性，积极参加体育活动，在遇到困难或挑战自身身体极限且保证安全的情况下能克服困难、坚持到底，与同伴一起顽强拼搏；遵守体育游戏、展示或比赛规则，相互尊重，诚实守信，有公平竞争的意识和行为；充满自信，乐于助人，表现出良好的礼仪，能够承担不同角色并认真履行职责，正确对待成败。

三、体育与健康学科素养的培养策略

1. 构建体育与健康学科核心素养下的体育教学目标

体育教学目标是培养学生具备体育与健康学科核心素养。核心素养的培养不是一蹴而就的，它要求教师深刻了解体育与健康学科核心素养的本质，以及其对培养学生的重要性，通过将教学目标划分到学年、学期、单元、课时目标中，逐步培养学生的核心素养。此外，目标的设定要遵循学生的身心发展规律，依据不同学生的心理、生理差异设置有针对性的课时目标，保证因材施教的教学过程。

2. 构建体育与健康学科核心素养下的教学内容

学生体育与健康学科核心素养的提升主要是在课堂上。教师应通过对教材

的深入分析和挖掘，并根据学生的身心发展特点和规律，采用有效合理的教学方法，帮助学生主动获取知识和技能。因此，选择正确的教学内容是培养学生核心素养的有效途径，体育教师要根据学生的身体、心理发育特点以及教学目标选取合适的教学内容。以往的教学内容过于片面化，没有发挥学生的主体性和教师的引领作用，通常以掌握运动技能为主，忽略了对学生体育运动知识、健康行为、心理健康知识的培养。《课程标准（2022 年版）》要求不仅要注重学生运动技能的学习，还应当注重学生核心素养的培养，将核心素养融入体育教学中，把技能学习与核心素养的培养相结合，通过对运动技能、健康知识的学习，加强学生对体育与健康学科核心素养的认知和理解，塑造优秀的体育品德，表现出良好的心理素质和集体荣誉感，促进学生提高社会适应能力，最终能将体育课程中养成的良好体育品德带入日常生活和学习中。

3. 构建体育与健康学科核心素养下的体育教学评价方法

观念决定行为，行为决定结果。评价改革的首要任务是树立一个全新的、科学的评价观。第一，改变教学评价的功利性。现阶段我们的教学评价主要目的是评价教学质量、评价教师和学校水平，由于过分重视评价结果，教师和学生在教学过程中的体验和感受往往都被忽视。教师要主动地远离功利性的评价，要坚信教书育人才是我们真正追求的目标，在思想观念上淡化考评中的分数高低意识，重点关注学生各方面的发展。体育与健康学科核心素养重视学生全面发展，通过灵活多样的教学评价优化体育教学成果，逐步提高学生的体育与健康核心素养。第二，教学评价的主体应该是多元化的。教师的主体地位应该被改变，引导学生成为评价的重要参与者，教师要拓宽思路，评价的方式也应该不再是传统单一的，改变以往的体育教学评价模式，即教师对学生进行量化评价，对学生给予单方面的教学评价。体育教学评价应依据体育与健康学科核心素养的内涵优化教学评价方法，包括师生互评、学生自评、家长评价、过程性评价与终结性评价相结合等，促进学生体育学习的主动性和参与运动的积极性。学生在评价中能够及时知道自己的优缺点和自身内在潜力，通过自身的调控和外界的评价刺激有效地提高其学习的积极性和主动性。

在教学过程中，采取课堂小结、自评与互评相结合的形式，是教学过程更加公平、科学的保证。体育教师要重视过程性评价，通过了解不同学生的身心发展特点，激发学生的自信心和积极性。此外，在教学中，还应重视对学生道德品质与合作态度的评价，将核心素养的培养渗透到学生学习的各个方面。

4. 提高学生对体育与健康学科核心素养的认识

学校健康教育的重要目的是提高学生健康素养，因此，要从学校教育入手，有针对性地丰富学生的健康知识和培养学生的健康能力，实施有计划、有程序、有实施过程、有总结反思的教育行动，确立健康、科学、文明的生活观念，使学生提高对健康的认识能力和认知水平，让健康在学生的头脑中形成思想自觉和行动自觉。将体育教育与健康教育相融合，体育教师在进行体育教学时要扬弃不良的教学理念，有效地传授学生体育技能，培养其保持健康的能力。养成正确的健康素养，一定是在掌握一定的健康知识和拥有一定的健康能力的基础上，通过实践逐步将其内化于心、外化于行。此外，学校教育的重点应在于帮助学生树立良好的健康意识，培养正确的生活习惯，以促使学生形成核心素养。在遵循学生成长规律的基础上，以学生的兴趣为指导，以不同学生的健康需要为着力点，建设高效且快乐的体育教学课堂模式，通过体育教师的引导，对学生进行心理健康知识、健康饮食知识、疾病预防知识的传授，通过教学对学生进行社会适应、运动参与、健康管理等能力的培养。

5. 加强对体育教师的专业化培养

为了更好地培养学生的核心素养，发挥健康教育在提升学生健康素养中的作用，学校应注重教师的专业化培养。目前我国体育学院培养的学生普遍存在对医学知识相对匮乏这样一个弱点，因此，在"健康中国"的背景下需要提升体育教师健康教育的能力，要拓展体育教师的再培训范围，从基础体育理论学习到基本体育技能的展示，使体育教师成为集理论与技能于一身的全面型人才。学校应对体育教师提出新的要求，在理论学习、继续教育等方面进行集中培训，进一步加强体育教师服务体育教育事业的使命感。课程改革强调把培养学生的学科核心素养放在首要地位，教师作为学生学习的辅导者和帮助者，应该促进学生体育与健康学科核心素养的发展，承担起提升学生体育核心素养的重要任务，以核心素养标准为指导，延展教学思路，开发教育智慧，丰富自己的理论知识，采取科学有效的教学方式帮助学生提升体育与健康学科核心素养。

第一节　如何有效实施"教会、勤练、常赛"

体育与健康教育是实现青少年全面发展的重要途径，体育与健康课程以习近平新时代中国特色社会主义思想为指导，全面贯彻党的教育方针，落实"立德树人"的根本任务，坚持"健康第一"的教育理念，重视体育与健康教育的融合，引导学生形成良好的锻炼习惯，培养至少1项体育专项技能，以体育智、以体育心，促进学生德、智、体、美、劳全面发展。根据新课标精神，全面深化体育教学改革要从以下三方面入手：第一是"教会"，要求体育教师教会学生体育健康知识、基本运动技能、专项运动技能、体能练习，并懂得体育与跨学科知识的融合运用；第二是"勤练"，保证学生每天校内校外各有 1 小时的体育锻炼时间；第三是"常赛"，要组织全员参与竞赛，从班级内部的竞赛，到班级联赛、校级联赛，再到全国联赛甚至综合性的全国运动会。让"教会、勤练、常赛"成为体育课教学改革的总体思路。同时，落实"教会、勤练、常赛"是体育与健康课程标准执行的关键点，全面提高体育在育人中的价值，是提升学生综合素质的根本性工程，对于促进体育教育现代化、建设健康中国和人力资源强国，实现中华民族伟大复兴的中国梦具有重要意义。

一、"教会、勤练、常赛"的内涵

《课程标准（2022 年版）》关于课程理念的第二点，明确提出落实"教会、勤练、常赛"的要求。体育与健康课程依据学生需求和兴趣爱好，面向全体学生，落实"教会、勤练、常赛"，注重"学、练、赛"一体化教学。坚持课内课外有机结合，指导学生学会基本运动技能、专项运动技能和体能练习，提供更多的时间让学生进行充分的练习，巩固和运用所学运动知识与技能，参与形式多样的展示与比赛。激发学生参与运动的兴趣，让学生体验运动的魅力，领悟体育的意义，发扬刻苦学练的精神，逐渐养成"校内锻炼 1 小时、校外锻炼 1 小时"的习惯。

二、深入理解课标对"教会、勤练、常赛"的要求

1. "教会"是"勤练"的基础

"教会、勤练、常赛"，从字面上理解就是要在日常的体育教学中注重"学、练、赛"一体化教学，这种一体化的课程教学体系，实际上是完整学习和结构化学习的具体表现。"教会"是"勤练"的基础，从体育与健康课程内容结构上看，"教会"包括的范围：基本运动技能、体能、健康教育、专项运动技能、跨学科主题学习。例如，在体能板块，教会学生不同的体能训练方法、不同的体能测评方法等；在基本运动技能和专项运动技能板块，教会学生技能的同时教会他们如何为自己设计体育锻炼的课外计划等。"教会"在课时

教学计划里体现在教师的讲解示范、动作要领，学生模仿学习。在"教会"的板块学习中，要求我们有纵向的体育板块学习，也要有横向的跨学科运用。

2."勤练"是"教会"和"常赛"的链接与提高

课内学习，课外大量复习，不断巩固、强化才有效果，"勤练"在课时教学计划里体现在学生的体验性练习、拓展练习与教师的巡回指导。其中每节课10分钟的体能训练，也就是我们通常说的"课课练"，也属于"勤练"，具有多样性、补偿性、趣味性、整合性的特点，这10分钟的体能训练让学生的体能发展更全面，训练的过程不枯燥乏味。在课堂以外，"勤练"要求学生课后大量参与家庭、社区等的体育活动，或者根据自己的时间和兴趣爱好进行体育锻炼。"拳不离手，曲不离口"，任何一项体育技能的学习或身体的肌肉积累都离不开量变到质变的过程，因此"勤练"是必经之路。

3."常赛"是"教会"和"勤练"的检验手段

"常赛"是"教会"和"勤练"的检验手段。"常赛"在课时教学计划里体现在每节课我们可以根据学生的掌握水平及课堂的内容设计比赛，包括对抗赛、擂台赛、分钟赛、技能赛、组合赛、综合赛等。另外，仅靠课堂教学难以实现课程目标，需课内课外一体化，发挥课外活动补充、延伸作用，帮助学生学以会用、学以能用。比赛是检验教学效果的重要手段，通过比赛才能发现问题，让我们的教学更加有针对性和科学性，比赛能提高学生的能力，发展其喜欢比赛的心理特点。"学、练、赛"结合，以学促赛、以赛促学。

三、实施"教会、勤练、常赛"的策略

1. 全面提高体育教师结构化教学的综合能力

"教会"是学生掌握运动技能的起点，全面提高体育教师结构化教学的综合能力，才能保障"教会"更高效地进行。目前一线体育教师要转变教学的观念，加强对"学、练、赛"一体化的探索，以具体运动项目为依托，深入研究"学、练、赛"一体化模式的设计思路和操作方式，形成可供推广的具体案例。

体育教师结构化教学的综合能力表现在首先要对新课标改革的要求非常熟悉，然后明确所教班级学生在课程的水平教学要求，在上课前针对教学设计做到结构化的整体规划，研究如何从单一技术的学习过渡到结构性的学习，让学生学习的技能马上能够运用，学以致用才能加强学生的记忆，并且让学生在学

中有体验、有探索，能够发现自身的问题，以便在下一堂课有兴趣继续学习。在教学的设计上要多结合情境教学，使学生在情境导入中学习，在情境学习中掌握知识点或再次发现新问题，最后在情境学习中解决问题。比如在羽毛球的教学中，课前可以问学生："当对方把球打到网前时，你会采取怎样的回球思路呢？"鼓励学生回答，当学生回答时鼓励学生尝试做出动作，这时候鼓励其他学生一起参与动作点评，最后教师补充，此时学生就基本掌握了该动作的原理和使用情境了。接着，再提问："还有其他的回球思路吗？那我们又应该如何做呢？"继续开发学生的思维，当学生掌握了羽毛球的放、挑、推球技术后，再变换其他情境，使学生在上课时带着问题、思考问题、解决问题，不断提高运用技巧的能力。

此外，新课标改革要求体育教师要精讲多练，体育课堂安排遵循"学、练、赛"的要求，这就必须提高体育教师专项运动的能力以及组织能力、观察能力，能根据学生的学习程度合理设计课堂的内容，并且拥有跨学科教学的能力，才能把体育知识和学生生活相结合，以更好地设计课程，提高学生的学习兴趣和参与率。体育教师要多参加集体备课、教学研讨活动，多观摩学习，甚至与跨学科教师交流，不断丰富结构化设计的素材，当体育教师能把结构化的教学设计实践出来，学生才能掌握结构化学习，并把学到的知识实践于日常锻炼中。

2. 坚持"学、练、赛"的创新体育课堂教学模式

体育教师应加强课程内容的整体设计，遵循科学规律，包括教育教学的规律、学生的身心发展规律、运动技能的形成规律等，实行结构化大单元的创新体育课堂教学模式。以往我们的体育教学通常是教师教、学生学，教师纠错、学生再学，最后放松下课。我们要在此基础上进行结构化，增加学生的运动密度，学生才有时间去学和练以及更好地体验比赛。一方面要求体育教师对课堂的目标内容以及设计时间、学习密度、强度把控合理，通过不同项目、不同的内容设计、不同的教学情境和教学比赛，让学生在练中学、学中练、赛中学、赛中练，而且这样的结构化模式课堂要坚持执行才能看到效果。另一方面，坚持每节课都围绕"学、赛、练"，能够帮助学生完成在体育学习思维上的转变，让学生通过各种模式的"学"开阔自己的视野和提升体验感，通过各种模式的"练"加强和同学之间的合作关系，通过各种模式的"赛"丰富自己的心理情绪，增加自己的信心。

3. 坚持加强课内学习、课外比赛的联动学习模式

"常赛"的目的是让学生在各种比赛中去体验和感受体育带来的快乐，感

受运动对身体带来的刺激和肌肉的伸展，从而锻炼人的意志、品格。一方面加强教学设计的"赛"环节，在"水平—学年—学期—单元—课时"的设计上规划出"赛"的路线，另一方面鼓励学生积极参与体育课堂外如学校、社区等组织的体育赛事，学校要定期组织校内体育赛事，使比赛常态化，让学生有参与的机会，在开家长会时要鼓励家长带动学生积极参与社会体育锻炼，形成良好的家校体育锻炼、比赛联动，学生通过比赛能更好地检验学习的效果，为后期的学习打基础。

第二节　如何有效推进课程内容的结构化安排

体育课堂的内容是体育课堂实施的重要载体，在以往的体育课堂中，往往存在着以下问题：运动项目繁多，不知如何取舍；蜻蜓点水式的教学，如教师不会教、学生也掌握不了；过于关注对学生技能的传授，而忽略了对学生健康知识的丰富及行为的及时引导；教师对不同学段的教学存在重复或者脱节的情况。核心素养观念提出以后，学校课堂内容也向素质导向转变，课程理念和课程价值取向的变化使课程内容结构产生重要变化，《课程标准（2022 年版）》在体育课堂内容上，以习近平新时代中国特色社会主义思想为统领，基于核心素养发展要求，遴选重要观念、主题内容和基础知识，设计课堂内容。体育课堂应该建立新的结构化架构，课程内容的结构化教学有助于教师的科学教学，让学生更好更快地掌握体育健康知识和相关技能，提升体能。

一、课程内容结构化的内涵

新课标指出课程内容结构化包括两个方面的含义：一是结构化教学内容，指某一方面（如基本运动技能、体能、健康教育或专项运动技能等）的教学内容具有整体性、关联性，如专项运动技能中足球项目的教学内容，不仅包括基本动作技术和组合动作技术，还包括战术配合、基本原理、裁判规则、体能练习、教学比赛、观赏评价等，这样的结构化教学内容能帮助学生学会和理解足球运动；二是结构化运动知识与技能教学，指每节课教师都要引导学生学练组合动作技术，加强单个动作技术之间的有机联系，学练基础战术配合，并积极参与形式多样的教学比赛，加强对所学运动项目的完整体验和理解，提高在真实、复杂的情境中运用知识和技能分析问题、解决问题的能力，有效达成学习目标。

二、深入理解新课标对课程内容结构化安排的要求

1. 整体性与连贯性

结构主义认为注重整体是对事物本质研究的唯一途径。结构是按照一定的规则排列起来的整体，整体不等于部分的机械相加①。过往的教学实践经验证明，每节只让学生学练单个动作技术的体育课并未使学生掌握一项运动技能，也难以增强学生的体质②。整体性是指结构化教学下知识和技能的传授，这不是一种简单的单个技术组合的叠加，而是把各个动作技能、要素看成一个有机整体，进而体现出教材内容和教学过程的整体性。连贯性是指动作技能的发展是连续的，与学生动作技能发展的敏感期相联系。学生对体育课堂知识的运用和实践，是在运动中思考，在思考中获得成就，这是一个动态过程，而不是一个结果。

2. 实践性与应用性

体育学科区别于其他学科最大的特点就是身体以及技术动作的实践性与应用性。实践性是指在体育课中学生获得运动体验感；应用性是指学生能够对所学运动项目的综合知识和技能加以应用与延展，以应对比赛或真实的情境。学生的体育学习是在一定的运动情境下，通过对知识的不断实践和应用加以积累的，不是直接强加的结果，而是学生在学习过程中对知识的内化和加以应用而来的③。

3. 层次性与关联性

知识和技能的层次性是指它们相互之间具有由简单到复杂，由易到难的递进关系；关联性是指各种知识和技能之间的相互联系、相互促进④。例如，设计专项运动技能的大单元教学就突破了以往不集中、不连续、不系统的碎片化

---

① 李克建. 结构主义、后结构主义与教育研究：方法论的视角［D］. 上海：华东师范大学，2007：66.

② 季浏. 义务教育体育与健康课程实践中的疑惑与解答：《义务教育体育与健康课程标准（2022年版）》专家解读［J］. 体育教学，2022（8）.

③ 王乐，熊明亮. 体育课结构化技能教学的内涵阐释与应用路径［J］. 体育学刊，2020，27（1）.

④ 季浏. 我国《普通高中体育与健康课程标准（2017年版）》解读［J］. 体育科学，2018，38（2）：3-20.

教学方式。

三、有效实施课程内容结构化的策略

1. 结构化教学内容

结构化教学内容是指某一方面（如基本运动技能、体能、健康教育或专项运动技能等）的教学内容具有整体性、关联性。如专项运动技能中足球项目的教学内容，不仅包括基本动作技术和组合动作技术，还包括战术配合、基本原理、裁判规则、体能练习、教学比赛、观赏评价等。

2. 结构化知识与技能教学

结构化知识与技能教学，指教师每节课都要引导学生学练组合动作技术，加强单个动作技术之间的有机联系，学练基础战术配合，并积极参与形式多样的教学比赛。

3. 贯彻体育学科核心素养

体育课最大的追求就是培养体育核心素养，如果体育课能够很好地培养学生的核心素养，无疑就是成功的。因此在体育教学过程中，教师要时刻关注体育学科的核心素养以及体育结构化知识与技能教学，改变传统教学中以教师示范、讲解为主的教学模式，转变为以学生为中心，最终达到科学教学的目标。

4. 摒弃单一知识和单个技术的教学

在体育与健康课程的教学过程中，要摒弃以往单一知识和单个技术的教学。即不管教授什么运动项目，不管哪个年级和水平，每节课都应将基本运动技能与组合运动技能相结合，以组合技能学练为主，有些运动项目还需要学练战术配合。

5. 创设复杂的运动情境

体育教学情境不是自然产生的，而是人为创设的。简单的教学情境，无助于学生学科核心素养能力的提升。为激起学生的兴趣，引导学生的思维，需要教师精心创设复杂的体育教学情境并展现在学生面前。学生的运动能力、体育精神和体育品德在简单的技术教学情境中难以提高。情境来源于生活，引导实现于教师。体育教师可以设计不同的情境来组成结构化教学，把生活中遇到的各种现象迁移到体育课堂中。

6. 充分考虑当地的特点，设计实际教学内容

我国各地在经济、文化、教育、体育以及地理环境等方面差异较大，发展

也不平衡。适合的才是最好的，因此，体育与健康课程教学内容的选择和设计应充分考虑当地的气候特点、场地设施、安全环境、民族传统等情况，因时、因地制宜地实施体育与健康课程教学。此外，为了传承中华优秀传统文化，《课程标准（2022 年版）》特别指出"要加强对中华传统体育类运动项目的教学，尤其要重视具有对抗性的中华传统体育类运动项目，减少花拳绣腿式的比画动作教学，培养学生的尚武精神和阳刚之气，加深学生对中华优秀传统体育的理解"。这提示我们，未来对于中华传统体育类运动项目教学内容的选择，要改变只是简单动作的机械练习，强调技击性、对抗性①。

第三节　如何有效实施专项运动技能学习的水平进阶

中共中央办公厅、国务院办公厅发布的《关于全面加强和改进新时代学校体育工作的意见》（以下简称《意见》）中提出了"义务教育阶段体育课程帮助学生掌握 1 至 2 项运动技能，引导学生树立正确健康观"的要求②。教育部办公厅印发的《〈体育与健康〉教学改革指导纲要（试行）》（以下简称《纲要》）中提出"教会、勤练、常赛"就是为了更好地学习专项运动技能，可以说，义务教育阶段学生专项运动技能的培养成为《课程标准（2022 年版）》义务教育体育与健康课程标准的重要内容。该标准提出专项运动技能按水平进阶，并提出了达到各水平的具体要求。如何正确理解该标准对专项技能学习按水平进阶的要求，改变过去专项技能教学存在的低水平、重复等问题，有效提升学生专项运动技能，是一线体育教师需要认真思考、不断实践、重点研究的内容。

一、专项运动技能学习水平进阶的内涵

现阶段学校体育课在专项技能教学中存在低水平重复、难易颠倒、梯度衔接不好等问题，专项技能学习的衔接性、延续性较差，造成了绝大部分学生在12 年体育课程学习后仍然没有掌握一项专项运动技能的结果。专项运动技能

---

① 季浏. 我国《义务教育体育与健康课程标准（2022 年版）》解读 [J]. 体育科学, 2022, 42 (5).
② 于素梅. 义务教育课程标准（2022 年版）课例式解读—体育与健康 [M]. 北京：教育科学出版社，2022：19 - 30.

水平是衡量学生运动能力的关键指标，让义务教育阶段的学生掌握 1～2 项运动技能是国家对义务教育阶段学校体育教育的基本要求。《课程标准（2022 年版）》根据《意见》和《纲要》的要求，结合各专项运动技能的难度和项目特点，提出了专项运动技能学习达到不同水平的具体要求。

《课程标准（2022 年版）》将本书列举的六大类专项运动技能课程内容按水平划分为四个水平段，各类运动项目和同类运动项目水平结构相互交融，下一水平是上一水平内容的巩固和发展，它们之间相互关联、衔接递进，内容上呈螺旋上升的特征。在专项运动技能培养的过程中，教师要抓住各项目自身的运动规律，有计划、有层次、递进式地进行教学，有序开展"学、练、赛"教学活动，使学生的专项运动技能有序提升，运动能力逐步形成[①]。

专项运动技能按水平进阶是一线体育教师工作的有力抓手。义务教育阶段的体育与健康教学面对种类繁多的运动项目，针对年龄跨度较大、生长发育较快的学生，一线教师需要有章有法地进行教学。在充分考虑零基础的前提下，专项运动技能按水平进阶为哪个学段学什么、怎么学、学到什么程度等，《课程标准（2022 年版）》对一线教师教学提供了有效帮助和指引。

专项运动技能按水平进阶为专项技能教学评价提供依据。专项运动技能按水平进阶，将各个项目的运动技能按学生的发展水平设置教学模块，阶梯化地进行专项运动技能教学和运动能力培养，形成一套有效促进各运动项目课程衔接、精准把握学生专项运动技能水平的等级评价标准体系，为教学评价提供有力依据。

二、深入理解新课标对专项运动技能学习按水平进阶的要求

专项运动技能学习按水平进阶是《课程标准（2022 年版）》对体育教学提出的新要求，结合各专项运动自身技能的难度和特点，提出了专项运动技能学习达到不同水平的具体要求，因此体育教师要依据不同水平的不同要求，划分成不同的学习单元，各单元之间要有序进阶，使学生的专项运动技能有序提升。这使得一线体育教师对"专项运动技能"有了新的认识和理解，提升专项运动技能成为学校体育教学的新任务。

---

① 于素梅．义务教育课程标准（2022 年版）课例式解读—体育与健康［M］．北京：教育科学出版社，2022：19－30.

1．构建专项运动技能的有效教学体系

专项运动技能的形成不是靠几节课、一周或两周的课堂教学就能实现的，而是需要学生对某个运动项目有一个长期深入的学习、练习和参与比赛的过程，而且这种过程还必须是系统的、有梯度的、连续的。考虑到这些特点，《课程标准（2022年版）》提出要"面向全体学生，落实'教会、勤练、常赛'要求，注重'学、练、赛'一体化教学"，《纲要》中也明确提出要通过"按结构化的方式将每个专项运动划分为多个模块和单元展开教学，学生对各模块和单元逐一进行递进式学习"，构建专项运动技能有效教学体系，可以帮助学生学会运动技术，掌握运动技能，形成运动能力。

2．结合实际提升课程实施的时效性

《课程标准（2022年版）》根据运动项目的可代替性，鼓励各地、各校结合师资队伍、场地器材、学生运动基础等实际情况，充分开发和利用体育与健康课程资源，因地制宜地选择教学内容，采取适宜的教学组织形式和教学方式，认真落实该要求，提升课程实施效果。《课程标准（2022年版）》中还要求根据学生的运动兴趣和运动需求，在三年级以上按要求对专项运动技能有选择地进行递进式学习。

3．尊重个体差异，突出学生主体地位

"关注学生个体差异"是《课程标准（2022年版）》的基本理念之一。要保障每位学生受益，其要点在于学生对于专项运动能力的形成这条主线，教师要将各运动项目划分成逻辑清晰的内容模块，选择符合学生实际水平的模块内容，有梯度地进行教学，使学生的专项运动技能通过"学、练、赛"得到切实的提高，最终形成专项运动能力，从而建立运动自信，感受到各种运动项目的魅力。有利于学生自觉参加体育锻炼，从而掌握和提高运动技能，实现身心全面健康发展。

三、有效实施专项运动技能水平进阶的策略

1．基于核心素养目标，完整、系统地开展教学工作

运动能力、健康行为和体育品德是《课程标准（2022年版）》核心素养三要素。运动能力是体育与健康课程培养核心素养的支点要素，也是区别于其

他学科的关键要素，主要体现在基本运动技能、体能和专项运动技能三方面①。运动能力的形成是一个长期的、系统性的过程，需经过长期系统的"学、练、赛"，才能达到一定水平。教师应以体育核心素养为导向进行运动技能课程内容的衔接，使学段内的运动技能课程内容形成一致，注重运动技能课程内容的衔接性与结构化，完整、系统地开展教学工作，促进学生通过基础教育体育课程学习掌握1至2项运动技能，并达到相应的水平要求。

2. 开展专项运动技能的"大单元教学"

大单元教学是在高阶位的素养目标指导下，采用同一目标多课时实施的方式，通过情境、活动、学生学习、教师指导和评价等有机地组成一共不少于18课时的小课程。教师要避免把一个完整的运动项目或技术组合割裂开来，断断续续地实施教学，避免短时间内过于频繁地更换运动项目。原则上水平二和水平三，每个学期指导学生学练1至2个不同的运动项目，发展多项运动技能，满足学生多样的运动需求。在具体教学中，需要进行大单元教学设计，教师要依据不同水平的不同要求，划分成不同的学习单元，各单元之间要有进阶性，使学生们的专项运动技能有序地提升。

3. 基本运动技能和专项运动技能协同发展

《课程标准（2022年版）》将基本运动技能分为移动性技能、非移动性技能和操控性技能。其中移动性技能的走、跑、跳投和非移动性技能的平衡、旋转、扭动、屈伸等内容，也是专项运动技能学练的重要组成部分，基本运动技能的提升能有效帮助学生更好地掌握专项运动技能，同时专项运动技能的发展又会带动基本运动技能的提升。因此，在实际教学工作中，最好不要刻意、绝对化地把基本运动技能和专项运动技能分开，而应使两者相辅相成，共同提升。

4. 课内外、校内外的联动，一体化提升学生运动技能

体育课程实施，尽管课堂是主阵地，但如果课外和校外不补充和强化，仅靠有限的课堂时间，难以达到理想的效果。根据课堂学习内容一体化设计大课间和家庭体育作业内容，使大课间和家庭体育作业成为课堂教学的必要补充和有效延伸。在保障锻炼时间的基础上，保障其质量，强化课外"练"的实效性。校外体育培训也能为学生专项运动的运动能力等级达标发挥一定的助推作用。学校要善于利用体育俱乐部或课后托管服务机构，根据学校体育教学情况对专项运动教学内容及质量提出相应的要求及评价管理手段，有效提升学生专

---

① 尹志华. 论核心素养下体能与运动能力的关系［J］. 体育教学，2019，39（2）：7-9.

项运动技能。

第四节　如何有效实施学业质量评价

体育与健康课程学业质量的评价是通过系统收集学生的课内体育学习态度与表现、课外体育锻炼情况与成效、健康行为等信息，对学生的体育与健康课程学习情况进行判断和评估的活动，是不断完善课程建设的重要环节和途径。通过多样化的学习评价，促进学生达成课程目标，发展核心素养。

一、体育与健康课程学业质量的内涵

《课程标准（2022年版）》提出重视综合性学习评价有利于体育与健康课程的开展。体育与健康课程重视学习评价的激励和反馈功能，注重构建评价内容多维、评价方法多样、评价主体多元的评价体系。从评价内容来看，围绕核心素养，既关注学生的基本运动技能、体能与专项运动技能，又关注学生的学习态度、进步情况及体育品德；既关注学生的健康基本知识与技能，又关注学生健康意识和行为的养成，多维度体现学习过程和学习结果。从评价方法来看，重视过程性评价与终结性评价相结合、定性评价与定量评价相结合、相对性评价与绝对性评价相结合，体现动态和互动方式的多样化。从评价主体来看，以体育教师为主，鼓励学生、其他学科教师、家长等参与评价，体现个体与集体的多元化。同时，明确具体可实施的学业质量合格标准，是教师有效教学、学生积极学习及对学生学习评价的有力指导。综合性评价可以改善教师的"教"和学生的"学"，发挥诊断、反馈、激励和改进等作用，主要指向教学改进，体现核心素养，让学习目标的达成更加立体可见，让核心素养的形成更具表现性。

二、深入理解新课标对体育学业质量的要求

体育与健康课程学业质量评价的主要目的是对学生的学习行为进行观察、诊断、反馈、引导和激励，以判断课程目标的达成程度，给教师和学生提供及时、多元的有效反馈，促使学生更积极地学与教师更有效地教。评价内容的选

择应围绕核心素养，紧扣学业质量，结合具体的教学内容，评估学生核心素养的发展水平。要有运动能力的发展，包括基本运动技能、体能、专项运动技能的提高程度，运用所学体育知识与技能解决实际问题的能力，在展示或比赛中的表现等；要有健康行为的形成，包括体育锻炼情况、所学健康知识与方法的掌握程度、运用所学健康知识与技能解决实际问题的能力、情绪调控与环境适应能力、健康意识与行为习惯的养成等；要有体育品德的养成，包括在学练、展示或比赛中表现出的体育精神、体育道德和体育品格等。

　　为更好地发挥学习评价的作用，既要采用教师评价，也要关注学生的自我评价和相互评价，并努力发挥其他与学生体育与健康学习有关人员的评价作用，教师在体育与健康学习评价中起主要作用。应充分发挥评价的反馈、导向、激励和改进功能，采用口头评价、记录表呈现等不同方式，及时将评价结果反馈给学生，帮助学生改进学习。应注意观察与记录学生在上课过程中的行为表现，帮助学生了解自己的学习情况并改进学习方法，不断提高学习能力。可以通过学生参加课外体育锻炼的情况，让学生说出过去一周内参加体育锻炼的次数和时间，并进行自我评价。教师的评价具有权威性，应尽力做到全面和准确。要用发展的眼光来评价学生，以表扬和激励为主，并提供尽可能多的具体反馈以及改进与提高的建议。学生的评价主要是对基本运动技能、体能、专项运动技能指标的评价，应采用定量评价的方法（如等级制评价、分数评价等），对态度与参与、情意与合作指标的评价，应采用定性评价的方法（如评语式评价等）。学生评价的方式有自评、互评和小组内评价等。教师应充分调动学生参与体育与健康课程学习评价的主动性和积极性，加强对学生评价的指导，提高学生正确评价自己和他人的能力。关于其他人员的评价，由于学生的体育与健康课程学习需要得到各方面人士的支持和鼓励，建议让班主任、各科任教师乃至家长等参与学生的体育与健康课程学习评价，上述人员的评价可以作为对学生评价的参考。为更全面地评价学生，既要看期末测试成绩，也要侧重学生平时的表现，以及平时的单元测试、体质测试等，使评价更加科学合理。

三、有效实施学业质量评价的策略

1. 明确体育学业评价的指导思想，引领发展

依据国家的教育方针，贯彻素质教育思想，以全面衡量学生素质发展和反

映学生个体差异为出发点，注重学生的情感、态度、价值观以及多方面潜能的发展，注重学生创新精神和实际能力的培养。坚持"以生为本"和"健康第一"的指导思想，采用多种形式，如游戏化、活动化、多元化（教师、家长、社区）、综合化（定量、定性）的评价方法。学业评价既要注意评价的科学性、公正性、准确性，保证评价结果的可信度和有效性，又要注意评价的简便、实用和可操作性，制定出符合实际的体育与健康学习评价标准。通过学业评价，调动学生学习的主动性和教师教学的积极性，充分发挥评价的育人功能。

2. 注重"知识、能力、健康、行为"综合评价指标体系的建立

（1）改进知识评价。主要是对体育知识、健康知识等掌握程度的评价。可以建立知识测评题库，通过试卷纸笔测试、线上网络测试、随堂口头测试、组织开展活动测试等相结合的方式实施。小学可多采用情境式测试，初中和高中可多采用主题式测试。

（2）突出能力评价。主要包含基本运动能力评价和专项运动能力评价。基本运动能力评价按照各学段必修必学的基本运动技能确定评价内容，专项运动能力评价可依据专项运动技能学习结构化内容确定评价标准，应特别注意对学生运用知识的能力以及比赛能力的评价。

（3）强化健康评价。对标《国家学生体质健康标准》，通过精准监测各学段学生对应的体质健康指标，评价学生的体质健康水平，及时向家长反馈，便于做好家校联动，共同促进学生的健康发展。

（4）完善行为评价。注重对学生健康行为和良好品德的评价。鼓励利用大数据平台实施体育家庭作业制度，重点评价学生体育锻炼行为与习惯的养成，实现对学生日常锻炼情况的过程性评价，通过组织各项体育比赛，充分把握学生的体育品德情况，尤其要强化团结协助、勇于拼搏等优良品格的评价。

3. 在课堂上实施评价

在实施体育课堂评价时，要注重对学生的语言表达、动作表现、运动能力等方面进行检验。体育课上不可忽视学生的语言表达，可以通过教师提问进而引导学生描述、学生互相交流等方式来检验学生能否用语言表达，即能否说出学的是什么、为什么学？要让学生能够学懂，并用语言陈述出来。关注学生在体育学习过程中动作能否做对，检验学生能否按照技术动作要领达到动作规格的标准，这也是掌握运动技能和形成运动能力的基础。在进行课堂评价时，教师要做巡回指导，及时判断与指导，确保学生掌握的动作正确，要重视对学生动作表现的评判。

4. 健全综合性评价

教师应将评价贯穿于学生学习的整个过程，不仅要关注学生学习的结果，更要关注学生成长和发展的过程。教师可根据学生的实际情况，综合运用清单式评价、观察评价、等级评价、展示或比赛评价、书面测评、口头测验、成长档案袋等方法，充分发挥不同评价方法的特点和优势，多角度评定学生的核心素养水平。结合具体的内容，选择适宜的方法，记录学生课内课外的表现与进步情况，并及时向学生提供个人学习情况信息，帮助学生反思和改进学习方法，有效评价学生核心素养的提升过程和程度。加强运用现代信息技术开展实时和精准评价的能力，是为了增加评价方式的便捷性、评价结果的精准性，鼓励引入人工智能等评价方式。可以充分利用信息技术跟踪学生的学习过程，采集数据并基于数据分析结果，及时反馈和评估学生的学习情况，如利用运动监测设备记录学生的课堂行为表现和运动负荷，准确分析和评价学生的运动能力等。充分发挥评价的反馈、导向、激励和改进功能，采用口头评价、记录表呈现等不同方式，及时将评价结果反馈给学生，帮助学生改进学习。教师在此过程中需要不断地记录和整合相关的材料，确保评价的科学准确。引导学生合理运用评价结果改进学习，严格遵守评级的规范，尊重学生的人格，保护学生的自尊心。

要强化素养导向，注重对正确价值观、品格、关键能力开展综合素质评价，倡导评价促进学习的理念，提高学生自我评价、自我反思的能力。更要全面推进基于核心素养的考试评价，强化考试评价与课程标准、教学的一致性，促进"教—学—练—赛—评"一体化有效衔接。注重伴随教学过程开展评价，捕捉学生有价值的表现，增强评价的适应性及有效性。

第五节　如何合理制定专项运动技能大单元教学目标

大单元教学是由若干课时组成的强调以某个运动项目的学习、练习为内容的学习单元。相比以往以单个技术动作教学为主要内容的小单元教学，大单元教学从小处着手，从大处规划。将若干以单个运动技术教学为主要内容的小单元教学按照技术动作学习的规律串联起来，并不断强化各个技术动作之间的衔接，进而形成对某个运动项目的整体了解，这是大单元教学的"大"之所在。合理制定专项运动技能大单元教学目标，能让学生更全面、更系统地学习一项运动技能，不仅有利于学生对运动技能的掌握，更有利于培养他们的运动兴趣，促进学生终身体育运动意识的形成。

一、大单元教学的内涵

大单元教学以新课标为导向，以课时教学为载体，持续开展某一类型知识、主题、相关内容的教学活动 1 至 2 个月，呈现出学习内容的渐进性、全面性和整体性，也反映了一个整体规划、设计和组织实施的教学过程。大单元教学着手于"小"，着眼于"大"，旨在体现运动项目教学内容的结构化、教学设计的整体意识，进而提升学生对运动项目的理解和体验，提高学生的运动兴趣，为终身体育运动意识的形成打下基础。

《课程标准（2022 年版）》对大单元教学不仅有对单个运动项目的要求，对同一类运动项目的组合也提出了相应的要求，即运动项目按照类型进行组合，组成同一类型运动项目的大单元教学，避免了以往小单元教学项目重复、难度低等问题，而且可以提高学生的学习兴趣。从运动技术动作的迁移角度看，有利于同类型运动技术动作的正向迁移，同时，在大单元教学中，同类型项目组合的教学则有利于技术动作的衔接与过渡。

二、深入理解新课标对专项运动技能"大单元教学"的要求

在基础教育课程改革之前，学界对体育"大单元教学"的研究就已经逐步开展，毛振明先生认为，大单元教学是体育教学改革的突破口，他从理论上对大单元教学的可行性进行了研究，另有多位学者针对大单元教学开展了理论和实践研究。《课程标准（2022 年版）》课程实施部分的教学建议中指出，体育教师应该以核心素养的内涵、课程总目标与水平目标、课程内容以及学业质量为依据，创造性地编制所任教课程的实施计划，以此来促进学生核心素养的有效培养。

《课程标准（2022 年版）》指出，培养学生的核心素养，需要学生通过较长时间的学习，并结合知识内化、行为养成和品德修为的成长，而体育与健康课程要培养的核心素养，是学生在连续的体育活动情境中通过体验、探索、感悟和解决问题形成的。该标准建议在编制教学计划时，要根据不同学生的水平特点，设计基本运动技能、体能、健康教育、专项运动技能和跨学科等主题式的大单元教学。

三、大单元教学的设计与组织实施

1. 大单元教学要遵循的原则

（1）系统性原则。即在设计大单元教学时，系统地、整体地考虑运动项目及其相关的基础知识与基本技能、技战术、体能训练、规则与裁判法、展示或比赛以及观赏与评价，注重大单元教学中的比重设置、贯穿及实施。通过较长时间的连续学习与练习，促进学生对运动技能的掌握。同时，教师在大单元教学中，在一段时间内要教授相同的运动项目或同类运动项目的组合动作，避免把一个完整的运动项目割裂开来或者断断续续地教学，导致学生在运动技能的学习中出现负向迁移。

（2）完整性原则。即在实施大单元教学的过程中，完整地将大单元教学的六个方面，即基础知识与基本技能、技战术、体能训练、规则与裁判法、展示或比赛以及观赏与评价落实到位，不可只进行个别方面的教学，以促进大单元教学对学生核心素养形成的推动作用。进行完整的大单元教学，不仅可以使学生对单个运动项目或同类运动组合进行深入学习并掌握，还可以促进学生对该运动项目或同类运动项目组合的完整体验，帮助学生体育文化的积淀和体育运动观念、终身体育意识的形成。

2. 大单元教学的组织实施

大单元教学的组织实施按照大单元教学设计的内容进行，在组织实施过程中，进行技术动作教学和练习的同时，对学生进行项目基础知识、技战术、规则与裁判法的讲解与渗透。并在水平二至水平三的每个课时安排专项体能训练。在大单元教学实施中，为激发学生的兴趣，同时让学生的技术动作更好地应用，可设计阶段性的比赛，也可进行学期表演与评价。

3. 大单元教学的课时要求

《课程标准（2022年版）》明确指出，专项大单元教学是对某个运动项目或项目的组合进行18课时及以上相对集中、系统和完整的教学。[①] 即大单元教学要求不少于18课时。在设计大单元教学时，不仅要体现具体的专项运动技能学习，还要在专项运动技能教学中渗透运动项目的相关基础知识、技战术、规则与裁判法，并在教学中设置比赛与展示评价等。

---

① 中华人民共和国教育部. 义务教育体育健康课程标准（2022年版）［S］. 北京：北京师范大学出版社，2022.

《课程标准（2022 年版）》中阐述，义务教育体育与健康课程内容主要包括基本运动技能、体能、健康教育、专项运动技能和跨学科主题学习五大部分，要根据课程目标的四个水平，设计相应的课程内容。其中，水平一的教学以基本运动技能（移动、非移动、操控）为主（其中，一年级以移动、非移动为主，操控为辅；二年级以操控为主，移动、非移动为辅），同时进行健康教育（每学期 8 课时）和跨学科主题学习（每学期 8 课时）教学。水平二至水平三的教学，需要完成体能（每学期 6 课时）、健康教育（每学期 6 课时）和跨学科主题学习（每学期 6 课时）的教学，同时可以进行每学期 2 个运动项目（每个项目 18 课时）的大单元教学。水平四的教学，在完成体能（每学期 6 课时）、健康教育（每学期 6 课时）和跨学科主题学习（每学期 6 课时）的教学的同时，初一、初二进行每学期 1 个运动项目的专项运动技能单元教学（36 课时的大单元教学），初一、初二所选的 4 个专项运动技能中，其中必须包含 1 个中华传统体育类运动项目。初三整个学年进行 1 个项目（此项目需从初一、初二所学的 4 个专项运动技能中选择）的专项运动技能教学，即 72 课时的大单元教学。

4．大单元教学中易出现的问题

大单元教学虽由毛振明先生在 20 世纪 90 年代提出，但对大单元教学的整体研究设计的理论性指导和成熟的实操案例较少，导致大单元教学的实施缺乏经验，在实施过程中，容易出现以下几个问题：

（1）局限于传统"小单元"技术动作的教学，忽略了大单元教学的整体性。

长期以来，"小单元教学"以其多变、不重复，学生学习兴趣浓厚等特点，在课堂教学中被广泛应用。由于学生体质健康水平呈下降的趋势，"双基"（基础知识和基本技能）教学思想被提上日程，重视对增强学生体质、注重学生心理体验的教学，然而，过多强调体能的提高而不是对运动技能的深度学习，导致对"小单元教学"的过多依赖，对运动技术的教学表现出形式化的浅尝辄止。从学生的角度来看，学生的运动体验也仅限于对简单技术动作的接触和了解，无法拥有更深层次的对运动项目文化、规则意识、竞技魅力的体验。更有甚者，在传统式的技术动作教学中过分强调教师的主导作用和教师在课堂教学中对课堂节奏的把控，而让本来应该遵循动作发展的泛化、分化、自动化规律的技术动作教学，变得千篇一律，导致本应该体现学生个性化的体育课堂，变成了表演课、观赏课。

大单元教学内容包含基础知识与基本技能、技战术、体能训练、规则与裁判法、展示或比赛、观赏与评价六个方面。在对某个运动项目进行时长不少于18 个课时的大单元教学时，教师可以对设计的结构化动作技术进行细致的教学和精细化的练习，通过在日常教学中对学生进行项目文化知识、规则与裁判法、技战术应用等的渗透，促使学生的体育文化素养提升，加深学生对运动项目的理解，有利于他们形成体育核心素养。

（2）教师系统化、专项化教学能力薄弱，对大单元教学的理解有限，无法形成系统的大单元教学观。

大单元教学对体育教师的专项化教学能力提出了很高的要求，它不仅包含了大单元课程设计的能力、课程规划的能力，还包括了专项教学训练的能力及对学生学、练、赛和评价体系的构建能力。目前我国学者对体育大单元教学的理论和实践研究相对较少，缺乏现有的可借鉴的研究成果。在《课程标准（2022 年版）》颁布后，教育系统和各级教研组织虽组织了多次培训，但对于大单元教学的设计和实施方面，每位教师都有自己的理解，受限于教师本身专项化教学能力水平和对课程理念理解的不同，难以形成系统的专项化教学能力和系统的大单元教学观。

案例篇

第二章　球类运动

球类运动是人们为了实现自我发展和休闲娱乐而创造的以球为载体，在开发和对抗情境中合理运用攻防技战术，以战胜对方为直接目的的体育活动。球类运动的主要特点是结果的不确定性、应激反应的即时性、技能操控的复杂性、战术选择的针对性和有效性等。

第一节　水平二篮球专项大单元

篮球是集竞技、健身、娱乐和益智为一体的集体性运动项目，深受广大学生的喜爱。根据《课程标准（2022 年版）》的要求，篮球是六类专项运动技能中球类的主要内容，可以通过创设丰富多彩、生动有趣的教学情境，让学生形成丰富的运动体验，促进其运动能力的发展。在大单元教学中注重"学、练、赛"，有利于学生学习和掌握结构化的专项运动技能，激发学生参与篮球运动的兴趣，养成良好的运动习惯。

《课程标准（2022 年版）》提出："体育与健康课程围绕核心素养，体现课程性质，反映课程理念，确立课程目标。"基于此，围绕核心素养的运动能力、健康行为、体育品德三个方面、十个维度进行篮球大单元设计。在运动能力方面，学习和体验篮球基本动作与简单组合动作，知道比赛规则，懂得运用基本篮球规则观赏篮球赛事；在健康行为方面，掌握与篮球相关的健康知识；在体育品德方面，通过"学、练、赛"，培养良好的人格品质。篮球专项运动技能教学是小学体育水平二、水平三的主体内容，因此整体规划是非常关键、重要的。在进行整体规划大单元教学时有如下建议：

（1）注重篮球项目特征，从整体层面出发，设计结构化动作，而不是单一的动作形式或零散的"知识点"。在设计结构化的篮球专项技能大单元教学设计时，要考虑课与课、学期与学期、学段与学段之间的衔接，形成"知识链条"，体现以学生为本，促进学生掌握全面的篮球专项技能和知识。

（2）在设计大单元教学时需以新课标为核心，选取符合学生身心特征及实际水平的内容。大单元选取的内容要遵循由简单到复杂、由单个到整体的规律，连贯性与层次性都应贯彻其中。

（3）篮球专项技能大单元教学应融入篮球运动的规则、篮球健康知识、观赏篮球比赛的要点等，让篮球大单元教学有效达成学生多维度的核心素养。

（4）大单元教学在内容设计上应立足于教会、勤练、常赛，注重课内学、课内练、课内赛、课外练、平时赛的统一。倡导新教学方式，做到因材施教，层层递进。

一、教学案例

<table>
<tr><td colspan="2" align="center">体育与健康课程篮球专项运动技能单元教学计划
（水平二）
学校：　　　广州高新区第一小学　　　
年级：　3—4　班级：　××班　任课教师：　黄洪生　</td></tr>
<tr><td rowspan="3">学习目标</td><td>运动能力：在传球、接球、运球、投篮等篮球游戏中学习和体验基本动作与简单组合动作，如在篮球游戏中学习和体验手控球动作；知道篮球运动的基础知识；在篮球游戏中可以运用所学的篮球基本动作进行简单组合；知道篮球3vs3的比赛规则；懂得运用所学基本篮球规则去观赏篮球赛事；能指出篮球游戏中违反规则的行为，并尝试进行判罚。</td></tr>
<tr><td>健康行为：知道篮球运动对本年龄段生长发育和身心健康的益处；在篮球比赛和游戏中学会保护自己和他人；懂得篮球运动中常见的伤病及简单的处理方法。</td></tr>
<tr><td>体育品德：乐于参与集体竞赛，用肯定的眼光欣赏同伴；在合作学练中若同伴遇到困难，能主动、真诚地给予帮助；在挑战自身极限体能时，能表现出坚持到底、克服困难的顽强品质。</td></tr>
<tr><td rowspan="3">主要教学内容</td><td>基础知识与基本技能：熟悉球性、突破分球、接球后运球投篮、1vs1对抗、2vs2对抗、3vs3对抗。</td></tr>
<tr><td>技战术：半场人盯人战术、换位攻防、半场紧逼防守、防守快攻。</td></tr>
<tr><td>体能训练：通过多种跳跃，改变方向的各种跑、急停急起及快速转体等提高灵敏性、协调素质；通过快速移动、折返跑等提高速度及心肺耐力素质；通过各种</td></tr>
</table>

（续上表）

主要教学内容	克服自身重力和轻负重练习发展上下肢力量；通过动态平衡结合拉伸提高平衡、柔韧素质。 **规则与裁判法**：熟知篮球的场地与区域，了解篮球比赛的基本规则和要求。 **展示或比赛**：运球对抗、投篮比赛、运球比赛、1vs1 比赛、2vs2 比赛、3vs3比赛。 **观赏与评价**：通过生生评价、师生评价、诊断性评价、过程性评价、终结性评价在教学中实施评价。
教学重、难点	**学生学习的重、难点**：篮球专项项目的学习具有综合性和连贯性，通过熟悉球性的练习，提升学生的协调性、灵活性等，增强运球能力，提高学生的整体技战术。对于有一定篮球基础的学生，围绕篮球比赛进行实践提升；篮球技能相对薄弱的学生，在学习基础性技术外，可增加裁判、场外指导等角色，满足不同水平学生的需求。 **教学内容的重、难点**：创设游戏化与结构化兼具的教学情境，初步掌握篮球运动的基础知识与技术，并应用已经掌握的移动性、非移动性和操控性技能在篮球运动的游戏情境中进行篮球基本动作技术、组合动作技术与基础配合的有效组合教学；有效渗透篮球比赛规则和观赛礼仪。 **教学组织的重、难点**：注意精讲多练的原则，让学生充分动起来，在教学中不要过度强调动作细节，使学生尽早体验运球与传球、运球与投篮等技术动作之间的联系，参与篮球运动项目的完整活动，在教学中多采用自主学习、小组合作学习，分层练习等方式，充分调动学生参与的积极性。 **教学方法的重、难点**：教师讲解示范，融入情境教学法，激发学生学习兴趣。运用信息化视频展示，让学生更直观地了解篮球技术的运用。合理利用游戏法、竞赛法，让学生在学练中既产生愉悦的体验，又能习得运动技能。通过分小组练习、分层教学，引导学生主动思考学练过程中遇到的问题，对自身的能力有正确判断，参与到不同练习中，让每位学生都有极强的参与感和体验感。

课次	教学目标	教学内容	教学组织与方法
1	**运动能力**：激发学生对篮球的兴趣，学生熟悉球性；提高灵敏性、协调性等身体素质。	1. 结构化知识与技能： （1）原地抛接球＋原地手指拨球绕"8"字。	1. 创设篮球游戏情境——森林大探险，进行学生的"学"与"练"。 2. 学生听音乐进行分组循环练习，教师巡回指

（续上表）

课次	教学目标	教学内容	教学组织与方法
1	**健康行为**：做好准备活动，树立规则意识和安全意识，不断调控好情绪，保持乐观积极的心态。 **体育品德**：提高自信心，遵守游戏规则，培养不怕困难、勇于挑战的精神品质。	（2）15米击掌抛接球。 （3）15米手指拨球。 （4）原地击掌抛接球3次＋15米手指拨球。 2.体能训练： （1）行进间高抬腿。 （2）左右交叉小跳。 （3）单脚左右跳。 （4）15米往返夹球跳。 3.比赛：15米手指拨球比赛。	导，小组长协助指挥。 3.教师讲解比赛规则和安全事项，4人为一小组进行15米手指拨球比赛。
2	**运动能力**：了解原地运球的动作特点，能正确做出原地运球动作，提高篮球球感能力，发展速度、协调性等身体素质。 **健康行为**：敢于尝试不同动作，为同伴提供力所能及的帮助，敢于挑战自我，做到精益求精。 **体育品德**：呈现出无惧困难、不怕挫折、团结协助的精神，提高自控能力。	1.结构化知识与技能： （1）原地抛接球＋原地手指拨球绕"8"字。 （2）原地抛接球＋原地运球。 （3）原地手指拨球绕"8"字＋原地运球。 （4）原地抛接球＋原地手指拨球绕"8"字＋原地运球。 2.体能训练： （1）小碎步刺步跑。 （2）后退转身跑。 （3）俯卧起身跑。 （4）小碎步后转身快速跑。 3.比赛：原地运球接力比赛。	1.创设篮球游戏情境——篮球精灵，进行学生的"学"与"练"。 2.学生听音乐进行分组循环练习，教师巡回指导，小组长协助指挥。 3.教师讲解比赛规则和方法，强调安全和注意事项，并组织学生分组进行原地运球接力比赛。

(续上表)

课次	教学目标	教学内容	教学组织与方法
3	**运动能力**：掌握运球违例规则，能熟练做出左右手交替运球技术动作，提高控球能力，发展速度、柔韧性、协调性等身体素质。 **健康行为**：认真做好准备活动，树立安全意识，不断调控好情绪，保持乐观积极的心态。 **体育品德**：培养学生合作互助、勇敢自信的品质。	1．结构化知识与技能： （1）原地抛接球＋原地手指拨球绕"8"字＋原地运球。 （2）原地左右手交替运球。 （3）原地单手运球＋原地左右手交替运球。 2．体能训练： （1）蟹步横移。 （2）连续左右转髋。 （3）开合前后交叉跳。 （4）抱膝上提。 3．比赛：运球绕障碍物比赛。	1．创设篮球游戏情境——石头剪刀布，进行学生的"学"与"练"。 2．学生听音乐进行分组循环练习，教师巡回指导，小组长协助指挥。 3．教师巡回指导，学生自评、互评。根据学生掌握水平分组进行运球绕障碍物比赛。
4	**运动能力**：知道走步违例规则，能熟练做出各种运球技术动作，提高运球的能力，发展爆发力、肌肉耐力、协调性等身体素质。 **健康行为**：体验合作学练的乐趣；积极参与体育锻炼，树立热爱体育运动的意识。 **体育品德**：自尊自信，勇敢顽强，遵守游戏规则，敢于拼搏。	1．结构化知识与技能： （1）原地单手交替运球＋原地左右手交替运球。 （2）原地高手运球＋原地低手运球。 （3）原地左右高手交替运球＋原地左右低手交替运球。 （4）15米往返运球。 2．体能训练： （1）单双脚交换跳。 （2）深蹲跳。 （3）登山跑。 （4）交替提膝胯下击掌。 3．比赛：15米往返运球比赛。	1．创设篮球游戏情境——穿越丛林，进行学生的"学"与"练"。 2．学生听音乐进行分组循环练习，教师巡回指导，小组长协助指挥。 3．教师讲解比赛规则和安全事项，4人为一小组进行15米往返运球比赛。

（续上表）

课次	教学目标	教学内容	教学组织与方法
5	**运动能力**：学生能将运球动作融入游戏当中，并能创编形式多样的运球，发展速度、柔韧性、协调性等身体素质。 **健康行为**：培养学生参与运动的积极性，具有安全意识，做好自我保护，形成良好的锻炼习惯。 **体育品德**：勇于挑战，团结向上，积极进取，遵守规则，尊重同伴，正确看待比赛结果。	1. 结构化知识与技能： （1）原地单手运球＋原地左右手交替运球。 （2）原地高手运球＋原地低手运球。 （3）原地左右高手交替运球＋原地左右低手交替运球。 （4）游戏——拍走你的球。 2. 体能训练： （1）急停急起。 （2）小步跑。 （3）折返跑。 （4）单脚支撑。 3. 比赛：原地运球技术比赛。	1. 创设篮球游戏情境——寻找宝藏点，进行学生的"学"与"练"。 2. 教师讲解动作，循环练习法，小组长带动小组成员进行练习。 3. 分组进行原地运球技术比赛，并记录成绩。
6	**运动能力**：掌握行进间直线运球＋投篮的方法，能熟练行进间直线运球技术动作，提高运球能力，发展肌肉力量、速度、协调性等身体素质。 **健康行为**：提高安全意识，在合作学练中培养积极向上的态度。 **体育品德**：拥有遇到困难迎难而上、敢于拼搏的精神，按照规则和要求参与比赛。	1. 结构化知识与技能： （1）原地高手运球＋原地低手运球＋行进间直线运球。 （2）原地高手运球＋原地低手运球＋行进间直线运球＋投篮。 （3）原地左右高低手运球＋原地左右手交替运球＋行进间直线运球＋投篮。 2. 体能训练： （1）侧交替上下步。 （2）横移深蹲。 （3）直臂支撑侧移。 （4）坐位体前屈。 3. 比赛：行进间直线运球＋投篮积分赛。	1. 创设篮球游戏情境——篮球红绿灯，进行学生的"学"与"练"。 2. 听音乐开始练习，每一小段音乐后小组之间交换进行练习，共完成4次。 3. 教师讲解比赛规则和方法，强调安全和注意事项，组织学生分组进行行进间直线运球＋投篮积分赛。

（续上表）

课次	教学目标	教学内容	教学组织与方法
7	**运动能力**：掌握原地左右手交替运球＋行进间左右手交替运球＋投篮动作组合，提高投篮能力，发展学生灵敏性、协调性、上下肢力量等身体素质。 **健康行为**：培养学生热爱体育运动，积极参与锻炼的习惯。 **体育品德**：热爱运动、坚持练习、不怕挫折、团结协助、尊重对手。	1. 结构化知识与技能： （1）原地运球＋行进间直线运球＋投篮。 （2）原地左右手交替运球＋行进间直线运球＋投篮。 （3）原地左右手交替运球＋行进间左右手交替运球＋投篮。 2. 体能训练： （1）双脚钟摆跳。 （2）侧平举弓步走。 （3）直臂支撑左右脚交替触线。 （4）横叉。 3. 比赛：左右手交替运球＋行进间左右手交替运球＋投篮积分赛。	1. 创设篮球游戏情境——我来说你来做，进行学生的"学"与"练"。 2. 学生听音乐开始练习，每一小段音乐后小组之间进行交换练习，共完成4次。 3. 学生分组进行左右手交替运球＋行进间左右手交替运球＋投篮积分赛，指导能力薄弱的学生做行进间直线运球练习。
8	**运动能力**：掌握原地运球＋行进间直线运球＋原地左右手交替运球＋行进间左右手交替运球＋运球对抗进攻动作组合，提高篮球对抗能力，在对抗中用身体护球，发展反应、协调性和速度等身体素质。 **健康行为**：了解篮球简单的竞赛规则，懂得在运动中发生轻微擦伤时用消毒水清洁，适当包扎，防止损伤加重。 **体育品德**：自尊自信，勇敢顽强，遵守游戏规则，不断挑战自我。	1. 结构化知识与技能： （1）原地运球＋15米行进间直线运球＋投篮。 （2）原地左右手交替运球＋15米行进间左右手交替运球＋投篮。 （3）消极对抗15米行进间直线运球。 （4）1vs1运球对抗赛。 2. 体能训练： （1）间隔波比跳。 （2）横移俯卧收腹跳。 （3）后退转身跑。 （4）模仿对方移动。 3. 比赛：1vs1运球对抗赛。	1. 创设篮球游戏情境——比比谁最快，进行学生的"学"与"练"。 2. 学生听音乐开始练习，每一小段音乐后小组之间进行交换练习，共完成4次。 3. 教师讲解比赛规则和方法，强调安全和注意事项，并组织学生分组进行1vs1运球对抗赛。

（续上表）

课次	教学目标	教学内容	教学组织与方法
9	**运动能力**：初步掌握运球对抗＋投篮动作组合，提高对抗下投篮的能力及灵敏性、协调性、平衡等身体素质。 **健康行为**：积极参与游戏和比赛，学会欣赏同伴，并能做一些简要评价。 **体育品德**：展现出团队协作、敢于拼搏、勇于争先的精神和集体荣誉感。	1. 结构化知识与技能： （1）行进间直线运球对抗（消极防守）＋投篮。 （2）行进间左右手交替运球（消极防守）＋投篮。 （3）运球对抗（积极对抗）＋投篮。 （4）1vs1对抗赛。 2. 体能训练： （1）蚂蚁搬家。 （2）反应跑。 （3）单腿蹲画时钟。 （4）篮球平板支撑。 3. 比赛：1vs1运球对抗（积极对抗）＋投篮比赛。	1. 创设篮球游戏情境——小小勇士，进行学生的"学"与"练"。 2. 学生听音乐开始练习，每一小段音乐后小组之间进行交换练习，共完成4次。 3. 教师讲解比赛规则和方法，强调安全和注意事项，并组织学生分组进行1vs1运球对抗（积极对抗）＋投篮比赛。
10	**运动能力**：掌握行进间运球＋双手胸前传接球动作组合，提高运球、传球、接球的衔接能力。发展学生的反应能力、爆发力、肌肉力量等身体素质。 **健康行为**：在活动中体验合作学练的乐趣，表现出积极向上的态度。 **体育品德**：展示出互帮互助、勇敢顽强、坚毅果断的品质。	1. 结构化知识与技能： （1）运球对抗（积极对抗）＋投篮。 （2）原地运球＋双手胸前传接球。 （3）行进间运球＋双手胸前传接球。 2. 体能训练： （1）小碎步刺步跑。 （2）迎面接力跑。 （3）横移跪姿俯卧撑。 （4）篮球平板支撑推拨球。 3. 比赛：传准比赛。	1. 创设篮球游戏情境导入——移动捕猎，进行学生的"学"与"练"。 2. 学生听音乐开始练习，每一小段音乐后小组之间进行交换练习，共完成4次。 3. 教师讲解比赛规则和方法，强调安全和注意事项，并组织学生分组进行传准比赛。

（续上表）

课次	教学目标	教学内容	教学组织与方法
11	**运动能力**：掌握运球＋双手胸前传接球＋投篮动作组合，提高接球投篮的衔接能力，发展学生灵敏性、心肺耐力等身体素质。 **健康行为**：培养学生积极参与体育活动以及遵守规则的态度和行为。 **体育品德**：展现出团结协助、热爱运动、坚持锻炼的良好习惯，提高身心自控能力。	1. 结构化知识与技能： （1）运球＋双手胸前传接球。 （2）行进间运球＋四角传接球。 （3）运球＋双手胸前传接球＋投篮。 2. 体能训练： （1）小碎步刺步跑。 （2）快速高抬腿。 （3）并步纵跳。 （4）提踵走。 3. 比赛：运球＋双手胸前传接球＋投篮比赛。	1. 创设篮球游戏情境——看看谁更准，进行学生的"学"与"练"。 2. 学生听音乐开始练习，每一小段音乐后小组之间进行交换练习，共完成4次。 3. 教师讲解比赛规则和方法，强调安全和注意事项，并组织学生分组进行运球＋双手胸前传接球＋投篮比赛。
12	**运动能力**：掌握小区域2vs1攻防对抗，提高个人进攻能力和攻防质量。发展学生协调性、下肢力量等身体素质。 **健康行为**：在活动过程中树立安全意识和培养自我保护的能力；了解造成伤病的原因并掌握处理的方法。 **体育品德**：展示出合作互助、勇敢自信、遵守规则、公平竞争的精神。	1. 结构化知识与技能： （1）运球＋双手胸前传接球。 （2）运球＋双手胸前传接球＋投篮。 （3）积极防守小区域2vs1攻防对抗（利用双手胸前传接球技术）。 2. 体能训练： （1）跨步跳。 （2）俯身平板摸肩。 （3）单腿蹲。 （4）十字象限跳。 3. 比赛：积极防守小区域2vs1攻防对抗赛（利用双手胸前传接球技术）。	1. 创设篮球游戏情境——抢占先机，进行学生的"学"与"练"。 2. 学生听音乐开始练习，每一小段音乐后小组之间进行交换练习，共完成4次。 3. 教师讲解比赛规则和方法，强调安全和注意事项，并组织学生分组进行积极防守小区域2vs1攻防对抗赛，利用双手胸前传接球技术才算得分。

（续上表）

课次	教学目标	教学内容	教学组织与方法
13	**运动能力**：掌握体前变向换手运球＋三步上篮动作组合，提高个人假动作进攻能力。发展学生反应、协调性、肌肉耐力等身体素质。 **健康行为**：热爱体育运动，能够预判和解决不安全因素，有积极参与锻炼的好习惯。 **体育品德**：展示坚持不懈、勇敢顽强、勇于挑战自我的品质。	1. 结构化知识与技能： （1）行进间运球＋三步上篮。 （2）体前变向换手运球＋三步上篮。 2. 体能训练： （1）听信号跑。 （2）后踢腿跑。 （3）收腹纵跳。 （4）4米×15米往返跑。 3. 比赛：行进间运球＋胸前投篮积分赛。	1. 创设篮球游戏情境——抢占先机，进行学生的"学"与"练"。 2. 学生听音乐开始练习，每一小段音乐后小组之间进行交换练习，共完成4次。 3. 教师讲解比赛规则和方法，强调安全和注意事项，并组织学生分组进行行进间运球＋胸前投篮积分赛。
14	**运动能力**：掌握体前变向换手运球＋双手胸前传接球＋运球三步上篮动作组合，提高篮球技术综合运用能力。发展学生灵敏性、平衡等身体素质。 **健康行为**：掌握篮球简单的竞赛规则，懂得比赛中分享球，场上遇到困难需要沟通、调整和解决。 **体育品德**：展示自尊自信、勇敢顽强、勇于挑战自我的品质。	1. 结构化知识与技能： （1）体前变向换手运球＋三步上篮。 （2）体前变向换手运球＋双手胸前传接球＋运球三步上篮。 2. 体能训练： （1）俯卧撑。 （2）行进间伟大拉伸。 （3）燕式平衡触摸线。 （4）2米×15米爬行。 3. 比赛：3vs3对抗赛。	1. 创设篮球游戏情境导入——比赛情境，进行学生的"学"与"练"。 2. 学生听音乐开始练习，每一小段音乐后小组之间进行交换练习，共完成4次。 3. 教师组织学生在场地、时间、规则变化的情况下进行3vs3对抗赛。

（续上表）

课次	教学目标	教学内容	教学组织与方法
15	**运动能力**：掌握行进间运球＋投篮＋抢篮板球动作组合，并较为准确地判断球的落点，提升抢篮板球的能力，发展反应、速度等身体素质。 **健康行为**：懂得保护自己和同伴，文明观赛，自信谦逊，主动收拾器材。 **体育品德**：展示合作学练、勇敢自信、勇于争先的品质，具有公平竞争的意识和行为。	1. 结构化知识与技能： （1）自投自抢篮板球。 （2）行进间运球＋定点投篮。 （3）一人运球投篮＋一人抢篮板球。 （4）一人运球投篮＋两人抢篮板球。 2. 体能训练： （1）小碎步转身跑。 （2）快速半蹲跳。 （3）后踢腿跑。 （4）迎面接力跑。 3. 比赛：2vs2篮球对抗赛。	1. 创设篮球游戏情境——抢球大赛，进行学生的"学"与"练"。 2. 学生听音乐开始练习，每一小段音乐后小组之间进行交换练习，共完成4次。 3. 教师讲解比赛规则和方法，强调安全和注意事项，并组织学生分组进行2vs2篮球对抗赛。
16	**运动能力**：掌握篮球技术的综合运用，了解篮球运动的违例与犯规，加强学生的规则意识。发展学生的灵敏性、协调性、上下肢力量等身体素质。 **健康行为**：积极参与游戏，加强安全意识，保持积极向上的心态。自觉整理器材，懂得运动后合理补水。 **体育品德**：自尊自信、勇敢顽强，遵守游戏规则，敢于挑战自我。	1. 结构化知识与技能： （1）根据比赛讲解篮球简单的犯规动作。 （2）讲解篮球比赛的组织方法。 （3）普及高水平篮球比赛，推介与篮球相关的书籍。 2. 体能训练： （1）跑走交替。 （2）两人一组画图形跑。 （3）图形反应跑。 3. 比赛：3vs3篮球对抗赛。	1. 创设篮球游戏情境——赢在速度，进行学生的"学"与"练"。 2. 学生听音乐开始练习，每一小段音乐后小组之间进行交换练习，共完成4次。 3. 教师讲解比赛规则和方法，强调安全和注意事项，并组织学生分组进行3vs3篮球对抗赛。

（续上表）

课次	教学目标	教学内容	教学组织与方法
17	**运动能力**：掌握人盯人战术，进一步通过篮球技术的综合运用以及攻防质量，提高学生的协调性、速度、肌肉力量等身体素质。 **健康行为**：在活动过程中树立安全意识和加强自我保护能力，学会调控情绪，适应环境与氛围，鼓励同学共同进步。 **体育品德**：表现出吃苦耐劳、奋勇向上、团队合作、敢于拼搏的精神，树立正确的胜负观。	1. 结构化知识与技能： （1）人盯人战术的移动。 （2）比赛中灵活运用运、传、投等多种技术。 （3）积极进行攻守转换。 2. 体能训练： （1）交替上下步。 （2）触脚尖直腿蹲伸。 （3）蹲跳。 （4）直臂平板侧移。 3. 比赛：3vs3篮球对抗赛。	1. 创设篮球游戏情境——蚂蚁搬家，进行学生的"学"与"练"。 2. 学生听音乐开始练习，每一小段音乐后小组之间进行交换练习，共完成4次。 3. 学生小组自主商讨进攻战术配合与防守的策略，男女分组轮换模拟在时间限制、积极对抗下的3vs3篮球比赛，轮换小组充当裁判员、啦啦队。
18	**运动能力**：学生能熟练掌握篮球动作组合之间的动作衔接，认识篮球比赛的出场仪式，发展学生的速度、核心力量、灵敏性、协调性等身体素质。 **健康行为**：敢于展示自我，增强自信心，学会情绪调控，适应环境与氛围，鼓励同学共同进步。 **体育品德**：表现出公平竞争、团队合作、敢于拼搏的精神，追求卓越，树立正确的胜负观。	1. 结构化知识与技能：篮球综合运用与比赛。 2. 比赛：小组PK赛。 3. 颁奖典礼。	1. 团队比赛：3vs3篮球比赛。 2. 3vs3篮球知识与文化宣传（应配备宣传员、讲解员、啦啦队和资料收集整理员）。 3. 赛事总结评判：最佳球员、得分王、助攻王、最佳啦啦队、最佳裁判员、精神文明奖。

二、单元总评

本单元案例以水平二的学生为主要授课对象，该单元有以下特点：

（1）在学科核心素养的引领下，教学形式与观念都在发生改变。教师"精讲多练"，课程内容"以生为本"。学生通过"自主、合作、探究"等形式参与到体育课堂中。发挥"体育育人"价值，把培养学生体育品德放在重要位置，并贯穿于整个体育教学过程。

（2）根据小学三、四年级学生的年龄特点和生理特征，运用丰富的教学形式，通过适当调整规则、场地、器材等，让学生真正会做、会练、会用。

（3）融入健康知识、跨学科知识、模拟情境等，让学生在练习中可以通过已学的知识解决实际问题，培养勇敢、果断、坚毅、不怕困难的意志品质及合作的能力，并学会调控情绪，体验活动的乐趣。

（4）设置适当的运动负荷，达成增强体质的效果。每节课安排补偿性体能练习，从而让学生在掌握运动技能的基础上增强运动效果，促进体质健康的提升。

（5）专项大单元计划可在其他水平中重复使用，但内容应是递进、进阶，呈螺旋式上升的。针对不同年龄段设置不同难度的评价标准，确保学生能够对自己的能力水平有正确的评判。

第二节　水平三篮球专项大单元

水平三继续围绕《课程标准（2022 年版）》设计大单元目标：在运动能力方面，掌握多种篮球的组合动作技术，了解相关知识和文化，对国内外高水平赛事能够简要评价；在健康行为方面，懂得预防运动损伤的简单方法，培养沟通、自我健康、情绪管理的能力；在体育品德方面，表现出勇敢顽强、勇于拼搏的精神风貌，遵守规则，尊重对手与裁判，自尊自信。实施水平三的篮球运动教学有以下建议：

（1）根据新课标要求：从水平二的"能做出"到水平三"掌握所学球类运动项目主要的基本动作技术和组合动作技术"，对不同年龄段的学生提出更高的要求。水平三的学生要在认知球类运动的基础上，通过创设更加真实的学练情境、对规则深入的学习、体能的进一步提高，对篮球运动展现出更高的技战术水平。在初始学练阶段，可以设计游戏情境下的活动；在动作技术学练阶段，可以设计对抗情境下提高控球能力与合作能力的活动；在战术学练阶段，可以设计特定规则情境下的活动，培养学生进攻与防守的意识和能力。

（2）在课程目标中，贯彻"以生为本"的原则，突出学生的主体地位。运动能力除了学习运动技能，同时强调体能和心智能力，在设计时应突出达成的目标内容。健康行为达成目标应该有具体的要求，此外学生的情绪调节应放在健康行为中。体育品德主要是从体育精神、体育道德、体育品格三个维度进行设定，如水平二目标提出知道篮球运动的基础知识，水平三要求不仅要了解篮球运动的相关知识和文化，也要了解常见篮球运动损伤的处理、应对方法。因此在设计水平三的内容中，均应涉及以上相关内容的学习。

（3）在教学重、难点部分，从"以教为主"向"以学为主"的真正转变，采用多样化的教学方法，促进学生主动学练，站在学生的角度思考，扮演篮球赛场上不同的角色，如教练、裁判、队医等，发挥学生的创新意识和自主意识，将在学练中遇到的困难与挑战通过大单元的学习去解决，进而通过篮球学习形成积极的学习动力，端正学习态度，树立自信，形成正确的价值观，养成终身体育锻炼的习惯。

（4）在学习内容中贯彻"学、练、赛"，注重结构化内容的运用和练习。"学、练、赛"形式有多种，如"学与练""练与赛""学、练和赛"，根据水平三学生的身心特征、学习内容的安排，合理组合"学、练、赛"。此外，在专项大单元撰写的格式中，每节课的教学内容安排与教学组织形式应该是对应的，内容清晰简洁。

一、教学案例

体育与健康课程篮球专项运动技能单元教学计划
（水平三）
学校：　　　广州高新区第一小学
年级：　5—6　　班级：　××班　　任课教师：　黄洪生

学习目标	运动能力：在篮球学练中，掌握多种方式的传接球，不同方式和节奏的运球、不同方式的投篮等主要的基本动作技术，以及运球接球、接球投篮和抢篮板球等主要的组合动作技术，并能描述基本动作要领。同时通过参与篮球运动，了解相关知识和文化、篮球国际赛事、国内外高水平篮球联赛和校内重要篮球比赛并能简要评价，基本掌握常见的篮球运动损伤的处理方法，发展身体协

（续上表）

学习目标	调性，提高下肢力量和爆发力。 **健康行为**：通过认真积极地参与篮球项目的学练，能够合理运用预防运动损伤的简单方法。在学练和比赛中能自我调控情绪，与同伴进行积极的沟通合作，形成终身运动的理念，关注健康，培养良好的自我健康管理能力。 **体育品德**：在学练中努力克服困难，表现出勇敢顽强、勇于拼搏的精神风貌，遵守规则，正确认识对抗，并能在比赛中表现出尊重对手、尊重裁判的行为，能够履行自己的职责，表现出自尊自信。
主要教学内容	**基础知识与基本技能**：运球投篮、接球投篮、行进间运球上篮、3vs3 对抗、4vs4 对抗、5vs5 对抗。 **技战术**：双人夹击、挡拆配合、传切配合、长传快攻、掩护配合。 **体能训练**：通过多种跳跃，改变方向的各种跑、急停急起及快速转体提高灵敏性、协调性；通过快速移动、折返跑等提高速度及心肺耐力素质；通过动态平衡结合拉伸提高平衡、柔韧性。 **规则与裁判法**：了解篮球运动项目比赛的基本规则、裁判基本知识和基本礼仪，如学会简单的判罚和手势动作，能对携带球违例、非法运球、3 秒违例、推人、阻挡、带球撞人等常见违例或犯规动作进行判罚；了解篮球比赛入场向观众致意的基本礼仪 **展示或比赛**：定点投篮比赛、行进间传接球＋投篮比赛、3vs3 对抗比赛、4vs4 对抗比赛、5vs5 对抗比赛。 **观赏与评价**：提升篮球比赛观赏与评价的深度和针对性，了解所学球类运动项目的国际赛事、国内外高水平联赛和校内重要比赛。能够对比赛和运动员的表现进行较全面的评价。
教学重、难点	**学生学习的重、难点**：通过从无人防守到有人防守，从消极防守到积极防守，再到更加复杂多样化的情境中的灵活运用，提高学生的技战术能力。通过入场仪式，同伴进球后主动上前击掌祝贺等行为了解篮球比赛的文明礼仪，课外通过报刊、网络等途径学习篮球项目的文化知识，加深对篮球项目的理解。培养学生良好的体育品格。 **教学内容的重、难点**：课堂教学中针对传球、运球、投篮等篮球的基本技术进行学练，并将单一技术进行组合，通过游戏和比赛让学生学以致用。学生在了解篮球运动的发展、规则及技战术特点的基础上，能够进行 3vs3、4vs4、5vs5 的比赛，并在比赛中执裁，对比赛过程有一定的观赏和评价能力。 **教学组织的重、难点**：增加球感练习和运动时间，可以将多种形式的球感练习融入准备活动和体能训练等环节；优化课程设计，增加有球练习，丰富练习形式，节省捡球时间；提高学生对已学动作技术的熟练程度和控球的能力。

（续上表）

教学方法的重、难点：根据学生篮球项目技战术学练的不同阶段，有针对性地创设活动情境，逐渐增加对抗性。在初始学练阶段，可以设计游戏情境下的活动；在动作技术学练阶段，可以设计对抗情境下提高控球能力与合作能力的活动；在战术学练阶段，可以设计特定规则情境下的活动；培养学生进攻与防守的意识与能力。

课次	教学目标	教学内容	教学组织与方法
1	**运动能力**：学会行进间单手右手肩上投篮技术；掌握右脚—左脚—跳的脚下步法；能说出球擦板的位置，提高位移速度、肌肉力量、协调性等身体素质。 **健康行为**：初步使学生养成良好的篮球锻炼习惯；促进学生积极参与体育活动，遵守规则。 **体育品德**：努力克服困难，培养学生互帮互助、不怕困难的品质。	1. 结构化知识与技能： （1）跑位至固定点拿球后做右脚—左脚—跳的练习。 （2）三分线45°运球3~4次起球后做右脚—左脚—跳—投篮的练习。 （3）三分线45°快速运球+突破上篮。 2. 体能训练： （1）原地空中交换腿跳。 （2）180°转体跳。 （3）提膝转体。 （4）高抬腿击掌。 3. 比赛：3分钟快速运球+突破上篮比赛。	1. 学生的"学"与"练"。 2. 分组练习法，小组长协助指挥。 3. 教师讲解比赛规则和方法，强调安全和注意事项，组织学生分组进行3分钟快速运球+突破上篮比赛。
2	**运动能力**：初步掌握三威胁+运球突破上篮，能在半场快速运球状态下完成单手肩上投篮，并能说出技术动作的特点。 **健康行为**：了解篮球运动对健康的重要性；保持积极向上的态度。	1. 结构化知识与技能： （1）跑位至固定点拿球后做右脚—左脚—跳的练习。 （2）三分线45°运球3~4次起球后做右脚—左脚—跳—投篮的练习。 （3）三分线45°持球做三威胁+突破上篮。	1. 学生的"学"与"练"。 2. 分组练习法，小组长协助指挥。 3. 教师讲解比赛规则和方法，强调安全和注意事项，组织学生分组进行三分线45°做三威胁后突破上篮小组赛（有防守）。

（续上表）

课次	教学目标	教学内容	教学组织与方法
2	**体育品德**：培养学生勇敢顽强的体育精神；诚信自律的体育道德；文明礼貌的体育品格。	2. 体能训练： （1）手脚交替触碰。 （2）马克操。 （3）间歇高抬腿。 （4）连续单脚跳。 3. 比赛：三分线 45°做三威胁后突破上篮小组赛（有防守）。	
3	**运动能力**：学生进一步加强运球突破上篮动作技术，初步衔接接球上篮动作。提高学生的心肺耐力、柔韧性和肌肉力量等身体素质。 **健康行为**：学生体验合作学练的乐趣；培养积极向上的生活态度；通过学练，学生敢于展示自我，增强自信心。 **体育品德**：培养学生敢于拼搏、勇于争先的精神；做到诚信自律、公平公正。	1. 结构化知识与技能： （1）三分线 45°持球做三威胁＋行进间单手肩上投篮的练习。 （2）三分线 45°持球做三威胁＋快速运球＋单手肩上投篮（脚步正确）的练习。 （3）三分线 45°持球做三威胁＋快速运球＋单手肩上投篮（擦板点）的练习。 2. 体能训练： （1）听信号跳。 （2）猜拳追逐跳。 （3）连续双脚跳。 （4）Z 字形跳。 3. 比赛：行进间单手肩上投篮（进球数）比赛。	1. 学生的"学"与"练" 2. 分组重复练习，教师巡回指导，小组长协助指挥 3. 教师讲解比赛规则和方法，强调安全和注意事项，组织学生分组进行行进间单手肩上投篮（进球数）比赛
4	**运动能力**：学生熟练掌握运球突破上篮，合理掌握传球时机和投篮时机，并发展上肢力量及快速反应能力。 **健康行为**：培养学生热爱体育运动、积极参与锻炼的习惯。	1. 结构化知识与技能： （1）三分线 45°持球做三威胁＋行进间单手肩上投篮的练习。 （2）三分线 45°持球做三威胁＋快速突破＋胸前传球＋投篮的练习。 2. 体能训练：	1. 学生的"学"与"练"。 2. 在音乐伴奏下，集体练习，小组长协助指挥。 3. 教师讲解比赛规则和方法，强调安全和注意事项，组织学生分组进行三威胁＋运球突破＋传接球＋投篮积分赛（没有防守），

（续上表）

课次	教学目标	教学内容	教学组织与方法
4	**体育品德**：增强学生的责任意识、集体荣誉感，培养敢于展示和突破自我的精神。	（1）交替摸点跑。 （2）连续收腹跳。 （3）负重深蹲跳。 （4）负重弓步跳。 3. 比赛：三威胁＋运球突破＋传接球＋投篮积分赛（没有防守）。	基础较薄弱的学生场下做运球、传球、突破等练习。
5	**运动能力**：初步掌握跑位＋接球＋行进间单手肩上投篮，接到同伴的传球完成上篮，达到衔接脚步不走步的要求，提高平衡及快速反应能力。 **健康行为**：树立体育锻炼的安全意识；能有效避免运动疲劳以及关注自己状态的变化。 **体育品德**：培养学生积极进取、勇敢顽强的体育精神及遵守规则、尊重对手的体育道德。	1. 结构化知识与技能： （1）跑动中接反弹球练习三步上篮步伐。 （2）跑位＋接球＋行进间单手肩上投篮的练习。 （3）2人一组，做半场跑位＋接球＋行进间单手肩上投篮的练习。 2. 体能训练： （1）动态燕式平衡。 （2）闭眼竖式平衡。 （3）支撑换腿跳。 （4）往返前后跳。 3. 比赛：跑位＋接球＋行进间单手肩上投篮比赛（有防守）。	1. 学生的"学"与"练"。 2. 在音乐伴奏下，集体练习，小组长协助指挥，教师巡回指导。 3. 学生分组进行跑位＋接球＋行进间单手肩上投篮比赛（有防守），基础较薄弱的学生场下做运球、传球、突破等练习0
6	**运动能力**：能够在有篮下防守干扰的情况下完成行进间单手肩上投篮，要敢于上篮并知道防守的重要性，发展学生的速度、灵敏性等身体素质。	1. 结构化知识与技能： （1）2人一组，进攻人做持球假动作，防守人对应做防投篮、防运球、防传球的练习。 （2）2人一组，进攻人做持球假动作（有防守）＋行进间单手肩上投篮的练习。	1. 学生的"学"与"练"。 2. 在音乐伴奏下，集体练习，小组长协助指挥，教师巡回指导。

（续上表）

课次	教学目标	教学内容	教学组织与方法
6	**健康行为**：体验合作练习的乐趣，培养积极向上的态度，理解锻炼对健康的重要性，主动参与篮球的学习与练习。 **体育品德**：培养学生团结拼搏、勇于挑战的优良品质，能正确看待比赛的胜负。	（3）3人一组，进攻人做持球假动作（有防守）＋行进间单手肩上投篮（防守篮下干扰）的练习。 2. 体能训练： （1）前后移动。 （2）左右跳动。 （3）后踢腿跑。 （4）蟹步横移。 3. 比赛：半场2vs1攻防比赛（上篮得分有效）。	3. 学生分组进行半场2vs1攻防比赛（上篮得分有效），基础较薄弱的学生场下做运球、传球、突破等练习。进行比赛时，学生进行执裁，初步判断犯规行为。
7	**运动能力**：学会交叉步突破的步法及转体探肩的动作，知道先运球后迈步，突破瞬间及突破后敢于用身体对抗，提高学生心肺耐力、肌肉力量和柔韧性等身体素质。 **健康行为**：培养学生热爱体育运动，积极参与锻炼的好习惯，合理控制情绪。 **体育品德**：培养学生遵守规则的意识；能正确认识对抗，并在比赛中表现出尊重对手的素养。	1. 结构化知识与技能： （1）每人一球做交叉步持球突破的练习。 （2）2人一组，一攻一防做交叉步持球突破的练习。 2. 体能训练： （1）小步耐久跑。 （2）车轮耐久跑。 （3）双手推力量球。 （4）抱球小碎步跑。 3. 比赛：2人一组，一攻一防做交叉步持球突破对抗赛（过人即胜）。	1. 学生的"学"与"练"。 2. 在音乐伴奏下，集体练习，小组长协助指挥，教师巡回指导。 3. 学生分组进行，2人一组，一攻一防做交叉步持球突破对抗赛（过人即胜），基础较薄弱的学生场下做运球、传球、突破等练习。进行比赛时，学生进行执裁，初步判断犯规行为。

（续上表）

课次	教学目标	教学内容	教学组织与方法
8	**运动能力**：能做出交叉步持球突破而后传球到同伴手中，培养突破分球的意识，能在对抗中用身体护球，发展反应、协调性等能力。 **健康行为**：遇到突发情况，能够调控情绪，保持稳定发挥；面对困难局面能够积极进行心理调节。 **体育品德**：培养学生遇到困难勇敢顽强、敢于拼搏的精神风貌，能按照规则和要求参与比赛。	1. 结构化知识与技能： （1）2人一组做交叉步持球突破＋传球的练习。 （2）3人一组做交叉步持球突破（1人消极防守）＋传球的练习。 （3）3人进攻、2人防守，做交叉步持球突破＋传球的练习。 2. 体能训练： （1）蟹步横移。 （2）听信号小碎步转身跑。 （3）交叉步跑。 （4）垫步高抬腿击掌。 3. 比赛：半场3vs2攻防比赛（分球到位即胜）。	1. 学生的"学"与"练"。 2. 在音乐伴奏下，集体练习，小组长协助指挥。 3. 教师讲解比赛规则和方法，强调安全和注意事项，组织学生分组进行半场3vs2攻防比赛（分球到位即胜），基础较薄弱的学生场下做运球、传球、突破等练习。
9	**运动能力**：初步掌握交叉步持球突破＋行进间单手肩上投篮组合技术，提高突破得分能力，提高学生的灵敏性、肌肉力量和反应能力。 **健康行为**：积极与同伴沟通交流，培养学生学会欣赏他人，并能做一些简要评价的能力。 **体育品德**：培养学生合作互助、勇敢自信的优良品质，积极参与团队协作。	1. 结构化知识与技能： （1）每人一球在三分线处做交叉步持球突破＋行进间单手肩上投篮的练习。 （2）2人一组在三分线处做交叉步持球突破（1人消极防守）＋行进间单手肩上投篮的练习。 （3）3人一组在三分线处连续做突破练习5次，再做上篮练习。	1. 学生的"学"与"练"。 2. 在音乐伴奏下，集体练习，小组长协助指挥。 3. 教师讲解比赛规则和方法，强调安全和注意事项，组织学生分组进行半场3vs2攻防比赛（用突破分球战术创造出得分即获胜），基础较薄弱的学生场下做运球、传球、突破等练习。

（续上表）

课次	教学目标	教学内容	教学组织与方法
9		2. 体能训练： （1）综合跑。 （2）高抬腿跑转加速跑。 （3）间歇行进间跑。 （4）抱膝弓步走。 3. 比赛：半场 3vs2 攻防比赛（用突破分球战术创造出得分即获胜）。	
10	**运动能力**：能够在有防守干扰的情况下正确做出交叉步持球突破技术，知道带球撞人犯规、阻挡犯规和走步违例的判罚，提高学生的心肺耐力、肌肉力量和协调性。 **健康行为**：遇到困难时，与队友共同努力，克服困难，勇于承担责任。 **体育品德**：增强学生的公平公正和规则意识、责任意识及集体荣誉感。	1. 结构化知识与技能： （1）2 人一组做交叉步持球突破 + 防守（消极防守）的练习。 （2）在练习中体会犯规和违例动作。 （3）3 人进攻、2 人防守（消极防守）做交叉步持球突破 + 急停投篮的练习。 2. 体能训练： （1）高抬腿跑转加速跑。 （2）间歇行进间跑。 （3）敏捷梯直臂平板侧移。 （4）单腿蹲画时钟。 3. 比赛：半场 3vs2 攻防比赛（运用交叉步持球突破的得分有效）。	1. 学生的"学"与"练"。 2. 在音乐伴奏下，集体练习，小组长协助指挥。 3. 教师讲解比赛规则和方法，强调安全和注意事项，组织学生分组进行半场 3vs2 攻防比赛（运用交叉步持球突破的得分有效），基础较薄弱的学生场下做运球、传球、突破等练习。

（续上表）

课次	教学目标	教学内容	教学组织与方法
11	**运动能力**：能够在有防守断球的情况下正确做出交叉步持球突破技术，提高突破成功率，发展学生协调性、肌肉力量、灵敏性。 **健康行为**：培养学生积极参与体育活动及遵守规则。 **体育品德**：培养学生坚毅果断的精神，互帮互助、勇敢顽强的品质。	1. 结构化知识与技能： （1）2人一组做交叉步持球突破＋防守（可断球）的练习。 （2）半场3vs2攻防比赛（断球或抢篮板球后交换球权）。 2. 体能训练： （1）垫步踢膝碰肘。 （2）扩胸抬膝走。 （3）推雪球走。 （4）毛毛虫爬。 3. 比赛：半场3vs2攻防比赛（进球方获胜）。	1. 学生的"学"与"练"。 2. 在音乐伴奏下，集体练习，小组长协助指挥，教师巡回指导。 3. 学生分组进行半场3vs2攻防比赛（进球方获胜），基础较薄弱的学生场下做运球、传球、突破等练习。进行比赛时，学生进行执裁，初步判断犯规行为。
12	**运动能力**：运用过人、得分、抢断、抢篮板球等技术进行对抗，根据球权攻守转换，直至一方完成得分，提高学生肌肉的力量、心肺耐力和柔韧性。 **健康行为**：积极和同伴交流与合作。在学练和比赛中保持良好的情绪，增强自我保护的能力。 **体育品德**：在活动中展现出无惧困难、不怕挫折、团结协助、情绪稳定的能力。	1. 结构化知识与技能： （1）半场1vs1攻防比赛。 （2）全场1vs1攻防比赛。 2. 体能训练： （1）抱踝上提走。 （2）抓踝后拉走。 （3）急停急起。 （4）小碎步直线探脚。 3. 比赛：半场折返跑抢球后1vs1攻防比赛（先得分者获胜）。	1. 学生的"学"与"练"。 2. 在音乐伴奏下，集体练习，小组长协助指挥，教师巡回指导。 3. 学生分组进行半场折返跑抢球后1vs1攻防比赛（先得分者获胜），基础较薄弱的学生场下做运球、传球、突破等练习。进行比赛时，学生进行执裁，初步判断犯规行为。

（续上表）

课次	教学目标	教学内容	教学组织与方法
13	**运动能力**：学会抢篮板球技术，能够在每一次出手后迅速争抢篮板球，并正确处理篮板球，发展下肢肌肉力量、灵敏性和协调性。 **健康行为**：能主动参与篮球比赛；在学练和比赛中保持积极稳定的情绪，与同伴配合默契。 **体育品德**：培养学生坚持不懈、勇敢顽强的品质。	1. 结构化知识与技能： （1）2人一组，进行一人投篮后，一人面对篮板抢篮板球并护球观察＋补篮的练习。 （2）2人一组，进行一人投篮后，一人做冲抢篮板球并护球观察＋运球的练习。 （3）3人一组，二攻一防做冲抢篮板球并护球观察＋传球＋投篮的练习。 2. 体能训练： （1）抱球小碎步跑。 （2）抱球钟摆跳。 （3）耐力跑临摹图形。 （4）侧向滑步临摹图形。 3. 比赛：半场3vs3攻防比赛（抢篮板球次数多的队获胜）。	1. 学生的"学"与"练"。 2. 在音乐伴奏下，集体练习，小组长协助指挥，教师巡回指导。 3. 学生分组进行半场3vs3攻防比赛（抢篮板球次数多的队获胜），基础较薄弱的学生场下做运球、传球、突破等练习。进行比赛时，学生进行执裁，初步判断犯规行为。
14	**运动能力**：利用突破分球和传切配合战术组合完成半场3vs2的练习，学会为同伴创造得分机会，提高位移速度、肌肉力量和爆发力。	1. 结构化知识与技能： （1）半场3人一组做交叉步持球突破＋传球＋接球＋行进间单手肩上投篮的练习。 （2）运用战术组合进行3vs2的比赛。	1. 学生的"学"与"练"。 2. 在音乐伴奏下，集体练习，小组长协助指挥，教师巡回指导。

（续上表）

课次	教学目标	教学内容	教学组织与方法
14	**健康行为**：养成良好的运动习惯和篮球锻炼意识；遇到运动损伤能及时处理；善于与同伴沟通。 **体育品德**：培养学生合作互助、勇敢自信、克服困难、勇于挑战自我的品质。	2. 体能训练： （1）图形反应跑。 （2）敏捷梯踏格反应跑。 （3）箭步蹲临摹图形。 （4）敏捷梯直臂平板侧移。 3. 比赛：半场3vs3攻防比赛（运用战术组合的得分有效）。	3. 学生分组进行半场3vs3攻防比赛（运用战术组合的得分有效），基础较薄弱的学生场下做运球、传球、突破等练习。进行比赛时，学生进行执裁，初步判断犯规行为。
15	**运动能力**：能够理解快攻的目的与意义，明确每个位置的职责，知道抢篮板球、接应、快下三者要紧密配合，发展肌肉力量、反应能力和协调性。 **健康行为**：养成积极常赛的习惯；发生运动损伤时能及时进行应急处理；在比赛中保持良好、稳定的情绪，善于沟通与合作。 **体育品德**：面对挫折，培养乐观的心态；主动与队友交流、合作学练，勇敢自信。	1. 结构化知识与技能： （1）全场3人一组做掷界外球＋接球＋行进间单手肩上投篮＋抢篮板球的练习。 （2）全场3人一组做掷界外球＋接球＋行进间单手肩上投篮（消极防守）＋抢篮板球的练习。 2. 体能训练： （1）内外向后单/双脚跳图形。 （2）内外向前单/双脚侧跳图形。 （3）敏捷梯单脚进出格跑。 （4）三角形快速跑。 3. 比赛：掷界外球的全场3vs3攻防比赛（运用快攻的得分有效）。	1. 学生的"学"与"练"。 2. 在音乐伴奏下，集体练习，小组长协助指挥，教师巡回指导。 3. 学生分组进行掷界外球的全场3vs3攻防比赛（运用快攻的得分有效），基础较薄弱的学生场下做运球、传球、突破等练习。进行比赛时，学生进行执裁，初步判断犯规行为。

（续上表）

课次	教学目标	教学内容	教学组织与方法
16～18	**运动能力**：学生熟练掌握原地双手胸前投篮的动作、方法以及组合动作，提升速度和协调性。 **健康行为**：培养学生不怕困难、坚持到底的精神，树立团队意识；做到遵守篮球规则、尊重队友、尊重对手、公平竞争；能正确地看待比赛的胜负。 **体育品德**：培养学生敢于拼搏、勇于争先的精神；树立诚信自律、公平公正的规则意识，尊重对手、尊重裁判；增强学生的责任意识和集体荣誉感。	1. 结构化知识与技能：篮球技术的综合应用。 2. 比赛：全场5vs5对抗赛。	1. 教师讲解比赛组织过程：介绍比赛流程，安排裁判员、记录员（记分员），组织双方运动员参与比赛，培训裁判员公平执裁。 2. 学生积极参与各项安排，包括裁判、记分和啦啦队等。 3. 颁奖典礼：评选出冠军队、亚军队、季军队、最有价值球员、优秀裁判员。

二、单元总评

本单元案例以水平三的学生为主要授课对象，该单元有以下特点：

（1）在篮球大单元设计中，各水平之间是相互交融的关系，水平三是水平二的升级：在巩固原有运动技能的基础上，发展更高水平的运动技能，并且侧重点和难度不同。水平三学习内容的结构化应该要求更高、更广泛，整体上呈现螺旋式上升的特征。

（2）将水平一中的基本运动技能融合在后面水平的体能、专项运动技能中发展；从水平二的体能游戏到水平三的体能设计内容要逐步实现专项体能学练的转变。努力提高学生的身体素质，为更高阶段的技能学习奠定基础。

（3）根据水平三学生对篮球掌握的程度，有针对性地创设情境、增加对抗性竞赛，体现战术学习的进阶性，通过1vs1到5vs5、从障碍防守到防守者防守，提高学生技战术运用的能力。对于竞赛胜负的结果，教师要对学生做好引导工作，培养学生良好的体育品格。

（4）在设计比赛时要注意融入篮球项目的文明礼仪，如入场仪式、同伴进球后主动上前击掌祝贺等，培养学生良好的体育品格。教师应在恰当时机引导学生通过报刊、网络等途径学习篮球运动项目的文化知识，加深学生对该运动项目的理解。

（5）在专项大单元学习评价中，应结合学习过程中学生参与度、掌握情况、能力水平、态度品格等，运用多样的评价方式对学生学习阶段进行整体评价，体现学习评价的全程性，全方位掌握学生在本单元的学习情况，为日后专项大单元的继续研发与修订提供参考依据。

第三节　水平二足球专项大单元

足球是一项以脚为主，控制和支配球，两支球队按照一定规则在同一块长方形球场上互相进行进攻、防守对抗的体育运动项目。足球运动具有对抗性强、战术多变、参与人数多等特点，被称为"世界第一运动"。根据新课标要求，足球是水平二专项运动技能球类的主要内容，结合水平二学生的特点，要通过多种多样的足球游戏、创设有效的教学情境，让学生在水平二阶段初步学习足球这一专项运动技能，将新课标要求的"教会、勤练、常赛"落到实处。让学生学习和掌握结构化的专项运动技能，懂得健康知识，调节情绪，促进学生更广泛地参与足球运动，激发学生参与足球运动的兴趣，养成良好的运动习惯。

《课程标准（2022年版）》提出："体育与健康课程围绕核心素养，体现课程性质，反映课程理念，确立课程目标。"针对水平二的足球大单元教学目标如下：

（1）运动能力。丰富足球运动体育与健康知识，了解基本的足球比赛规则（如三人制、五人制、十一人制的区别）；掌握与运用多种足球基本技术（如踩拉拨扣、停传带射，具备1vs1能力，灌输1vs1攻防基本原则）；知道足球运动的基础知识，并能将所学基本动作和简单组合动作运用到比赛中。

（2）健康行为。初步了解人体运动系统，并初步养成良好的饮食健康与卫生、伤病预防等习惯；注意在足球运动中保持正确的身体姿态，正确合理地看待足球运动中的身体对抗。

（3）体育品德。积极进取，坚持完成有一定困难的足球活动；尊重对手、尊重裁判，在足球运动中保持积极稳定的情绪；胜不骄，败不馁，树立正确的胜负观。

足球专项运动技能教学整体规划是非常关键、重要的。在进行整体规划大单元教学时有如下建议：

（1）足球运动较为复杂，对身体能力要求较高，在基础启蒙阶段以培养兴趣为主，不同学生的身体发育情况不同，身体水平有差异，需要在水平一通过翻滚、滚动、灵敏圈、绳梯等游戏，发展其脚下频率、反应速度以及协调性，为水平二的足球学习打好基础。

（2）发挥足球的育人功能，让学生形成终身体育运动的理念，促进其身心发展，具有适应社会发展的能力。如同足球课程的本质，让每一个人都能够参与进来，都可以上场踢一两脚。

（3）充分考虑足球运动技能的形成规律，从熟悉足球球性着手，了解由传接球、控球、射门，到足球运动技能形成的过程。考虑学生生理发展的特点，在学生协调性不足时，以足球球性练习和游戏为主。随着学生整体素质的提高，传球的力度、控球的能力、射门的力量逐步加强。小学足球教学的主线应符合学生生理发展的规律。

一、教学案例

<table>
<tr><td colspan="2" align="center">体育与健康课程足球专项运动技能单元教学计划
（水平二）
学校：　　　广州市黄埔区玉鸣小学　　　
年级：　3—4　　班级：　××班　　任课教师：　石彬　</td></tr>
<tr><td>学习
目标</td><td>运动能力：丰富足球运动的知识，了解基本的足球比赛规则（如三人制、五人制、十一人制的区别）；掌握与运用多种足球基本技术（如踩拉拨扣、停传带射，具备1vs1能力，灌输1vs1攻防基本原则）；知道足球运动的基础知识，并能将所学基本动作和简单组合动作运用到比赛中。</td></tr>
</table>

（续上表）

学习目标	**健康行为**：初步了解人体运动系统，并初步养成良好的饮食健康与卫生、伤病预防等习惯；注意在足球运动中保持正确的身体姿态，正确合理地看待足球运动中的身体对抗。 **体育品德**：积极进取，坚持完成有一定困难的足球活动；尊重对手、尊重裁判，在足球运动中保持积极稳定的情绪；胜不骄，败不馁，树立正确的胜负观。
主要教学内容	**基础知识与基本技能**：在传球、接球、运球、射门等足球游戏中学习和体验基本动作与简单动作组合，在足球游戏中学习和体验脚控球动作；知道足球运动的基础知识。 **技战术**：在足球游戏中运用所学基本动作和简单组合动作，如带球突破、假动作突破、"二过一"等技术摆脱防守者。 **体能训练**：乐于参与足球运动，了解简单的足球体能练习方法，通过各种翻滚与起跑、视觉信号做动作提高学生的灵敏性、协调性和反应速度。 **规则与裁判法**：理解足球运动的比赛规则和裁判方法（如三人制、五人制、十一人制的区别），能指出比赛中违反规则的行为。 **展示或比赛**：在足球游戏中根据不同情境进行传球、运球、射门，并参加多种样式的比赛。 **观赏与评价**：关注足球比赛的相关信息，提高对足球运动项目的认知，了解不同国家、俱乐部、球迷的文化；每学期通过现场、网络等观看足球比赛不少于8次，提高对比赛的分析与评价能力。
教学重、难点	**学生学习的重、难点**：掌握所学足球相关技术动作要领，并在比赛中大胆尝试运用。 **教学内容的重、难点**：各种技术及组合技术在游戏和比赛中的结构化运用；足球礼仪在比赛中的渗透；跨学科知识助力对足球运动的深入理解。 **教学组织的重、难点**：提高场地与器材使用率，各环节衔接顺畅，集体学练与分组学练结合，提升练习密度，学练中多组织组间和班级内的动作展示和比赛，提高学生兴趣。 **教学方法的重、难点**：教师讲解示范，信息化视频展示，合理采用合作学习和探究学习方式。

（续上表）

课次	教学目标	教学内容	教学组织与方法
1	**运动能力**：一步一触球，了解脚背正面运球的场景和情况，在比赛中合理运用，为脚背正面运球打好基础，发展上下肢协调力以及提高上下肢协调配合能力。 **健康行为**：具有安全意识，养成锻炼习惯，敢于挑战自己，做到精益求精。 **体育品德**：展现出坚持到底的体育精神，尊重对手，具有正确的胜负观。	1. 结构化知识与技能。 2. 体能训练： （1）下肢练习2~3种。 （2）上肢练习2~3种。 3. 比赛：运球接力赛。	1. 将学生分为8组，用标志盘间隔（1~1.5米），每组5~6人，在教师的带领下做分解练习。 2. 学生听音乐进行分组练习，教师巡回指导，小组长协助。 3. 从左向右依次进行绳梯练习，由左向右设置2种下肢步伐和2种上肢力量练习，完成后进行下组内容。 4. 运球接力比赛，教师讲解规则和安全事项，分为8组进行练习，每组5~6人，根据积分进行排名。
2	**运动能力**：一步一触球，了解脚背外侧运球的场景和情况，在比赛中合理运用，发展上下肢力量以及提高上下肢协调配合能力。 **健康行为**：认真做好准备活动，树立安全意识，调控好情绪，保持乐观的心态。 **体育品德**：表现出不怕困难的体育精神，尊重裁判的体育道德，有责任意识的体育品格。	1. 结构化知识与技能：双脚踩单车+脚背外侧运球。 2. 体能训练：下肢练习4种+持足球绕环。 3. 比赛："摘金子"比赛。	1. 将学生分为8组，用标志盘间隔（1~1.5米），每组5~6人，在教师的带领下做分解练习。 2. 学生听音乐进行分组练习，教师巡回指导，小组长协助。 3. 由左向右设置4种下肢步伐，在做步伐的同时双手持足球进行绕环。 4. 运球接力比赛，分为8组进行练习，每组5~6人，运球到达对面，每一次可拿一个标志盘回来，每拿一个标志盘得1分，根据积分进行排名。

（续上表）

课次	教学目标	教学内容	教学组织与方法
3	**运动能力**：了解脚内侧运球的场景和情况，做到一步一触球，在比赛中合理运用，发展上下肢协调力以及提高上下肢协调配合能力。 **健康行为**：体验合作学练的乐趣；展现出积极向上的生活态度，敢于展示自我，阳光自信。 **体育品德**：展现出团结协作的体育精神，诚信自律的体育道德，自尊自信的体育品格。	1. 结构化知识与技能：脚内侧荡球＋脚内侧运球。 2. 体能训练： （1）下肢练习 2～3 种。 （2）上肢练习 2～3 种。 3. 比赛："喊号抱团"比赛。	1. 将学生分为 8 组，用标志盘间隔（1～1.5 米），每组 6 人，在教师的带领下进行练习。 2. 学生听音乐进行分组练习，教师巡回指导，小组长协助。 3. 从左向右依次进行绳梯练习，由左向右设置 2 种下肢步伐和 2 种上肢力量练习。 4. 在指定的区域内运用学过的带球方式，进行带球练习，当教师喊到不同数字时，对应数字的同学将足球贴在一起，完成一次得 1 分。
4	**运动能力**：复习脚内侧运球动作；学习运球中传球的动作，节省时间，做到一步一触球，在比赛中合理运用，发展上下肢力量以及提高上下肢协调配合能力。 **健康行为**：认真做好准备活动，树立安全意识，调控好情绪，保持乐观的心态。 **体育品德**：展现出积极进取的体育精神，尊重规则的体育道德，自尊自信的体育品格。	1. 结构化知识与技能：脚内侧荡球＋脚内侧运球＋脚内侧传球。 2. 体能训练：绳梯步法＋上下肢协调配合 3～4 种。 3. 比赛：运球接力比赛。	1. 将学生分为 8 组，用标志盘间隔（1～1.5 米），每组 6 人，在教师的带领下，利用标志盘练习。 2. 学生听音乐进行分组练习，教师巡回指导，小组长协助。 3. 由左向右设置 4 种下肢步伐，在做步伐的同时双手进行足球绕环练习。 4. 运球接力比赛，分为 8 组进行练习，每组 5～6 人，运球到达对面，每一次可拿一个标志盘回来，每拿一个标志盘得 1 分，最后根据积分进行排名。

（续上表）

课次	教学目标	教学内容	教学组织与方法
5	**运动能力**：提高运球能力，学习简单变向的概念，学习运球时突然转身与脚内侧传球的连贯动作，发展核心力量、下肢力量、感统能力。 **健康行为**：敢于尝试不同动作，敢于挑战自己，做到精益求精。 **体育品德**：展现出勇敢顽强的体育精神，诚信自律的体育道德，文明礼貌的体育品格。	1. 结构化知识与技能：综合运球＋运球转身＋脚内侧传球。 2. 体能训练： （1）提膝触肘。 （2）展髋跳。 （3）卷腹。 （4）俯卧撑。 3. 游戏："足球回家"游戏。	1. 学生在半场区域内进行运球转身练习；学生在运球的基础上听到哨音突然转身。 2. 学生听音乐进行分组练习，教师巡回指导，小组长协助。 3. 将学生分为8组，用标志盘间隔（1～1.5米），每组5～6人，在教师的带领下做体能练习。 4. "足球回家"游戏：从指定区域向前运球，转身后将球传回原区域，成功则获得3分。
6	**运动能力**：提高在比赛时运球转身、背身护球的能力，背对进攻方向时，运用手臂、身体、站位方向，隔开防守队员与球，保证球权不会丢失，发展协调性、速度、力量素质及球场上的观察能力。 **健康行为**：学生热爱体育运动，积极参与锻炼，合理控制情绪。 **体育品德**：展现出坚持到底的体育精神，尊重对手的体育道德，具有正确胜负观的体育品格。	1. 结构化知识与技能：运球＋运球转身＋背身护球＋脚内侧传球。 2. 体能训练：绳梯步法＋上下肢协调配合3～4种。 3. 比赛："足球保卫战"比赛。	1. 两人一组，在2米×2米区域内进行背身护球练习，防守方抢到球权后进行交换。 2. 学生听音乐进行分组练习，教师巡回指导，小组长协助。 3. 由左向右设置4种下肢步伐，在做步伐的同时双手进行足球或标志盘绕环练习，前一个人到中间，后一个人出发，完成后进行下组内容。 4. "足球保卫战"比赛：两人一组，在4米×4米区域内进行背身护球练习，通过护球的方式护球超过标志盘的位置，抢到球权后进行交换。

（续上表）

课次	教学目标	教学内容	教学组织与方法
7	**运动能力**：巩固运球能力，学习运球变向技术动作，发展协调性、速度、力量素质与球场上的观察力、比赛能力。 **健康行为**：具有安全意识，养成锻炼习惯，敢于挑战自己，做到精益求精。 **体育品德**：表现出团结协作的体育精神，诚信自律的体育道德，自尊自信的体育品格。	1. 结构化知识与技能：运球＋变向＋传球。 2. 体能训练： （1）直腿纵跳。 （2）平板支撑。 （3）俄罗斯转体。 （4）深蹲。 3. 比赛：运球绕杆接力赛。	1. 将学生分为8组，用标志盘间隔（1～1.5米），每组5～6人，在教师的带领下练习。 2. 学生听音乐进行分组练习，教师巡回指导，小组长协助。 3. 由左向右设置4种下肢步伐，在做步伐的同时双手进行足球或标志盘绕环练习。 4. 学生分组进行运球绕杆接力赛，用时短的小组获胜。
8	**运动能力**：了解1vs1持球突破防守原则、攻防转换原则。防守者通过保持合理距离，跟住进攻队员，侧身站位，不盲目伸脚，对进攻队员进行防守，直至完成防守。发展协调性、速度、力量素质与球场上的观察能力。 **健康行为**：认真做好准备活动，树立安全意识，调整好情绪，保持乐观的心态。 **体育品德**：展现出积极进取的体育精神，尊重规则的体育道德，自尊自信的体育品格。	1. 结构化知识与技能：运球突破防守＋传球。 2. 体能训练： （1）平板支撑。 （2）开合跳。 （3）仰卧起坐。 （4）碎步跑。 3. 比赛：1vs1攻防比赛。	1. 将学生分为8组，用标志盘间隔（1～1.5米），每组5～6人，在教师的带领下练习。 2. 学生听音乐进行分组练习，教师巡回指导，小组长协助。 3. 由左向右设置4种下肢步伐，在做步伐的同时进行双手足球或标志盘绕环练习。 4. 进攻方持球突破后，将球传到指定位置，得3分，规定时间内得分多的小组获胜。

（续上表）

课次	教学目标	教学内容	教学组织与方法
9	**运动能力**：了解正确的射门技术动作，在比赛中合理运用，发展上下肢力量以及上下肢协调配合能力。 **健康行为**：具有安全意识，养成锻炼习惯，敢于挑战自己，做到精益求精。 **体育品德**：展现出勇敢顽强的体育精神，诚信自律的体育道德，文明礼貌的体育品格。	1. 结构化知识与技能：运球突破防守＋射门。 2. 体能训练： （1）波比跳。 （2）推小车。 （3）高抬腿。 （4）登山跑。 3. 比赛："足球保龄球"比赛。	1. 两人一组，进行进攻射门练习，射门完成后，捡回球，并做小栏架双脚、单脚跳跃练习。 2. 学生听音乐进行分组练习，教师巡回指导，小组长协助。 3. 根据教师要求进行分组练习。 4. "足球保龄球"比赛：在足球门前放 6 个标志桶，摆成保龄球的样子，以小组为单位进行比赛，每人每打倒一次标志桶得1 分，踢完的同学迅速扶起"保龄球"，小组内所有人完成数相加，统计得分。
10	**运动能力**：提高原地传接球能力，打牢传接球的基本功，为连接复杂技术打基础。 **健康行为**：能主动参与，在学练和比赛中保持积极稳定的情绪，与同伴配合默契。 **体育品德**：展现出坚持到底的体育精神，尊重对手的体育道德，具有正确胜负观的体育品格。	1. 结构化知识与技能：原地传接地面球＋射门。 2. 体能训练： （1）胯下击掌。 （2）两头起。 （3）俯卧撑。 （4）登山跑。 3. 比赛：射门比赛。	1. 分组进行传球与接球练习。 2. 学生听音乐进行分组练习，教师巡回指导，小组长协助。 3. 根据教师要求进行分组练习。 4. 射门比赛：以小组为单位进行比赛，每人射门成功一次得 1 分，未完成射门的人，需要跟到队伍最后再来，直到完成为止。
11	**运动能力**：发展行进间接球后的射门能力；能够在比赛时快速接球，并完成得分；提高核心力量和上下肢协调配合能力。	1. 结构化知识与技能：行进间接球＋射门。 2. 体能训练： （1）直腿纵跳。	1. 学生听音乐进行分组练习，教师巡回指导，小组长协助。 2. 根据教师要求进行分组练习。

（续上表）

课次	教学目标	教学内容	教学组织与方法
11	**健康行为**：认真做好准备活动，树立安全意识，调整好情绪，保持乐观的心态。 **体育品德**：展现出不怕困难的体育精神，尊重裁判的体育道德，有责任意识的体育品格。	（2）平板支撑。 （3）俄罗斯转体。 （4）深蹲。 3. 练习：接球射门练习。	3. 教师讲解练习的方法，强调安全和注意事项，并组织学生分小组进行练习，小组内成员将球传给队友，并跑动至适当位置接球射门。
12	**运动能力**：了解突破防守队员的正确技术动作和运用场景，发展核心力量、上下肢力量及协调能力。 **健康行为**：养成良好的运动习惯和锻炼意识，善于与同伴沟通。 **体育品德**：展现出团结协作的体育精神，诚信自律的体育道德，自尊自信的体育品格。	1. 结构化知识与技能：原地接球＋运球突破防守＋传球。 2. 体能训练： （1）收腹跳。 （2）后踢腿。 （3）提膝触肘。 （4）俯卧撑。 3. 比赛：2vs1 攻防（消极防守）比赛。	1. 两人一组进行脚内侧传球，三人一组进行突破防守＋传球练习。 2. 学生听音乐进行分组练习，教师巡回指导，小组长协助。 3. 根据教师要求进行分组练习。 4. 教师讲解比赛规则和方法，强调安全和注意事项，组织学生三人一组进行2vs1攻防（消极防守）比赛。
13	**运动能力**：熟悉突破防守的正确技术动作和运用场景，并完成得分。发展核心力量、上下肢力量以及协调能力。 **健康行为**：认真做好准备活动，树立安全意识，调控好情绪，敢于展示自我，自信乐观。 **体育品德**：展现出积极进取的体育精神，尊重规则的体育道德，自尊自信的体育品格。	1. 结构化知识与技能：行进间接球＋运球突破防守＋射门。 2. 体能训练： （1）平板支撑。 （2）波比跳。 （3）碎步跑。 （4）前后交替跳。 3. 比赛：2vs1 进攻（积极防守）比赛。	1. 学生听音乐进行分组练习，教师巡回指导，小组长协助。 2. 根据教师要求进行分组练习。 3. 三人一组进行2vs1进攻（积极防守）比赛，每次进攻完成后，进攻和防守位置交换，继续进行。

（续上表）

课次	教学目标	教学内容	教学组织与方法
14	**运动能力**：学习掌握连续突破多个防守队员的正确技术动作和运用场景，并完成得分；发展核心力量、上下肢力量以及协调能力。 **健康行为**：具有安全意识，养成锻炼习惯，敢于挑战自己，做到精益求精。 **体育品德**：展现出勇敢顽强的体育精神，诚信自律的体育道德，文明礼貌的体育品格。	1. 结构化知识与技能：原地接球＋运球连续过杆＋射门。 2. 体能训练： （1）卷腹。 （2）俄罗斯转体。 （3）登山跑。 （4）提膝扭转。 3. 比赛："过杆＋射门"接力赛。	1. 两人一组进行脚内侧传接球，接球后迅速进行运球绕杆到达指定位置并射门。 2. 学生听音乐进行分组练习，教师巡回指导，小组长协助。 3. 根据教师要求进行分组练习。 4. 教师讲解比赛规则和方法，强调安全和注意事项，分组进行"过杆＋射门"接力赛，完成时间短的小组获胜。
15	**运动能力**：学习"二过一"的基础技术动作和运用场景，拓展比赛中突破进攻的理念；发展核心力量、上下肢力量以及协调能力。 **健康行为**：认真做好准备活动，树立安全意识，调整好情绪，敢于展示自我，自信乐观。 **体育品德**：展现出坚持到底的体育精神，尊重对手的体育道德，具有正确胜负观的体育品格。	1. 结构化知识与技能：传球＋行进间接球＋运球突破防守＋传球。 2. 体能训练： （1）胯下击掌。 （2）深蹲跳。 （3）展髋跳。 （4）推小车。 3. 比赛：传接球比赛。	1. 了解"二过一"的路线和方法，开始可以用手抱球扔球的方式进行，让同学们了解4种"二过一"的路线和方法（斜传直插、直传斜插、斜传斜插、回传反切）。 2. 学生听音乐进行分组练习，教师巡回指导，小组长协助。 3. 根据教师要求进行分组练习。 4. 传接球比赛，在传球人正在快速压迫时，进行抢断或破坏，进攻队员拿球之后，选择让球穿过规定区域，则成功得3分，最后统计分数。

（续上表）

课次	教学目标	教学内容	教学组织与方法
16	**运动能力**：了解不同的"二过一"的方法和要点，学会以两人为小组简单的配合，并完成射门；发展核心力量、上下肢力量以及协调能力。 **健康行为**：认真做好准备活动，树立安全意识，调控好情绪，保持乐观的心态。 **体育品德**：展现出不怕困难的体育精神，尊重裁判的体育道德，有责任意识的体育品格。	1. 结构化知识与技能：传球＋行进间接球＋运球突破防守＋射门。 2. 体能训练： （1）两头起。 （2）碎步跑。 （3）波比跳。 （4）俯卧撑。 3. 比赛："二过一"过人＋射门比赛。	1. 了解"二过一"的路线和方法，开始可以用手抱球扔球的方式进行，让同学们了解4种"二过一"的路线和方法（斜传直插、直传斜插、斜传斜插、回传反切）。 2. 学生听音乐进行分组练习，教师巡回指导，小组长协助。 3. 根据教师要求进行分组练习。 4. 三人一组进行2vs1比赛，尝试"二过一"小组配合，每次进攻完成后，进攻和防守位置交换，继续进行。
17	**运动能力**：明确1vs1进攻、防守、攻防转换的原则，能够在不同场景合理运用不同技术；提高身体综合素质。 **健康行为**：培养热爱体育运动、积极参与锻炼的习惯。 **体育品德**：展现出团结协作的体育精神，诚信自律的体育道德，自尊自信的体育品格。	1. 结构化知识与技能：1vs1排位赛。 2. 比赛：1vs1排位赛。	1. 热身导入。 2. 1vs1排位赛，进攻方射门进球得3分，防守者抢断后变成进攻方。可根据场地情况进行多组设置，同时开始。

（续上表）

课次	教学目标	教学内容	教学组织与方法
18	**运动能力**：提高比赛中球场位置感；提高综合比赛能力。 **健康行为**：认真做好准备活动，树立安全意识，调整好情绪，保持乐观的心态。 **体育品德**：展现出敢于拼搏、勇于争先的体育精神，诚信自律、公平公正、尊重对手、尊重裁判的体育道德；有责任意识和集体荣誉感。	1. 结构化知识与技能：3vs3 比赛。 2. 比赛：3vs3 比赛。	1. 热身导入。 2. 3vs3 比赛，进攻方射门进球得 1 分，防守者抢断后变成进攻方，无守门员。可根据场地情况进行多组设置，同时开始。

二、单元总评

本单元案例以水平二的学生为主要授课对象，该单元有以下特点：

（1）根据新课标要求，在足球课堂中推进"学、练、赛"一体化，坚持在学科核心素养的引领下，以赛促练，课堂中多采用练习与比赛相结合的形式，提高学生学习足球的兴趣，并帮助学生更好地掌握足球运动技能。

（2）根据三、四年级学生的年龄特点和生理特征，采用多种多样的游戏形式，帮助学生掌握足球技能，发展学生各项身体素质。

（3）重视学生良好健康行为及体育品德的培养，在足球运动中融入足球礼仪、安全防护意识、健康知识、跨学科知识、运动情境等，通过课堂中的"学、练、赛"培养学生勇敢、果断、坚毅、不怕困难的意志品质及合作的能力，并学会调控情绪的方法，体验活动的乐趣。

（4）结合学生年龄段特点，合理设置体能练习，以补偿性、多样性为原则，保证练习丰富有趣的同时帮助学生掌握运动技能，提高身体素质。

（5）掌握足球运动的礼仪、比赛规则与裁判方法，培养学生公平竞争、团队合作、敢于拼搏、追求卓越的精神，树立正确的胜负观。

第四节　水平三足球专项大单元

根据新课标要求，足球是水平三专项运动技能球类的主要内容，结合水平三学生的特点，要通过掷界外球，行进间脚背正面推球，脚背内、外侧推拨球，移动中脚内侧传、接地面球，脚背正面、外侧传球，正面抢球、持球防守等主要的基本动作技术，以及运球射门、接球射门等主要的组合动作技术，让学生在水平三阶段学习足球这一专项运动技能，将新课标要求的"教会、勤练、常赛"落到实处。让学生学习和掌握结构化的专项运动技能，懂得健康知识，调节情绪，促进学生更广泛地参与足球运动，激发学生参与足球运动的兴趣，养成良好的运动习惯。

水平三继续围绕《课程标准（2022 年版）》设计单元目标，具体如下：

（1）运动能力。丰富足球运动的知识，了解基本足球比赛规则（如三人制、五人制和十一人制的区别）；掌握与运用多种足球基本技术（如踩拉拨扣、停传带射，具备 1vs1 能力，灌输 1vs1 攻防基本原则）；学习简单的战术配合，学会在足球运动中设法得分和阻止对方得分的基本方法；能较好地运用所学基础动作和组合动作进行 4vs4、5vs5 足球比赛；了解并运用基本规则及判罚动作。

（2）健康行为。初步了解人体运动系统，并初步养成良好的饮食健康与卫生、伤病预防等习惯；了解常见足球运动损伤的处理方法，注意在足球运动中保持正确的身体姿态，正确合理地看待足球运动中的身体对抗。

（3）体育品德。积极进取，坚持完成有一定困难的足球活动；尊重对手、尊重裁判，在足球运动中保持积极稳定的情绪；胜不骄，败不馁，树立正确的胜负观。

在进行整体规划大单元教学时有如下建议：

（1）发挥足球育人功能，让学生养成健康的运动习惯，让每位学生都能够参与进来。

（2）五、六年级的学生部分已经出现青春期的生理现象和特征，如因身体发育过快导致协调性水平下降，那么在训练中要加强其协调性、速度的练习。

（3）五、六年级的学生参与足球运动已有一定的时间，对足球运动有了一定的了解，在规则上要明确三人制、五人制、十一人制的区别和特点（如三人制无守门员及其独特的罚点球方法，五人制没有越位，十一人制的越位规则)，在讲解中应图、文、视频等资料齐备，利用经典案例使得规则的讲解少些枯燥，多些趣味性。帮助学生学会在比赛中利用规则，提高对足球技能的认知和水平。

一、教学案例

<table>
<tr><td colspan="2">体育与健康课程足球专项运动技能单元教学计划
（水平三）
学校：　　　　广州市黄埔区玉鸣小学　　　　
年级：　5—6　班级：　××班　任课教师：　王静　</td></tr>
<tr><td>学习目标</td><td>运动能力：丰富足球运动的知识，了解基本的足球比赛规则（如三人制、五人制、十一人制的区别）；掌握与运用多种足球基本技术（如踩拉拨扣、停传带射，具备1vs1能力，灌输1vs1攻防基本原则）。完成一定难度技术动作与动作组合，强调左右脚技术全面发展。

健康行为：初步了解人体运动系统，并初步养成良好的饮食健康与卫生、伤病预防等习惯；注意在足球运动中保持正确的身体姿态，正确合理地看待足球运动中的身体对抗。

体育品德：积极进取，坚持完成有一定困难的足球活动；尊重对手、尊重裁判，在足球运动中保持积极稳定的情绪；胜不骄，败不馁，树立正确的胜负观。</td></tr>
<tr><td>主要教学内容</td><td>基础知识与基本技能：学习掷界外球，脚内侧、外侧运球，移动中脚内、脚背正面、外侧传球，接球射门等技术动作组合的强化练习；可以描述出动作基本要领。

技战术：在对抗中运用突破、射门、控制等技术动作，以及"二过一"技术，协防小组配合，学会防守与进攻等。

体能训练：通过多种组合以及运球过障碍练习，发展灵敏、协调性；固定区域持续1分钟运球，提高心肺耐力。

规则与裁判法：了解足球比赛的基本规则，承担班级比赛的部分裁判工作。

展示或比赛：参加班级4vs4、5vs5教学比赛，展现基本足球礼仪。

观赏与评价：关注足球比赛的相关信息，提高对足球运动项目的认知，了解不同国家、俱乐部、球迷的文化；每学期通过现场、网络等观看足球比赛不少于8次，能对比赛进行简要分析。</td></tr>
</table>

（续上表）

教学重、难点	**学生学习的重、难点**：掌握所学足球相关技术动作和组合动作技术，能参加班级内的教学比赛，并运用简单战术配合。 **教学内容的重、难点**：各种技术及组合技术在游戏和比赛中的结构化运用；足球礼仪在比赛中的渗透，跨学科知识助力对足球运动的深入理解。 **教学组织的重、难点**：提高场地与器材使用率，各环节衔接顺畅，集体学练与分组学练结合，提升练习密度，学练中多组织组间和班级内的动作展示和比赛，提高学生兴趣。 **教学方法的重、难点**：教师讲解示范，信息化视频展示，合理采用合作学习和探究学习方式。

课次	教学目标	教学内容	教学组织与方法
1	**运动能力**：学习脚背正面推球的动作要领，提高脚内侧传球的准确度，发展上下肢协调能力、腰腹力量以及全身协调性，为以后比赛打下基础。 **健康行为**：敢于尝试不同动作，敢于挑战自己，做到精益求精。 **体育品德**：展现出积极进取的体育精神，尊重规则的体育道德，自尊自信的体育品格。	1. 结构化知识与技能：行进间脚背正面推球＋脚内侧传地面球。 2. 体能训练： （1）双脚夹球旋转。 （2）双脚夹球后仰。 （3）双脚夹球搬运球（前后左右）。 3. 游戏："收集宝贝"游戏。	1. 将学生分为7组，用标志盘间隔（1~1.5米），每组5~6人，在教师的带领下进行练习。 2. 学生听音乐进行分组练习，教师巡回指导，小组长协助。 3. 分组按要求进行体能练习。 4. 教师讲解游戏规则和安全事项，每组6人，分组进行游戏。
2	**运动能力**：了解脚背内、外侧推拨球、传球的场景和情况，做到一步一触球，在比赛中合理运用，发展上下肢力量以及上下肢协调配合能力。 **健康行为**：认真做好准备活动，树立安全意识，调控好情绪，保持乐观的心态。	1. 结构化知识与技能：脚背内、外侧推拨球＋运球＋脚背内、外侧传球。 2. 体能训练：下肢练习4种＋持足球绕环。 3. 比赛："摘金子"比赛。	1. 将学生分为8组，用标志盘间隔（1~1.5米），每组5~6人，在教师的带领下做分解练习。 2. 学生听音乐进行分组练习，教师巡回指导，小组长协助。 3. 从左向右依次进行绳梯练习，由左向右设置。

（续上表）

课次	教学目标	教学内容	教学组织与方法
2	**体育品德**：展现出不怕困难的体育精神，尊重裁判的体育道德，有责任意识的体育品格。		4 种下肢步伐，在做步伐的同时双手持球进行绕环。 4. 运球接力比赛，将学生分为 8 组，每组 5～6 人，第一次可以用手进行，让学生熟悉路线和方法；第二次开始用脚进行，运球到达对面，每一次可拿一个标志盘回来，每拿一个标志盘得 1 分，根据积分进行排名。
3	**运动能力**：了解持球进攻的原则，通过运用拉、扣、拨球技术动作变向，创造突破空间，变向完成后要加速突破，发展身体协调性及提高球场上的观察能力。 **健康行为**：学生积极参与体育活动，遵守课堂规则。 **体育品德**：自尊自信，勇敢顽强，遵守游戏规则，不断挑战自我。	1. 结构化知识与技能：综合运球＋突破防守队员＋快速运球前进。 2. 体能训练： （1）下肢练习 2～3 种。 （2）上肢练习 2～3 种。 3. 展示：1vs1 突破。	1. 将学生分为 7 组，用标志盘间隔（1～1.5 米），每组 6 人，在教师的带领下练习。 2. 学生听音乐进行分组练习，教师巡回指导，小组长协助。 3. 从左向右依次进行绳梯练习，由左向右设置 2 种下肢步伐和 2 种下肢力量练习，练习前一个人到中间，后一人出发，完成后进行下组内容。 4. 两人一组在指定的区域内进行推拨球练习，当听到教师口令时，迅速突破防守队员，运球前进，比一比谁先到达指定位置。

（续上表）

课次	教学目标	教学内容	教学组织与方法
4	**运动能力**：复习脚背内、外侧推拨球的动作，练习脚背内、外侧传球动作，在比赛中合理运用，发展上下肢力量以及上下肢协调配合能力。 **健康行为**：认真做好准备活动，树立安全意识，调控好情绪，保持乐观心态。 **体育品德**：展现出积极进取的体育精神，尊重规则的体育道德，自尊自信的体育品格。	1. 结构化知识与技能：脚背内、外侧推拨球＋快速运球＋脚背内、外侧传球。 2. 体能训练：绳梯步法＋上下肢协调配合3～4种。 3. 比赛："运球＋传球"接力比赛。	1. 将学生分为7组，用标志盘间隔（1～1.5米），每组6人，在教师的带领下练习。 2. 学生听音乐进行分组练习，教师巡回指导，小组长协助。 3. 从左向右依次进行绳梯练习，由左向右设置4种下肢步伐，在做步伐的同时双手持球进行绕环。 4. 接力比赛将学生分为8组，每组5～6人，运球到达指定位置，将球传到指定位置，用时短的小组获胜。
5	**运动能力**：通过运用拉、扣、拨球技术动作变向，创造射门空间，并完成射门得分。发展上下肢力量及上下肢协调能力。 **健康行为**：积极与同伴交流与合作；在学练和比赛中保持良好的情绪，增强自我保护能力。 **体育品德**：表现出坚持到底的体育精神，尊重对手的体育道德，具有正确胜负观的体育品格。	1. 结构化知识与技能：接地面球＋运球突破防守＋行进间射门。 2. 体能训练：绳梯步法＋上下肢协调配合3～4种。 3. 比赛：1vs1攻防比赛。	1. 将学生分为8组，用标志盘间隔（1～1.5米），每组5～6人，在教师的带领下练习。 2. 学生听音乐进行分组练习，教师巡回指导，小组长协助。 3. 从左向右依次进行绳梯练习，由左向右设置4种下肢步伐，在做步伐的同时双手持球进行绕环。 4. 1vs1攻防比赛，进攻方成功突破防守，并射门进球得3分。一组完成后，交换攻防，进行下一组。

（续上表）

课次	教学目标	教学内容	教学组织与方法
6	**运动能力**：了解正确的接地面球、停球射门的技术动作，在比赛中合理运用，发展上下肢力量及提高上下肢协调配合的能力。 **健康行为**：认真做好准备活动，树立安全意识，调控好情绪，保持乐观心态。 **体育品德**：展现出积极进取的体育精神，尊重规则的体育道德，自尊自信的体育品格。	1. 结构化知识与技能：向前跑位＋接地面球＋停球射门。 2. 体能训练： （1）平板支撑。 （2）开合跳。 （3）仰卧起坐。 （4）碎步跑。 3. 比赛："足球保龄球"比赛。	1. 将学生分为8组，用标志盘间隔（1~1.5米），每组5~6人，在教师的带领下练习。 2. 学生听音乐进行分组练习，教师巡回指导，小组长协助。 3. 从左向右依次进行绳梯练习，由左向右设置4种下肢步伐，在做步伐的同时双手持球进行绕环。 4. "足球保龄球"比赛：在足球门前放6个标志桶，摆成保龄球的样子，以小组为单位进行比赛，每人每踢倒一次标志桶得1分，踢完的同学迅速扶起"保龄球"，小组内所有人完成数相加，进行统计；第一次可以让学生使用手进行尝试。
7	**运动能力**：了解正确的接地面球、不停球射门的技术动作，在比赛中合理运用，发展上下肢力量及提高上下肢协调配合的能力。 **健康行为**：具有安全意识，养成锻炼习惯，敢于挑战自己，做到精益求精。	1. 结构化知识与技能：向前跑位＋接地面球＋不停球射门。 2. 体能训练： （1）波比跳。 （2）推小车。 （3）高抬腿。 （4）登山跑。 3. 比赛：无门将射门比赛。	1. 将学生分为7组，每组6人，进行射门练习；对能够掌握射门动作的同学增加难度，射门前让球先向前滚动，然后射门。射门完成后，捡回球，并做小栏架双脚、单脚跳跃练习。 2. 学生听音乐进行分组练习，教师巡回指导，小组长协助。

（续上表）

课次	教学目标	教学内容	教学组织与方法
7	**体育品德：**展现出勇敢顽强的体育精神，诚信自律的体育道德，文明礼貌的体育品格。		3. 根据教师要求进行分组练习。 4. 以小组为单位进行射门比赛，每人每射门成功一次得一分，小组内所有人完成数相加，进行统计。
8	**运动能力：**提高在比赛时背身护球的能力，背对进攻方向时，运用手臂、身体以及站位方向，隔开防守队员与球，运用单脚踩球、拨球等方法，防止球权丢失。发展学生的核心、下肢力量及感统能力。 **健康行为：**认真做好准备活动，树立安全意识，调控好情绪，保持乐观的心态。 **体育品德：**展现出坚持到底的体育精神，尊重对手的体育道德，具有正确胜负观的体育品格。	1. 结构化知识与技能：正面抢球＋背身护球＋单脚踩球＋拨球防守。 2. 体能训练： （1）胯下击掌。 （2）两头起。 （3）俯卧撑。 （4）登山跑。 3. 比赛："抢球＋护球"1vs1 比赛。	1. 两人一组，在 2 米×2 米区域内进行护球练习，防守方抢到球权后进行交换。 2. 学生听音乐进行分组练习，教师巡回指导，小组长协助。 3. 根据教师要求进行分组练习。 4. 教师讲解比赛规则，学生按要求保护足球，被抢断则失败，则要交换球权。
9	**运动能力：**提升正面抢球，抢断后运球突破的能力，能够在 1vs1 时正确合理地运用技术，并及时将球传出。发展核心力量和上下肢协调能力。	1. 结构化知识与技能：正面抢球＋运球突破防守＋传球。 2. 体能训练： （1）直腿纵跳。 （2）平板支撑。 （3）俄罗斯转体。	1. 两人一组在教师的带领下听音乐进行分组练习，教师巡回指导，小组长协助。 2. 根据教师要求进行分组练习。 3. 进行 1vs1 攻防（消极

(续上表)

课次	教学目标	教学内容	教学组织与方法
9	**健康行为**：在合作学练中表现出积极向上的态度，理解体育锻炼对健康的重要性，主动参与学练。 **体育品德**：展现出不怕困难的体育精神，尊重裁判的体育道德，有责任意识的体育品格。	（4）深蹲。 3. 比赛：1vs1 攻防（消极防守）比赛。	防守）比赛，两人一组，抢断成功且运球突破防守队员并将球传至指定位置为成功，听哨音交换球权。
10	**运动能力**：有做出正面抢球，抢断后运球突破的能力，能够在 1vs1 时正确合理地运用技术，并完成得分。发展核心力量和上下肢协调能力。 **健康行为**：敢于尝试不同动作，敢于挑战自己，做到精益求精。 **体育品德**：展现出团结协作的体育精神，诚信自律的体育道德，自尊自信的体育品格。	1. 结构化知识与技能：正面抢球 + 运球突破防守 + 射门。 2. 体能训练： （1）收腹跳。 （2）后踢腿。 （3）提膝触肘。 （4）俯卧撑。 3. 比赛：1vs1 攻防（积极防守）比赛。	1. 两人一组在教师的带领下听音乐进行分组练习，教师巡回指导，小组长协助。 2. 根据教师要求进行分组练习。 3. 进行 1vs1 攻防（积极防守）比赛，两人一组，抢断成功且运球突破防守队员并射门成功得 3 分。完成一次后交换球权。
11	**运动能力**：有做出正面抢球，抢断后运球突破的能力，能够在 2vs1 时正确合理地运用技术，并完成一次"二过一"配合。发展核心力量和上下肢协调能力。 **健康行为**：认真做好准备活动，树立安全意识，调整好情绪，保持乐观的心态。	1. 结构化知识与技能：正面抢球 + 运球突破防守 + 传接球（"二过一"）。 2. 体能训练： （1）平板支撑。 （2）波比跳。 （3）碎步跑。 （4）前后交替跳。 3. 比赛：2vs2 进攻比赛。	1. 四人一组在教师的带领下进行练习，游戏导入（反应速度游戏）。 2. 了解直传斜插的路线和方法，开始可以用手抱球扔球的方式进行；2 号队员持球传给 1 号队员，2 号队员传完球立马启动斜插 1 号队员身前，1 号队员根据 2 号队员跑动路线给身前球。

（续上表）

课次	教学目标	教学内容	教学组织与方法
11	**体育品德**：展现出积极进取的体育精神，尊重规则的体育道德，自尊自信的体育品格。		3. 学生听音乐进行分组练习，教师巡回指导，小组长协助。 4. 根据教师要求进行分组练习。 5. 进行 2vs2 进攻比赛，4人一组，每次进攻完成后，交换进攻和防守位置，再继续进行比赛。
12	**运动能力**：有做出正面抢球，抢断后运球突破的能力，能够在 2vs1 时正确合理地运用技术，完成一次"二过一"配合，并射门得分。发展核心力量和上下肢协调力。 **健康行为**：遇到困难时，与队友共同努力，克服困难，勇于承担责任。 **体育品德**：展现出勇敢顽强的体育精神，诚信自律的体育道德，文明礼貌的体育品格。	1. 结构化知识与技能：正面抢球＋运球突破防守＋脚内侧传接球（"二过一"）＋射门。 2. 体能训练： （1）卷腹。 （2）俄罗斯转体。 （3）登山跑。 （4）提膝扭转。 3. 比赛：2vs2 进攻射门比赛。	1. 四人一组在教师的带领下进行练习，游戏导入（反应速度游戏）。 2. 了解传切配合的路线和方法，2号队员持球传给1号队员，2号队员传完球立马启动切入1号队员身前，1号队员根据2号队员跑动路线给身前球。 3. 学生听音乐进行分组练习，教师巡回指导，小组长协助。 4. 根据教师要求进行分组练习。 5. 进行 2vs2 进攻射门比赛，4人一组，每次射门完成后，交换进攻和防守位置，再继续进行比赛。
13	**运动能力**：了解 2vs2 持球防守原则，攻防转换原则，防守者通过保持合理距离，跟住进攻队员，侧身站位，不盲目伸脚，对进攻队员完成防守；	1. 结构化知识与技能：脚内侧传接球（"二过一"）＋正面抢球＋两人补防。 2. 体能训练： （1）两头起。	1. 四人一组在教师的带领下进行练习，游戏导入（反应速度游戏）。 2. 了解传切配合的路线和方法，2号队员持球传给1号队员，2号队员传完

(续上表)

课次	教学目标	教学内容	教学组织与方法
13	提高速度、力量素质及球场上的观察能力。 **健康行为**：认真做好准备活动，树立安全意识，调控好情绪，保持乐观的心态。 **体育品德**：展现出不怕困难的体育精神，尊重裁判的体育道德，有责任意识的体育品格。	（2）碎步跑。 （3）波比跳。 （4）俯卧撑。 3. 比赛：2vs2 攻防比赛。	球立马启动切入 1 号队员身前，1 号队员根据 2 号队员跑动路线给身前球，防守方及时补防。 3. 学生听音乐进行分组练习，教师巡回指导，小组长协助。 4. 根据教师要求进行分组练习。 5. 进行 2vs2 攻防比赛，4 人一组，每次射门完成后或者被防守方抢断球权，交换进攻和防守位置，再继续进行比赛。
14	**运动能力**：了解掷界外球的基本规则和动作要领，运用合理的方式突破防守。学会斜传直插等不同传切配合完成射门得分的方法和要点，学会 3 人小组简单的配合。发展核心力量和上下肢协调能力。 **健康行为**：认真做好准备活动，树立安全意识，调控好情绪，保持乐观的心态。 **体育品德**：展现出敢于拼搏、勇于争先的精神，具备诚信自律、尊重对手的体育道德，具备责任意识和集体荣誉感。	1. 结构化知识与技能：掷界外球＋快速运球突破防守＋传切配合＋射门。 2. 体能训练： （1）收腹跳。 （2）后踢腿。 （3）提膝触肘。 （4）俯卧撑。 3. 比赛：半场 3vs3 进攻比赛。	1. 六人一组在教师的带领下进行练习。 2. 学生听音乐进行分组练习，教师巡回指导，小组长协助。 3. 根据教师要求进行分组练习。 4. 进行半场 3vs3 进攻比赛，6 人一组，鼓励学生大胆尝试"二过一"小组配合，每次进攻完成后，交换进攻和防守位置，再继续进行比赛。

（续上表）

课次	教学目标	教学内容	教学组织与方法
15	**运动能力**：了解掷界外球的基本规则和动作要领，运用合理的方式突破防守。学习运用不同传切配合完成射门得分的方法和要点，学会3人小组简单的配合。发展核心力量、上下肢协调能力。 **健康行为**：体验合作学练的乐趣；表现出积极向上的生活态度；通过学练敢于展示自我，增强自信心。 **体育品德**：展现出不怕困难的体育精神，尊重裁判的体育道德，有责任意识的体育品格。	1. 结构化知识与技能：掷界外球＋快速运球突破防守＋两人补防＋传切配合＋射门。 2. 体能训练： （1）胯下击掌。 （2）收腹跳。 （3）两头起。 （4）登山跑。 3. 比赛：半场3vs3攻防比赛。	1. 六人一组在教师的带领下进行练习。 2. 学生听音乐进行分组练习，教师巡回指导，小组长协助。 3. 根据教师要求进行分组练习。 4. 进行半场3vs3攻防比赛，6人一组，鼓励学生大胆尝试"二过一"小组配合，每次进攻完成后或者防守方抢断球权，交换进攻和防守位置，再继续进行比赛。
16	**运动能力**：了解足球技术的综合运用和规则，熟悉三人制罚点球方法和不同赛制越位规则的运用。提高学习领悟力、上下肢协调力，加深核心规则掌握程度。 **健康行为**：热爱体育运动，培养积极参与锻炼的习惯。 **体育品德**：展现出不怕困难的体育精神，尊重裁判的体育道德，有责任意识的体育品格。	1. 结构化知识与技能：足球技能的综合运用＋三人制罚点球方法＋越位规则了解。 2. 体能训练： （1）胯下击掌。 （2）两头起。 （3）俯卧撑。 （4）登山跑。 3. 示范：半场3vs3示范。	1. 游戏导入，教师讲解示范，学生分组模仿练习。 2. 根据教师要求进行分组练习。 3. 进行半场3vs3示范，教师结合场景对各项规则进行讲解。

（续上表）

课次	教学目标	教学内容	教学组织与方法
17	**运动能力**：在比赛中合理运用技术的能力，增强团队合作；提高身体综合素质。 **健康行为**：养成积极常赛的习惯；发生运动损伤时能及时进行应急处理；在比赛中保持良好、稳定的情绪，善于沟通与合作。 **体育品德**：展现出坚持到底的体育精神，尊重对手的体育道德，具有正确胜负观的体育品格。	1. 结构化知识与技能：足球技能的综合运用＋3vs3比赛（无守门员）。 2. 比赛：3vs3比赛（无守门员）。	1. 热身导入。 2. 分组进行3vs3比赛。可根据场地情况设置多组同时进行。
18	**运动能力**：提高在比赛中合理运用技术的能力，增强团队合作；提高身体综合素质。 **健康行为**：敢于尝试不同动作，敢于挑战自己，做到精益求精。 **体育品德**：展现出敢于拼搏、勇于争先的精神，做到诚信自律、公平公正、尊重对手、尊重裁判，增强责任意识和集体荣誉感。	1. 结构化知识与技能：足球技能的综合运用＋5vs5比赛。 2. 比赛：5vs5比赛。	1. 热身导入。 2. 分组进行5vs5比赛。可根据场地情况设置多组同时进行。

二、单元总评

本单元案例以水平三的学生为主要授课对象，该单元有以下特点：

（1）根据新课标要求，在足球课堂中推进"学、练、赛"一体化，坚持在学科核心素养的引领下，以赛促练，课堂中多采用练习与比赛相结合的形式，提高学生的个人技术、小组配合能力以及比赛中的位置感，让学生更好地学会比赛。

（2）根据小学五、六年级学生的年龄特点和生理特征，采用多种多样的身体练习方式，帮助学生更好地掌握足球技能，提高学生的各项身体素质。

（3）重视学生良好健康行为及体育品德的培养，在足球运动中融入足球礼仪、安全防护意识、健康知识、跨学科知识、运动情境等，如赛后主动和对手握手致意、团队一起进行谢场。通过课堂中的"学、练、赛"，培养学生勇敢、果断、坚毅、不怕困难的意志品质及合作的能力，能够正确地看待胜负。

（4）结合学生年龄段特点，合理设置体能练习，以补偿性、多样性为原则，在丰富有趣的活动中帮助学生掌握运动技能，提高身体素质。

第五节　水平二羽毛球专项大单元

羽毛球运动是灵活、快速、多变的隔网对击性运动。它易于掌握，趣味性强，锻炼价值高，又极具竞争性，深受学生的喜爱；能有效发展灵活性、协调性、力量、耐力等身体素质；对培养勇敢、顽强、沉着、果断等意志品质具有良好的作用。

《课程标准（2022年版）》提出："体育与健康课程围绕核心素养，体现课程性质，反映课程理念，确立课程目标。"[①]

基于此，我们围绕核心素养十个维度进行羽毛球大单元设计。羽毛球专项运动技能教学是小学体育水平二、水平三的主体内容，整体规划是非常关键、重要的。在进行整体规划大单元教学时有如下建议：

（1）注重羽毛球项目特征，从整体层面出发，注重技术动作的基础，再

---

① 中华人民共和国教育部. 义务教育体育与健康课程标准（2022年版）[S]. 北京：北京师范大学出版社，2022.

设计组合性动作，而不是单一的动作形式。设计结构化的羽毛球专项技能大单元教学，要考虑不同水平之间、课与课之间的衔接，促进学生全面掌握羽毛球专项技能。

（2）在设计大单元教学时需遵循新课标要求，选取符合学生身心特征和实际运动水平的内容设计，并注意要贯彻连贯性与层次性。

（3）羽毛球大单元的设计应融入羽毛球的基本知识、羽毛球健康知识、欣赏球赛等内容，体现羽毛球大单元教学能更有效、更快速地让学生掌握羽毛球的技术动作。

（4）以"教会、勤练、常赛"为主要方式，课堂内有效地进行"学、练"，以提高课外的"赛"。倡导有效的教学方式，做到因材施教，层层递进。①

本大单元案例是以羽毛球专项运动能力培养为核心的"技术+战术"的技能提升单元，让学生在运动情境中，利用所学内容进行思考、判断、决策及合作完成有目的性的实践活动。在情境中，学生把战术运用到实战当中。羽毛球运动技能由易到难，从正手握拍、正手发高远球、正手击高远球至1vs1实战，学生围绕每节课的学习目标，主动思考、互相合作和分配角色，享受沉浸式运动，加深对羽毛球项目的完整体验与理解。

一、教学案例

<table>
<tr><td colspan="2">体育与健康课程羽毛球专项运动技能单元教学计划</td></tr>
<tr><td colspan="2">（水平二）</td></tr>
<tr><td colspan="2">学校：　　　广州开发区第二小学　　　</td></tr>
<tr><td colspan="2">年级：　3—4　班级：　××班　任课教师：　莫志敏　</td></tr>
<tr><td rowspan="2">学习
目标</td><td>运动能力：在垫球、抛接球、接发球、击球和步法游戏中学习、体验和掌握基本的单个动作与简单的连贯组合动作。知道羽毛球运动的基础知识，了解简单的裁判法。</td></tr>
<tr><td>健康行为：在运动过程中培养良好的体育锻炼意识和习惯，在活动过程中能够调控好情绪，并树立安全意识。</td></tr>
</table>

（续上表）

① 中华人民共和国教育部. 义务教育体育与健康课程标准（2022年版）［S］. 北京：北京师范大学出版社，2022.

学习目标	体育品德：在合作学练中若同伴遇到困难，能主动、真诚地给予帮助，用肯定的眼光欣赏同伴的动作。正确对待比赛中的胜负关系，胜不骄，败不馁。
主要教学内容	**基础知识与基本技能**：熟悉球性，学习正、反手握拍，正手发高远球、正手击高远球以及羽毛球战术。 **技战术**：单打技术。 **体能训练**：爆发能力、协调能力、反应能力、位移速度、肌肉力量。 **规则与裁判法**：熟知羽毛球的场地与区域，了解羽毛球比赛的基本规则和要求。 **展示或比赛**：垫球比赛、投球比赛、发球比赛、击球比赛、步法比赛、1vs1对抗赛。 **观赏与评价**：通过生生评价、师生评价、诊断性评价、过程性评价、终结性评价在教学中进行评价。
教学重、难点	**学生学习的重、难点**：通过学习羽毛球基本技术动作，提高学生的协调性、灵活性和反应能力等，提升学生的整体技战术水平。 **教学内容的重、难点**：羽毛球属隔网类项目，具有无直接身体接触的对抗性运动特点，让学生正确地掌握羽毛球的基本技术动作。 **教学组织的重、难点**：水平二的学生注意力有所提升，具有一定的约束力，在教学中多采用自主学习、小组合作学习、分层练习等方式，充分调动学生参与的积极性。 **教学方法的重、难点**：融入情境教学法、分组练习法、游戏法、竞赛法，培养学生良好的运动习惯、健康行为，让水平二的学生有沉浸式学习的体验。

课次	教学目标	教学内容	教学组织与方法
1	**运动能力**：发展学生的兴趣爱好，让学生了解羽毛球运动技巧。 **健康行为**：培养学生积极参与体育活动的习惯，遵守规则。 **体育品德**：使学生养成互帮互助、不怕困难的品质。	1. 结构化知识与技能：正、反手握拍 + 正手挥拍。 2. 体能训练： （1）并步开合跳。 （2）前后小碎步。 （3）前后弓步跳。 （4）深蹲弓步跳。 3. 比赛：正手垫球比赛。	1. 创设羽毛球游戏情境——数数抱团，进行学生的"学"与"练"。 2. 学生听指挥进行分组练习，教师巡回指导，小组长协助指挥。 3. 教师讲解比赛规则和方法，强调安全和注意事项，并组织学生分组进行正手垫球比赛。

(续上表)

课次	教学目标	教学内容	教学组织与方法
2	**运动能力**：激发学生对羽毛球运动的兴趣，学生学习正手握拍的动作要领。 **健康行为**：培养学生积极参与体育活动的习惯，遵守规则。 **体育品德**：使学生养成互帮互助、不怕困难的品质。	1. 结构化知识与技能：正手挥拍＋正手垫球。 2. 体能训练： （1）高远球挥拍。 （2）反手挑球挥拍。 （3）深蹲左右转胯弓步跳。 （4）低重心开合跳。 3. 比赛：正手垫球比赛。	1. 创设羽毛球游戏情境——羽毛球翻翻乐，进行学生的"学"与"练"。 2. 学生听指挥进行分组练习，教师巡回指导，小组长协助指挥。 3. 教师讲解比赛规则和方法，强调安全和注意事项，并组织学生分组进行正手垫球比赛。
3	**运动能力**：学生进一步加强原地运球动作的练习。 **健康行为**：学生体验合作学练的乐趣；培养积极向上的生活态度。 **体育品德**：培养学生合作互助、勇敢自信的品质。	1. 结构化知识与技能：正手发高远球＋正、反手垫球。 2. 体能训练： （1）平板支撑。 （2）登山步。 （3）俄罗斯转体。 （4）波比跳。 3. 比赛：正、反手垫球比赛。	1. 创设羽毛球游戏情境——丛林小战士，进行学生的"学"与"练"。 2. 学生听指挥进行分组练习，教师巡回指导，小组长协助指挥。 3. 教师讲解比赛规则和方法，强调安全和注意事项，并组织学生分组进行正、反手垫球比赛。
4	**运动能力**：学生熟练掌握原地运球的动作方法，并发展上肢力量及快速反应能力。 **健康行为**：培养学生热爱体育运动，积极参与锻炼的习惯。 **体育品德**：培养学生顽强拼搏、互帮互助的品质。	1. 结构化知识与技能：正手发高远球＋侧身后场两点步法。 2. 体能训练： （1）小步跑。 （2）高抬腿。 （3）开合跳。 （4）跪式俯卧撑。 3. 比赛：发多球比赛。	1. 创设羽毛球游戏情境——穿越小树林，进行学生的"学"与"练"。 2. 学生听指挥进行分组练习，教师巡回指导，小组长协助指挥。 3. 教师讲解比赛规则和方法，强调安全和注意事项，并组织学生分组进行发多球比赛。

（续上表）

课次	教学目标	教学内容	教学组织与方法
5	**运动能力**：学生能将运球动作融入游戏当中，提高学习兴趣。 **健康行为**：提高学生参与运动的积极性。 **体育品德**：培养学生勇于挑战、团结向上的品质。	1. 结构化知识与技能：正手发高远球+四点步法。 2. 体能训练： （1）深蹲摸地。 （2）鸭子步。 （3）倒骑单车。 （4）直臂支撑。 3. 比赛：发多球比赛。	1. 创设羽毛球游戏情境——长江黄河，进行学生的"学"与"练"。 2. 学生听指挥进行分组练习，教师巡回指导，小组长协助指挥。 3. 教师讲解比赛规则和方法，强调安全和注意事项，并组织学生分组进行发多球比赛。
6	**运动能力**：学生能初步掌握行进间运球的动作，提高学生的速度、灵敏性。 **健康行为**：提高学生合作学练的乐趣，培养积极向上的态度。 **体育品德**：培养学生团结拼搏、勇于挑战的品质。	1. 结构化知识与技能：正手发直线后场球+六点步法。 2. 体能训练： （1）深蹲左右转胯弓步跳。 （2）低重心开合跳。 （3）俄罗斯转体。 （4）波比跳。 3. 比赛：四点步法比赛。	1. 创设羽毛球游戏情境——保卫祖国，进行学生的"学"与"练"。 2. 学生听指挥进行分组练习，教师巡回指导，小组长协助指挥。 3. 教师讲解比赛规则和方法，强调安全和注意事项，并组织学生分组进行四点步法比赛。
7	**运动能力**：学生能做出正手发高远球的动作，提高学生的身体协调性。 **健康行为**：培养学生热爱体育运动，积极参与锻炼的好习惯。 **体育品德**：培养学生团结友爱、勇敢顽强的品质。	1. 结构化知识与技能：正手发对角高远球+前后场步法。 2. 体能训练： （1）左右弓步跳。 （2）开合交叉跳。 （3）并步开合跳。 （4）跪式俯卧撑。 3. 比赛：六点步法比赛。	1. 创设羽毛球游戏情境——智勇大闯关，进行学生的"学"与"练"。 2. 学生听指挥进行分组练习，教师巡回指导，小组长协助指挥。 3. 教师讲解比赛规则和方法，强调安全和注意事项，并组织学生分组进行六点步法比赛。

（续上表）

课次	教学目标	教学内容	教学组织与方法
8	**运动能力**：学生能做出正手发高远球的动作，提高学生的身体协调性。 **健康行为**：有同学之间互相学习、互相帮助的意识和习惯。 **体育品德**：培养学生合作互助、勇敢自信的品质。	1. 结构化知识与技能：正手发定点高远球＋反手垫球。 2. 体能训练： （1）鸭子步。 （2）前后小碎步。 （3）前后弓步跳。 （4）深蹲弓步跳。 3. 比赛：清扫障碍物比赛。	1. 创设羽毛球游戏情境——看谁投得准，进行学生的"学"与"练"。 2. 学生听指挥进行分组练习，教师巡回指导，小组长协助指挥。 3. 教师讲解比赛规则和方法，强调安全和注意事项，并组织学生分组进行清扫障碍物比赛。
9	**运动能力**：学生能做出正手发高远球的动作，提高学生的身体协调性和爆发力。 **健康行为**：学生在比赛时能欣赏他人，并能做出正面评价。 **体育品德**：培养积极向上的精神面貌以及团队精神。	1. 结构化知识与技能：反手发球＋正手挑球。 2. 体能训练： （1）波比跳。 （2）双腿弯曲仰卧摸膝。 （3）俯卧撑登山跑。 （4）俯卧撑开合跳。 3. 比赛：鸭子步比赛。	1. 创设羽毛球游戏情境——滚饼入门，进行学生的"学"与"练"。 2. 学生听指挥进行分组练习，教师巡回指导，小组长协助指挥。 3. 教师讲解比赛规则和方法，强调安全和注意事项，并组织学生分组进行鸭子步比赛。
10	**运动能力**：学生能做出正手发高远球的动作，提高学生的身体协调性和爆发力。 **健康行为**：在训练中体验合作学练的乐趣，保持积极向上的生活态度。 **体育品德**：培养学生互帮互助、勇敢顽强的品质。	1. 结构化知识与技能：反手发前场球＋正手挑高远球。 2. 体能训练： （1）低重心开合跳。 （2）左右弓步跳。 （3）开合交叉跳。 （4）跪式俯卧撑。 3. 展示：四点步法展示。	1. 创设羽毛球游戏情境——小小搬运工，进行学生的"学"与"练"。 2. 学生听指挥进行分组练习，教师巡回指导，小组长协助指挥。 3. 教师讲解展示的方法，强调安全和注意事项，并组织学生分组进行四点步法展示。

（续上表）

课次	教学目标	教学内容	教学组织与方法
11	**运动能力**：学生初步掌握正手击高远球的动作方法，发展力量和反应能力。 **健康行为**：培养学生积极参与体育活动以及遵守规则的态度和行为。 **体育品德**：培养学生坚毅果断、互帮互助的品质。	1．结构化知识与技能：正手发高远球。 2．体能训练： （1）高远球挥拍。 （2）反手挑球挥拍。 （3）俯卧撑开合跳。 （4）平板支撑。 3．比赛：正手发高远球比赛。	1．创设羽毛球游戏情境——爱心传递，进行学生的"学"与"练"。 2．学生听指挥进行分组练习，教师巡回指导，小组长协助指挥。 3．教师讲解比赛规则和方法，强调安全和注意事项，并组织学生分组进行正手发高远球比赛。
12	**运动能力**：学生进一步掌握正手击高远球的动作方法，发展力量和反应能力。 **健康行为**：提高学生在活动过程中树立安全意识和自我保护的能力。 **体育品德**：培养学生合作互助、勇敢自信的品质。	1．结构化知识与技能：正手击球握拍＋正手击高远球挥拍。 （1）正手击球握拍。 （2）反手击球握拍。 （3）正手击高远球挥拍。 2．体能训练： （1）并步开合跳。 （2）前后小碎步。 （3）双腿弯曲仰卧摸膝。 （4）低重心开合跳。 3．比赛：投球比赛。	1．创设羽毛球游戏情境——开心跳跳跳，进行学生的"学"与"练"。 2．学生听指挥进行分组练习，教师巡回指导，小组长协助指挥。 3．教师讲解比赛规则和方法，强调安全和注意事项，并组织学生分组进行投球比赛。
13	**运动能力**：学生能熟练掌握正手击高远球的动作方法，提高力量和反应能力。 **健康行为**：激发学生热爱体育运动，培养学生积极参与锻炼的习惯。	1．结构化知识与技能：正手原地击高远球＋后场步法。 （1）正手原地击高远球。 （2）前场步法。 （3）后场步法。	1．创设羽毛球游戏情境——撒网捕鱼，进行学生的"学"与"练"。 2．学生听指挥进行分组练习，教师巡回指导，小组长协助指挥。 3．教师讲解比赛规则和

（续上表）

课次	教学目标	教学内容	教学组织与方法
13	**体育品德**：培养学生坚持不懈、勇敢顽强的品质。	2. 体能训练： （1）高远球挥拍。 （2）深蹲左右转胯弓步跳。 （3）前后小碎步。 （4）登山步。 3. 比赛：抛击球比赛。	方法，强调安全和注意事项，并组织学生分组进行抛击球比赛。
14	**运动能力**：学生能熟练掌握正手击高远球的动作方法，发展力量和反应能力。 **健康行为**：通过学练，学生敢于展示自我，增强自信心。 **体育品德**：培养学生克服困难、勇于挑战自我的品质。	1. 结构化知识与技能：正手原地击高远球＋移动击高远球。 （1）正手原地击高远球。 （2）前场移动击高远球。 （3）后场移动击高远球。 2. 体能训练： （1）高远球挥拍。 （2）反手挑球挥拍。 （3）倒骑单车。 （4）直臂支撑。 3. 比赛：击球接力比赛。	1. 创设羽毛球游戏情境——数数抱团，进行学生的"学"与"练"。 2. 学生听指挥进行分组练习，教师巡回指导，小组长协助指挥。 3. 教师讲解比赛规则和方法，强调安全和注意事项，并组织学生分组进行击球接力比赛。
15	**运动能力**：学生能熟练掌握正手击高远球的动作方法，发展力量和反应能力。 **健康行为**：培养保护自己和保护同学的习惯 **体育品德**：培养学生合作学练、勇敢自信的品质	1. 结构化知识与技能：正手发高远球＋正手击高远球＋放网前球。 2. 体能训练： （1）波比跳。 （2）前后小碎步。 （3）深蹲弓步跳。 （4）双腿弯曲仰卧摸膝。 3. 比赛：击高远球比赛。	1. 创设羽毛球游戏情境——穿过独木桥，进行学生的"学"与"练"。 2. 学生听指挥进行分组练习，教师巡回指导，小组长协助指挥。 3. 教师讲解比赛规则和方法，强调安全和注意事项，并组织学生分组进行击高远球比赛。

（续上表）

课次	教学目标	教学内容	教学组织与方法
16	**运动能力**：学生能熟练掌握正手击高远球的动作方法，发展力量和反应能力。 **健康行为**：学生有自觉整理器材的意识和习惯。 **体育品德**：培养学生勇于挑战、团结向上的品质。	1. 结构化知识与技能：正手发高远球＋正手击高远球＋放网前球＋挑球。 2. 体能训练： （1）小步跑。 （2）并步开合跳。 （3）俯卧撑登山跑。 （4）俯卧撑开合跳。 3. 比赛：多拍高远球比赛。	1. 创设羽毛球游戏情境——你追我跑，进行学生的"学"与"练"。 2. 学生听指挥进行分组练习，教师巡回指导，小组长协助指挥。 3. 教师讲解比赛规则和方法，强调安全和注意事项，并组织学生分组进行多拍高远球比赛。
17	**运动能力**：学生能熟练掌握正手击高远球的动作方法，发展力量和反应能力。 **健康行为**：在活动过程中树立安全意识并加强自我保护能力。 **体育品德**：培养学生吃苦耐劳、奋勇向上的品质。	1. 结构化知识与技能：击高远球＋挑球。 2. 体能训练： （1）深蹲左右转胯弓步跳。 （2）低重心开合跳。 （3）波比跳。 （4）平板支撑。 3. 比赛：击高远球＋挑球比赛。	1. 创设羽毛球游戏情境——投球比准，进行学生的"学"与"练"。 2. 学生听指挥进行分组练习，教师巡回指导，小组长协助指挥。 3. 教师讲解比赛规则和方法，强调安全和注意事项，并组织学生分组进行击高远球＋挑球比赛。
18	**运动能力**：学生能熟练掌握正手击高远球的动作方法，发展力量和反应能力。 **健康行为**：通过学练，学生敢于展示自我，增强自信心。 **体育品德**：培养学生克服困难、勇于挑战的品质。	1. 结构化知识与技能： （1）1vs1 对抗赛。 （2）2vs2 对抗赛。 2. 体能训练： （1）高远球挥拍。 （2）反手挑球挥拍。 （3）俯卧撑登山跑。 （4）俯卧撑开合跳。 3. 比赛：1vs1 对抗赛。	1. 创设羽毛球游戏情境——击球比远，进行学生的"学"与"练"。 2. 学生听指挥进行分组练习，教师巡回指导，小组长协助指挥。 3. 教师讲解比赛规则和方法，强调安全和注意事项，并组织学生分组进行1vs1 对抗赛。

二、单元总评

本单元案例以水平二的学生为主要授课对象，该单元有以下特点：

（1）根据小学三、四年级学生的年龄特点和生理特征，即这一年龄段的学生，认知和心理活动已有所发展、集体意识开始形成等，在课堂中开展多种形式的游戏，帮助学生掌握基本的羽毛球技术和技能，提高学生的各项身体素质。

（2）在课堂中我们融入健康知识、跨学科知识、运动情境等，让学生在练习中可以通过已学的知识解决实际问题，培养学生勇敢、果断、坚毅、不怕困难的意志品质及合作的能力，并学会调控情绪的方法，体验活动的乐趣。

（3）根据学生的年龄段，设置符合该年龄段的运动内容，每节课安排体能练习，从而让学生在掌握运动技能的基础上提升运动效果，促进体质健康和体能的提升。

（4）本次设计的羽毛球大单元内容可在其他水平中重复运用，但需要根据学生不同年龄段设置不同难度的评价标准，确保学生能够对自己的能力水平有正确的判断。

第六节　水平三羽毛球专项大单元

《课程标准（2022年版）》中指出，羽毛球运动在激发学生运动兴趣，提高学生的快速反应能力、预判能力和决策能力，以及培养学生勇敢顽强、遵守规则、公平竞争等体育品德方面具有独特的育人价值。[①] 羽毛球专项运动技能教学是小学体育水平二、水平三的主体内容，整体规划是非常关键、重要的。在进行整体规划大单元教学时有如下建议：

（1）进一步掌握羽毛球运动项目主要的基本动作技术和组合动作技术，注重羽毛球项目的特征。从整体层面出发，能运用所学的技术参与班级内的教学比赛，进一步提高体能水平。能描述所学的羽毛球运动项目的基本动作技术要领和基本规则。

---

① 中华人民共和国教育部. 义务教育体育与健康课程标准（2022年版）［S］. 北京：北京师范大学出版社，2022.

（2）在设计大单元教学时需遵循新课标要求，并与水平二设计要求相结合，继续设计符合学生身心特征和实际运动水平的内容，水平二和水平三设计的内容要有连贯性与层次性。

（3）羽毛球大单元的设计应融入羽毛球的动作技术、羽毛球对抗赛、欣赏球赛等内容，让羽毛球大单元教学达成多维度的学习目标。

（4）运用所学的羽毛球动作技术，积极地参与体育锻炼，在学练和比赛中与同伴交流合作，能调控情绪。以课内"学、练"、课外"赛"为基本，倡导有效的教学方式，做到因材施教，层层递进。①

本大单元案例是以羽毛球专项运动能力培养为核心，促使学生羽毛球"技术＋实战"的技能提升单元，让学生在比赛过程中，有效利用所学的各种动作技术进行思考、判断、决策及合作完成有目的性的实践活动。学生掌握一定的战术，并能把战术运用到实战当中。羽毛球运动技能由水平二进阶到水平三阶段，加强对吊球、杀球、搓球、放网前球、对抗赛等的学习，学生围绕每节课的学习目标，主动思考、互相合作，享受沉浸式运动，加深对羽毛球项目的完整体验与理解。

一、教学案例

<table>
<tr><td colspan="2" align="center">体育与健康课程羽毛球专项运动技能单元教学计划
（水平三）</td></tr>
<tr><td colspan="2">学校：　　　广州开发区第二小学　　　
年级：　5—6　　班级：　××班　　任课教师：　吴俊伟　</td></tr>
<tr><td rowspan="3">学习
目标</td><td>**运动能力**：在吊球、杀球、搓球、放网前球和步法游戏中学习、体验和掌握基本的单个动作与简单的连贯组合动作。知道羽毛球运动的动作技术，了解裁判法。</td></tr>
<tr><td>**健康行为**：让学生充分体验活动过程，在过程中培养发现问题、认识问题、分析问题的能力，以及合作学习、主动探究的能力。</td></tr>
<tr><td>**体育品德**：在合作学练中若同伴遇到困难，能主动、真诚地给予帮助，用肯定的眼光欣赏同伴的动作。正确对待比赛中的胜负关系，胜不骄，败不馁。</td></tr>
</table>

---

① 中华人民共和国教育部. 义务教育体育与健康课程标准（2022年版）［S］. 北京：北京师范大学出版社，2022.

（续上表）

主要教学内容	**基础知识与基本技能**：吊球、杀球、搓球、放网前球、下手击球、中场平击球、步法和羽毛球对抗战术。 **技战术**：单打技术。 **体能训练**：爆发能力、协调能力、反应能力、位移速度、肌肉力量。 **规则与裁判法**：熟知羽毛球的场地与区域，了解羽毛球比赛的基本规则和要求。 **展示或比赛**：定点吊球比赛、发球比赛、杀球过网比赛、网前搓球比赛、对角发球比赛、1vs1 对抗赛。 **观赏与评价**：通过生生评价、师生评价、诊断性评价、过程性评价、终结性评价在教学中进行评价。
教学重、难点	**学生学习的重、难点**：水平三的学生具有较强的好奇心，爱动，羽毛球项目的学习具有无直接身体接触的对抗性运动特点，要加强基本功的练习，发展学生的协调性、灵活性和反应能力等，提升整体技战术。 **教学内容的重、难点**：在羽毛球对抗练习中能熟练运用组合动作技术，以及简单的战术配合，学会在羽毛球运动中设法得分和阻止对方得分的基本方法。 **教学组织的重、难点**：水平三的学生注意力有所提升，具有一定的约束力，在教学中多采用自主学习、小组合作学习，分层练习等方式，充分调动学生参与的积极性。 **教学方法的重、难点**：融入情境教学法、分组练习法、游戏法、竞赛法，培养学生良好的运动习惯、健康行为，让水平三的学生有沉浸式学习的体验。

课次	教学目标	教学内容	教学组织与方法
1	**运动能力**：了解并运用正手轻吊球和高远球对拉技术。 **健康行为**：培养学生积极参与体育活动的习惯，遵守规则。 **体育品德**：培养学生互帮互助、不怕困难的品质。	1. 结构化知识与技能：正手轻吊球 + 前场步法 + 高远球。 2. 体能训练： （1）俯卧撑。 （2）仰卧屈膝提髋。 （3）仰卧触踝。 （4）侧卧提臀。 3. 比赛：2 分钟高远球对拉比赛。	1. 创设羽毛球游戏情境——桃花开几朵，进行学生的"学"与"练"。 2. 学生听指挥进行分组练习，教师巡回指导，小组长协助指挥。 3. 教师讲解比赛规则和方法，强调安全和注意事项，并组织学生分组进行高远球对拉比赛。

（续上表）

课次	教学目标	教学内容	教学组织与方法
2	**运动能力**：学生学习头顶吊球的动作要领。 **健康行为**：培养学生积极参与体育活动的习惯，遵守规则。 **体育品德**：培养互帮互助、不怕困难的品质。	1. 结构化知识与技能： （1）头顶吊球＋四点步法。 （2）复习正手高远球。 2. 体能训练： （1）高远球挥拍。 （2）正手挑球挥拍。 （3）俄罗斯转体。 （4）低重心开合跳。 3. 比赛：原地定点吊直线球比赛。	1. 创设羽毛球游戏情境——颠球，进行学生的"学"与"练"。 2. 学生听指挥进行分组练习，教师巡回指导，小组长协助指导。 3. 教师讲解比赛规则和方法，强调安全和注意事项，并组织学生分组进行原地定点吊直线球比赛。
3	**运动能力**：学生进一步加强移动吊球的动作练习。 **健康行为**：学生体验合作学练的乐趣，培养积极向上的生活态度。 **体育品德**：培养学生合作互助、勇敢自信的品质。	1. 结构化知识与技能： （1）快速移动吊球。 （2）一点打四点。 （3）复习头顶吊球。 2. 体能训练： （1）骑单车。 （2）登山步。 （3）站立提膝。 （4）波比跳。 3. 比赛：叫号发球比赛。	1. 创设羽毛球游戏情境——长江黄河，进行学生的"学"与"练"。 2. 学生听指挥进行分组练习，教师巡回指导，小组长协助指导。 3. 教师讲解比赛规则和方法，强调安全和注意事项，并组织学生分组进行叫号发球比赛。
4	**运动能力**：学生熟练掌握正手杀球的动作方法，加强步法练习，提升快速反应能力。 **健康行为**：培养学生热爱体育运动、积极参与锻炼的习惯。 **体育品德**：培养学生顽强拼搏、互帮互助的品质。	1. 结构化知识与技能： （1）正手杀球。 （2）后退步法。 （3）复习移动吊球。 2. 体能训练： （1）侧卧剪刀腿。 （2）卷腹。 （3）开合跳。 （4）跪式俯卧撑。 3. 比赛：原地杀球过网比赛。	1. 创设羽毛球游戏情境——看谁跑得快，进行学生的"学"与"练"。 2. 学生听指挥进行分组练习，教师巡回指导，小组长协助指导。 3. 教师讲解比赛规则和方法，强调安全和注意事项，并组织学生分组进行原地杀球过网比赛。

（续上表）

课次	教学目标	教学内容	教学组织与方法
5	**运动能力**：学生能熟练运用头顶杀球技术，提高学习兴趣。 **健康行为**：培养学生参与运动的积极性。 **体育品德**：培养学生勇于挑战、团结向上的品质。	1. 结构化知识与技能： （1）头顶杀球。 （2）杀直线球。 （3）杀斜线球。 2. 体能训练： （1）仰卧踢腿。 （2）鸭子步。 （3）倒骑单车。 （4）仰卧分腿。 3. 比赛：原地定点杀球比赛。	1. 创设羽毛球游戏情境——看谁跑得快，进行学生的"学"与"练"。 2. 学生听指挥进行分组练习，教师巡回指导，小组长协助指挥。 3. 教师讲解比赛规则和方法，强调安全和注意事项，并组织学生分组进行原地定点杀球比赛。
6	**运动能力**：学生能初步掌握网前搓球，提升速度和灵敏性。 **健康行为**：在合作学练的乐趣中培养积极向上的态度。 **体育品德**：培养学生团结拼搏、勇于挑战的品质。	1. 结构化知识与技能： （1）网前搓球。 （2）网前步法。 （3）复习头顶杀球。 2. 体能训练： （1）十字交叉。 （2）低重心开合跳。 （3）仰卧单车。 （4）波比跳。 3. 比赛：网前定点搓球比赛。	1. 创设羽毛球游戏情境——抢球，进行学生的"学"与"练"。 2. 学生听指挥进行分组练习，教师巡回指导，小组长协助指挥。 3. 教师讲解比赛规则和方法，强调安全和注意事项，并组织学生分组进行网前定点搓球比赛。
7	**运动能力**：学生能做出放网前球的动作，发展学生的身体协调性。 **健康行为**：培养学生热爱体育运动、积极参与锻炼的习惯。 **体育品德**：培养学生团结友爱、勇敢顽强的品质。	1. 结构化知识与技能： （1）放网前球。 （2）网前步法。 （3）复习网前搓球。 2. 体能训练： （1）陆地游泳。 （2）开合交叉跳。 （3）超人起飞。 （4）跪式俯卧撑。 3. 比赛：定点发放网前球比赛。	1. 创设羽毛球游戏情境——过封锁线，进行学生的"学"与"练"。 2. 学生听指挥进行分组练习，教师巡回指导，小组长协助指挥。 3. 教师讲解比赛规则和方法，强调安全和注意事项，并组织学生分组进行定点发放网前球比赛。

（续上表）

课次	教学目标	教学内容	教学组织与方法
8	**运动能力**：学生能做出勾对角球的动作，发展学生身体协调性。 **健康行为**：学生有同学之间互相学习、互相帮助的意识和习惯。 **体育品德**：培养学生合作互助、勇敢自信的品质。	1. 结构化知识与技能： （1）勾对角球。 （2）网前步法。 （3）复习放网前球。 2. 体能训练： （1）仰卧屈膝举腿。 （2）前后小碎步。 （3）侧卧举腿卷腹。 （4）深蹲弓步跳。 3. 比赛：定点对角发球比赛。	1. 创设羽毛球游戏情境——丢沙包，进行学生的"学"与"练"。 2. 学生听指挥进行分组练习，教师巡回指导，小组长协助指挥。 3. 教师讲解比赛规则和方法，强调安全和注意事项，并组织学生分组进行定点对角发球比赛。
9	**运动能力**：学生能做出网前推球的动作，加强学生的身体协调性和爆发力。 **健康行为**：在比赛时能欣赏他人，并能做出正面评价。 **体育品德**：积极参与团队训练，具有集体意识。	1. 结构化知识与技能： （1）网前推球。 （2）网前扑球。 （3）复习勾对角球。 2. 体能训练： （1）仰卧核心卷腹。 （2）双腿弯曲仰卧摸膝。 （3）仰卧对角交替收膝。 （4）俯卧撑开合跳。 3. 比赛：网前推球比赛。	1. 创设羽毛球游戏情境——猫捉老鼠，进行学生的"学"与"练"。 2. 学生听指挥进行分组练习，教师巡回指导，小组长协助指挥。 3. 教师讲解比赛规则和方法，强调安全和注意事项，并组织学生分组进行网前推球比赛。
10	**运动能力**：学生能做出正手底线抽球的动作，加强学生的身体协调性和爆发力。 **健康行为**：在合作学练的乐趣中培养积极向上的态度。 **体育品德**：培养学生互帮互助、勇敢顽强的品质。	1. 结构化知识与技能： （1）正手底线抽球。 （2）中后场步法。 （3）复习网前推球。 2. 体能训练： （1）反向卷腹。 （2）左右弓步跳。 （3）仰卧拉伸卷腹。 （4）跪式俯卧撑。 3. 比赛：定点抽球比赛。	1. 创设羽毛球游戏情境——羽毛球争夺赛，进行学生的"学"与"练"。 2. 学生听指挥进行分组练习，教师巡回指导，小组长协助指挥。 3. 教师讲解比赛规则和方法，强调安全和注意事项，并组织学生分组进行定点抽球比赛。

（续上表）

课次	教学目标	教学内容	教学组织与方法
11	**运动能力**：学生能熟练掌握挑球的动作方法，加强力量和提高反应能力。 **健康行为**：培养学生积极参与体育活动、遵守规则的态度和行为。 **体育品德**：培养学生坚毅果断、互帮互助的品质。	1. 结构化知识与技能： （1）挑球。 （2）中后场步法。 （3）复习正手底线抽球。 2. 体能训练： （1）仰卧提臀。 （2）空中蹬车。 （3）俯卧撑开合跳。 （4）平板支撑。 3. 比赛：挑直线和对角球比赛。	1. 创设羽毛球游戏情境——攻占堡垒，进行学生的"学"与"练"。 2. 学生听指挥进行分组练习，教师巡回指导，小组长协助指挥。 3. 教师讲解比赛规则和方法，强调安全和注意事项，并组织学生分组进行挑直线和对角球比赛。
12	**运动能力**：学生进一步掌握接杀球的动作方法，加强力量和提高反应能力。 **健康行为**：在活动过程中树立安全意识和提升自我保护的能力。 **体育品德**：培养学生合作互助、勇敢自信的品质。	1. 结构化知识与技能： （1）接杀球。 （2）六点步法。 （3）复习挑球。 2. 体能训练： （1）触膝卷体。 （2）前后小碎步。 （3）仰卧抬腿。 （4）低重心开合跳。 3. 比赛：接杀球过网比赛。	1. 创设羽毛球游戏情境——击掌传人，进行学生的"学"与"练"。 2. 学生听指挥进行分组练习，教师巡回指导，小组长协助指挥。 3. 教师讲解比赛规则和方法，强调安全和注意事项，并组织学生分组进行接杀球过网比赛。
13	**运动能力**：学生能熟练掌握中场平击球的动作方法，加强力量和提高反应能力。 **健康行为**：培养学生热爱体育运动、积极参与锻炼的习惯。 **体育品德**：培养学生坚持不懈、勇敢顽强的品质。	1. 结构化知识与技能： （1）中场平击球。 （2）中场步法。 （3）复习接杀球。 2. 体能训练： （1）平板支撑抬腿。 （2）深蹲左右转胯弓步跳。 （3）仰卧交替摆腿。 （4）登山步。 3. 比赛：平击球对抗赛。	1. 创设羽毛球游戏情境——趣味接力，进行学生的"学"与"练"。 2. 学生听指挥进行分组练习，教师巡回指导，小组长协助指挥。 3. 教师讲解比赛规则和方法，强调安全和注意事项，并组织学生分组进行平击球对抗赛。

（续上表）

课次	教学目标	教学内容	教学组织与方法
14	**运动能力**：学生能熟练掌握正、反手中场平抽球的动作方法，加强力量和提高反应能力。 **健康行为**：通过学练，学生敢于展示自我，增强自信心。 **体育品德**：培养学生克服困难、勇于挑战自我的品质。	1. 结构化知识与技能： （1）正手中场平抽球。 （2）反手中场平抽球。 （3）组合动作战术运用。 2. 体能训练： （1）仰卧交替抬腿。 （2）反手挑球挥拍。 （3）侧平板支撑。 （4）直臂支撑。 3. 比赛：击球接力赛。	1. 创设羽毛球游戏情境——争球大战，进行学生的"学"与"练"。 2. 学生听指挥进行分组练习，教师巡回指导，小组长协助指挥。 3. 教师讲解比赛规则和方法，强调安全和注意事项，并组织学生分组进行击球接力赛。
15	**运动能力**：学生能熟练掌握半蹲式中场平击球的动作方法，加强力量和提高反应能力。 **健康行为**：培养学生保护自己和保护同学的能力。 **体育品德**：培养学生合作互助、勇敢自信的品质。	1. 结构化知识与技能： （1）半蹲式中场平击球。 （2）组合技术动作运用。 （3）复习正、反手中场平抽球。 2. 体能训练： （1）仰卧紧缩卷腹。 （2）前后小碎步。 （3）深蹲弓步跳。 （4）仰卧屈膝提髋。 3. 比赛：平击球回合次数比赛。	1. 创设羽毛球游戏情境——击鼓传花，进行学生的"学"与"练"。 2. 学生听指挥进行分组练习，教师巡回指导，小组长协助指挥。 3. 教师讲解比赛规则和方法，强调安全和注意事项，并组织学生分组进行平击球回合次数比赛。
16	**运动能力**：学生能熟练掌握所学动作技术并在比赛中运用，加强力量和提高反应能力。 **健康行为**：学生有自觉整理器材的意识和习惯。 **体育品德**：培养学生勇于挑战、团结向上的品质。	1. 结构化知识与技能： （1）1vs1对抗赛。 （2）2vs2对抗赛。 2. 体能训练： （1）仰卧提臀踢腿。 （2）并步开合跳。 （3）屈膝举腿。 （4）俯卧撑开合跳。 3. 比赛：分组对抗赛。	1. 创设羽毛球游戏情境——贴膏药，进行学生的"学"与"练"。 2. 学生听指挥进行分组练习，教师巡回指导，小组长协助指挥。 3. 教师讲解比赛规则和方法，强调安全和注意事项，并组织学生进行分组对抗赛。

（续上表）

课次	教学目标	教学内容	教学组织与方法
17	**运动能力**：学生能熟练掌握所学动作技术并在比赛中运用，加强力量和提高反应能力。 **健康行为**：在活动过程中树立安全意识和提升自我保护的能力。 **体育品德**：培养学生吃苦耐劳、奋勇向上的品质。	1. 结构化知识与技能： （1）1vs1 对抗赛。 （2）2vs2 对抗赛。 2. 体能训练： （1）平板交替伸手抬腿。 （2）低重心开合跳。 （3）侧屈体抬腿。 （4）平板支撑。 3. 比赛：教学比赛。	1. 创设羽毛球游戏情境——发球比准，进行学生的"学"与"练"。 2. 学生听指挥进行分组练习，教师巡回指导，小组长协助指挥。 3. 教师讲解比赛规则和方法，强调安全和注意事项，并组织学生分组进行教学比赛。
18	**运动能力**：学生能熟练掌握所学动作技术并在比赛中运用，加强力量和提高反应能力。 **健康行为**：通过学练，学生敢于展示自我，增强自信心。 **体育品德**：培养学生克服困难、勇于挑战自我的品质。	1. 结构化知识与技能： （1）1vs1 对抗赛。 （2）2vs2 对抗赛。 2. 体能训练： （1）侧平板支撑抬腿。 （2）俯卧两头起。 （3）侧屈体抬手。 （4）俯卧撑开合跳。 3. 比赛：教学比赛。	1. 创设羽毛球游戏情境——穿越战线，进行学生的"学"与"练"。 2. 学生听指挥进行分组练习，教师巡回指导，小组长协助指挥。 3. 教师讲解比赛规则和方法，强调安全和注意事项，并组织学生分组进行教学比赛。

二、单元总评

本单元案例以水平三的学生为主要授课对象，该单元有以下特点：

（1）在羽毛球大单元设计中，水平二与水平三的设计是相关联的，是一个由易到难的过程。在水平三的课堂中，继续运用多种形式的游戏开展，帮助学生完成从掌握基本的羽毛球技术和技能，到快速掌握高级技术和技能的转变，为能够精彩地进行一场对抗赛奠定基础。

（2）在教学中增加球感练习和运动时间，加深学生对已学动作技术的熟练程度，让学生在愉悦的环境中提高动作技术，通过学习吊球、杀球、搓球、放网前球、下手击球、中场平击球、步法和羽毛球对抗战术等，全面提高羽毛球动作技术和技能。

（3）根据学生的年龄段，设置符合该年龄段的运动内容，设计的内容应体现技术和战术学习的进阶性与连贯性，让学生由易到难、循序渐进地学练基本技战术，并在不同的比赛中加以运用。[①]

（4）本次设计的羽毛球大单元内容可在水平二和水平三中重复运用，但需要根据学生不同年龄段设置不同难度的评价标准，确保学生能够对自己的能力水平有正确的判断。

---

① 中华人民共和国教育部. 义务教育体育与健康课程标准（2022 年版）[S]. 北京：北京师范大学出版社，2022.

第三章　田径类运动

　　田径类运动是走、跑、跳、投掷等运动项目，以及由以上部分项目组成的全能运动项目的总称，其特点是以个人为主独立完成速度、高度或远度等的较量。《课程标准（2022 年版）》中的田径类运动项目可分为跑（如短跑、中长跑、跨栏跑、接力跑等）、跳（如跳高、跳远等）、投掷（如推铅球、掷实心球、掷垒球等）三类。

第一节　水平二田径专项大单元

　　《课程标准（2022 年版）》要求水平二的学生在所学田径类运动项目的游戏中，学习和体验基本动作与简单组合动作；知道所学田径类运动项目的起源与发展、健身价值、动作名称和练习方法等基础知识；在游戏和比赛中运用所学田径类运动项目的技能[①]。因此，田径运动技能是小学体育水平二至水平三的主要教学内容之一，整体规划是非常关键、重要的。在进行整体规划大单元教学时有如下建议：

　　（1）注重田径项目以及技术动作的完整性，从整体层面出发，设计分项目的专项练习，而不是统一的教学形式。设计紧密联系的田径专项技能大单元教学，加强综合单元之间、课与课之间的衔接，促进学生更好地掌握田径运动中的各项技术动作。

　　（2）在设计大单元教学时需遵循新课标要求，选取符合学生身心特征及技能实际水平的内容设计。大单元中内容的连贯性与层次性都应贯彻其中。

　　（3）田径专项技能大单元中应融入比赛规则、田径基础知识和健康知识等内容，让田径专项技能大单元教学成为多维度的学习目标。

　　（4）以"教会、勤练、常赛"为主要方式，注重课内学、课外练、课外

---

　　①　中华人民共和国教育部. 义务教育体育与健康课程标准（2022 年版）［S］. 北京：北京师范大学出版社，2022.

赛、平时赛的统一。倡导新教学方式，做到因材施教，层层递进。

一、教学案例

<table>
<tr>
<td colspan="2" align="center">体育与健康课程田径专项运动技能单元教学计划
（水平二）
学校：_____华南师范大学附属开发区实验小学_____
年级：___3—4___ 班级：___××班___ 任课教师：___刘荣奕___</td>
</tr>
<tr>
<td>学习
目标</td>
<td>**运动能力**：学习田径运动中的基本动作与简单组合动作，感受运动，体验乐趣；知道田径运动的基础知识及观看相关比赛。
健康行为：积极参与田径运动的练习，了解田径运动的益处；在比赛和游戏中学会保护自己和他人；学会调动自己的情绪，与他人达成良好的沟通；懂得田径运动中常见的伤病及简单处理方法。
体育品德：田径运动中，当同伴遇到困难时，能主动、真诚地给予帮助，能够克服自身困难、挫折，用肯定的眼光欣赏同伴的动作。</td>
</tr>
<tr>
<td>主要
教学
内容</td>
<td>**基础知识与基本技能**：100米及其组合动作、跳远类组合动作与游戏、投掷类的基础知识与技能。
技战术：听枪声起跑、30米、50米追逐跑、变速跑等；单、双脚跳、跨步跳等；前抛实心球等。
体能训练：学习快速摆臂、后蹬跑、小步跑、200米、50米跑的标准规则，通过变速跑、跳山羊提高下肢力量，通过不同掷姿势加强上肢力量。
规则与裁判法：了解所有田径项目的标准规则。
展示或比赛：100米跑、小组接力赛、尝试不同脚起跳、站姿投掷与坐姿投掷。
观赏与评价：观看田径比赛，并且学会自我评价，自我反思；学习田径的有关知识。</td>
</tr>
<tr>
<td>教学
重、
难点</td>
<td>**学生学习的重、难点**：水平二的学生比较好动，需要学会管理好自己，沉浸式地在课堂中学习体育技能，体会动作的细节，并在课后参加学习小组讨论，坚持加练。
教学组织的重、难点：有效保持学生练习的秩序，安全地教授学生知识，把握课堂节奏。
教学方法的重、难点：田径的教学注重对动作的体会以及动作的连贯，上下肢协调性需要把握得很好，练习的时候多与同学交流心得，课后坚持锻炼，感受课堂上所讲的动作细节。</td>
</tr>
</table>

（续上表）

课次	教学目标	教学内容	教学组织与方法
1	**运动能力**：学生熟练掌握田径最基础的技能以及能够进行课堂展示或比赛。 **健康行为**：积极参与体育活动，遵守规则，展现出良好的心态。 **体育品德**：培养互帮互助、尊重对手的品质。	1. 结构化知识与技能： （1）原地快速摆臂。 （2）小碎步。 2. 体能训练： （1）坐姿摆臂20秒。 （2）小碎步摆臂三组。 3. 比赛：侧交叉步转髋接力赛。	1. 创设游戏情境——坚强的士兵，进行学生的"学"与"练"。 2. 学生进行分组循环练习，教师巡回指导，小组长协助指导。 3. 教师讲解比赛规则和方法，强调安全和注意事项，并组织学生分组进行侧交叉步转髋接力赛。
2	**运动能力**：学生复习原地摆臂、小碎步动作练习，并初步学习原地高抬腿。 **健康行为**：积极参与体育活动，遵守课堂规则，在此环境中表现出团结精神与沟通能力。 **体育品德**：培养不怕困难的精神以及热爱运动的习惯。	1. 结构化知识与技能： （1）站立式起跑。 （2）原地高抬腿。 2. 体能训练：行进间高抬腿。 3. 比赛：各种形式的起跑比赛。	1. 教师讲解、示范动作要点，学生分组练习，教师巡回指导。 2. 集体练习，小组长协助指挥。 3. 教师讲解比赛规则和方法，强调安全和注意事项，组织学生分组进行各种形式的起跑比赛。
3	**运动能力**：学会用不同方式起跑，并且运用到实际。 **健康行为**：乐观向上的学习态度，讲究个人卫生，具有安全意识。 **体育品德**：展示出合作互助、勇敢自信的品质。	1. 结构化知识与技能： （1）不同信号与姿势起跑。 （2）大步跑。 2. 体能训练：高抬腿接大步跑。 3. 比赛：用不同姿势起跑，大步跑。	1. 教师讲解、示范动作要点，学生分组练习，教师巡回指导。 2. 集体练习，小组长协助指挥。 3. 教师讲解比赛规则和方法，强调安全和注意事项，组织学生分组用不同姿势起跑，大步跑，分出胜负。

（续上表）

课次	教学目标	教学内容	教学组织与方法
4	**运动能力**：学生熟练掌握起跑的动作方法，并发展加速跑与快速反应的能力。 **健康行为**：学生积极参与锻炼，快速适应环境。 **体育品德**：培养学生顽强拼搏的精神，能够体验课堂游戏带来的愉悦。	1. 结构化知识与技能：加速跑与途中跑的动作细节教学。 2. 体能训练： （1）原地摆臂6组。 （2）30米加速跑。 （3）踩点式大步跑。 3. 比赛：30米接力赛。	1. 学生进行展示和讲解，教师组织其他学生一边观察一边思考。 2. 教师对加速跑与途中跑进行讲解和示范，学生在练习时教师进行巡回指导。 3. 集体练习，小组长协助指挥。 4. 教师讲解比赛规则和方法，强调安全和注意事项，并组织学生分组进行30米接力赛。
5	**运动能力**：学生能正确地完成短跑组合动作。 **健康行为**：学生能主动参与到运动中，并积极思考。 **体育品德**：树立正确的比赛观念——友谊第一，比赛第二。	1. 结构化知识与技能：深化大步跑并学会冲刺跑的压线动作。 2. 体能训练：50米全速跑＋10米延长终点跑。 3. 比赛：小组50米全速跑比赛（结合听信号起跑、大步跑、冲刺压线）。	1. 教师讲解、示范动作要点，分组练习，教师巡回指导。 2. 集体练习，小组长协助指挥。 3. 教师讲解比赛规则和方法，强调安全和注意事项，组织学生分组进行50米全速跑比赛。
6	**运动能力**：学生能掌握摆臂、冲刺压线动作，学会迎面交接接力棒。 **健康行为**：体验合作学练的乐趣，培养积极向上的态度。 **体育品德**：展现出团结拼搏、勇于挑战的品质。	1. 结构化知识与技能： （1）复习摆臂、冲刺压线动作。 （2）学会迎面交接接力棒。 2. 体能训练：篮球场半场折返跑3组。 3. 比赛：小组30米迎面接力赛。	1. 教师讲解、示范动作要点，学生分组练习，教师巡回指导。 2. 集体练习，小组长协助指挥。 3. 教师讲解比赛规则和方法，强调安全和注意事项，组织学生分组进行小组30米迎面接力赛。

（续上表）

课次	教学目标	教学内容	教学组织与方法
7	**运动能力**：学生能熟练掌握摆臂与高抬腿等组合动作以及冲刺跑的要领。 **健康行为**：养成热爱体育运动、积极参与锻炼的习惯。 **体育品德**：具有不惧困难、顽强拼搏的品质。	1．结构化知识与技能：巩固摆臂、高抬腿与冲刺压线动作。 2．体能训练：100米追逐跑3组。 3．比赛：俯卧猜拳，看谁先到终点。	1．学生进行展示和讲解，教师组织其他学生一边观察一边思考。 2．教师对冲刺压线动作进行讲解和示范，学生练习时教师进行巡回指导。 3．集体练习，小组长协助指挥。 4．教师讲解比赛规则和方法，强调安全和注意事项，并组织学生分组进行俯卧猜拳，看谁先到终点的比赛。
8	**运动能力**：学生能在变速跑中体验放松大步跑的感觉。 **健康行为**：学生有自觉整理器材的意识和习惯。 **体育品德**：培养克服困难、坚持到底的意志力。	1．结构化知识与技能：巩固与强化起跑动作、大步跑动作。 2．体能训练：200米变速跑3组。 3．比赛：高抬腿听数字跑比赛。	1．教师讲解、示范动作要点，学生分组练习，教师巡回指导。 2．集体练习，小组长协助指挥。 3．教师讲解比赛规则和方法，强调安全和注意事项，组织学生分组进行高抬腿听数字跑比赛。
9	**运动能力**：通过比赛，学生能熟练掌握基本的跑姿与技术。 **健康行为**：学会欣赏他人，并能做出合理的评价。 **体育品德**：展示出积极参与、团队协作的精神。	1．结构化知识与技能：教师将起跑、摆臂、大步跑、冲刺压线完整给学生示范一遍。 2．体能训练：平板支撑。 3．考核：50米测试。	1．教师讲解、示范动作要点，学生分组练习，教师巡回指导。 2．集体练习，小组长协助指挥。 3．教师讲解考核的方法，强调安全和注意事项，组织学生分组进行50米测试。

（续上表）

课次	教学目标	教学内容	教学组织与方法
10	**运动能力**：初步掌握半蹲起与落地缓冲的动作与感觉。 **健康行为**：在活动中体验学练的乐趣，展示出积极向上的态度。 **体育品德**：展示出团结合作、积极进取的精神。	1. 结构化知识与技能：学习半蹲起与落地缓冲的概念和要领。 2. 体能训练：波比跳，体会半蹲摆臂垂直跳。 3. 比赛：立定跳远比赛。	1. 教师讲解、示范动作要点，学生分组练习，教师巡回指导。 2. 集体练习，小组长协助指挥。 3. 教师讲解比赛规则和方法，强调安全和注意事项，组织学生分组进行立定跳远比赛。
11	**运动能力**：学生进一步掌握双腿蹲及立定跳远预摆动作的要领。 **健康行为**：培养学生积极参与体育活动以及遵守规则的态度和行为。 **体育品德**：展示出坚毅果断、互帮互助的品质。	1. 结构化知识与技能：巩固双腿蹲、落地缓冲动作，新学原地预摆动作。 2. 体能训练： （1）30米提踵走。 （2）坐姿摆臂。 3. 比赛："跷跷板"和爬行比赛。	1. 教师讲解、示范动作要点，学生分组练习，教师巡回指导。 2. 集体练习，小组长协助指挥。 3. 教师讲解比赛规则和方法，强调安全和注意事项，组织学生分组进行"跷跷板"和爬行比赛。
12	**运动能力**：学生能掌握立定跳远起跳、落地的技术要领。 **健康行为**：在活动过程中树立安全意识和提升自我保护的能力。 **体育品德**：培养学生合作互助、勇敢自信的品质。	1. 结构化知识与技能： （1）预摆起跳练习。 （2）原地屈腿跳。 2. 体能训练：跳跃障碍物练习。 3. 比赛：猜拳立定跳远比赛。	1. 教师讲解、示范动作要点，学生分组练习，教师巡回指导。 2. 集体练习，小组长协助指挥。 3. 教师讲解比赛规则和方法，强调安全和注意事项，组织学生分组进行猜拳立定跳远比赛。

（续上表）

课次	教学目标	教学内容	教学组织与方法
13	**运动能力**：学生能熟练掌握落地缓冲的动作要领。 **健康行为**：养成热爱体育运动、积极参与锻炼的习惯。 **体育品德**：展示出坚持不懈、顽强拼搏的精神。	1. 结构化知识与技能：结合腾空、滞空的落地缓冲，强化预摆动作的教学。 2. 体能训练：收腹纵跳6组＋台阶落地缓冲练习。 3. 比赛：立卧撑、小推车比赛。	1. 教师讲解、示范动作要点，学生分组练习，教师巡回指导。 2. 集体练习，小组长协助指挥。 3. 教师讲解比赛规则和方法，强调安全和注意事项，组织学生分组进行立卧撑、小推车比赛。
14	**运动能力**：学生进一步熟练掌握立定跳远完整的动作方法，进一步提高跳跃能力。 **健康行为**：通过学练，学生敢于展示自我，增强自信心。 **体育品德**：培养学生克服困难、勇于挑战自我的品质。	1. 结构化知识与技能：立定跳远完整动作练习（预摆、起跳、腾空、落地）。 2. 体能训练：平板支撑。 3. 比赛：小组跳远接力赛。	1. 教师讲解、示范动作要点，学生分组练习，教师巡回指导。 2. 集体练习，小组长协助指挥。 3. 教师讲解比赛规则和方法，强调安全和注意事项，组织学生进行小组跳远接力赛。
15	**运动能力**：学生掌握立定跳远技能，并知道立定跳远的动作要领、考核方法。 **健康行为**：学会保护自己和保护同学。 **体育品德**：展示出热爱学习、合作互助、勇敢自信的品质。	1. 结构化知识与技能：教师完整讲解、示范立定跳远的动作，并让学生模仿复习，巩固加强。 2. 展示：立定跳远展示。	1. 教师讲解、示范动作要点，学生分组练习，教师巡回指导。 2. 集体练习，小组长协助指挥。 3. 教师讲解展示的方法，强调安全和注意事项，组织学生分组进行立定跳远展示。

（续上表）

课次	教学目标	教学内容	教学组织与方法
16	**运动能力**：学生初步了解原地投掷垒球的组合动作要领。 **健康行为**：学生有自觉整理器材的意识和习惯。 **体育品德**：展示出遵守规则、团结向上的品质。	1. 结构化知识与技能： （1）徒手转髋练习。 （2）徒手侧身投掷鞭打练习。 （3）投掷垒球动作练习。 2. 体能训练：手脚爬行大赛、双人爬行大赛。 3. 展示：小组自由投掷垒球展示。	1. 教师讲解、示范动作要点，学生分组练习，教师巡回指导。 2. 集体练习，小组长协助指挥。 3. 教师讲解展示的方法，强调安全和注意事项，组织学生进行小组自由投掷垒球展示。
17	**运动能力**：学生能掌握转髋与鞭打组合之间的动作衔接，发展协调性。 **健康行为**：在活动过程中树立安全意识和提升自我保护的能力。 **体育品德**：展示出学生吃苦耐劳、奋勇向上的品质。	1. 结构化知识与技能：侧身转髋投掷垒球。 2. 体能训练：波比跳5组。 3. 比赛：计名次跑比赛。	1. 教师讲解、示范动作要点，学生分组练习，教师巡回指导。 2. 集体练习，小组长协助指挥。 3. 教师讲解比赛规则和方法，强调安全和注意事项，组织学生分组进行计名次跑比赛。
18	**运动能力**：学生能熟练掌握侧身投掷垒球的动作要领。 **健康行为**：通过学练，学生敢于展示自我，增强自信心，并且清楚了解投掷项目的安全知识，具有防护意识。 **体育品德**：展示出勇于挑战自我的品质。	1. 结构化知识与技能：强化侧身转髋投掷垒球动作练习。 2. 考核：垒球投掷测试。	1. 教师讲解、示范动作要点，学生分组练习，教师巡回指导。 2. 教师讲解考核的方法，强调安全和注意事项，组织学生分组进行垒球投掷测试。

二、单元总评

本单元案例以水平二的学生为主要授课对象，该单元有以下特点：

（1）根据水平二学生的年龄特点和生理特征，运用多种形式的游戏，帮助学生掌握投掷与游戏的技能，提高学生的各项身体素质。

（2）融入健康知识、跨学科知识、运动情境等，让学生在练习中可以通过已学的知识解决实际问题，培养勇敢、果断、坚毅、不怕困难的意志品质及合作的能力，并学会调控情绪的方法，体验活动的乐趣。

（3）设置合适的运动负荷，每节课安排补偿性体能练习，从而让学生在掌握运动技能的基础上增强运动的效果，促进体质健康和体能的提升。

（4）大单元内容可重复在其他水平中使用，但需要根据学生不同年龄段设置不同难度的评价标准，确保学生能够对自己的能力水平有正确的判断。

第二节　水平三田径专项大单元

《课程标准（2022 年版）》要求水平三的学生在所学田径类运动项目中，积极参与运动项目学练，形成运动兴趣，显著提高体能水平；掌握运动项目的基本知识，学练运动项目的技战术，并能在体育展示或比赛中运用；学习和运用比赛规则，参与裁判工作，观看体育比赛并且能进行简要评价①。因此，田径运动技能教学在水平三中主要教授发展体能、技战术以及运动知识等，整体规划是使学生能在运动中找到成就感，从而培养运动兴趣习惯，学习也将更加深入认真。在进行整体规划大单元教学时有如下建议：

（1）注重田径项目基本知识以及技战术的学练，从整体层面出发，设计有技战术的专项练习，而不是统一的教学形式，使田径专项技能大单元教学更加完整。加强综合单元之间、课与课之间的衔接，促进学生更好地掌握田径运动中的各个项目。

（2）在设计大单元教学时严格遵循新课标要求，选取符合学生身心特征及实际水平的内容设计。大单元中内容的连贯性与层次性都应贯彻其中。

---

① 中华人民共和国教育部. 义务教育体育与健康课程标准（2022 年版）［S］. 北京：北京师范大学出版社，2022.

（3）田径专项技能大单元中应融入比赛规则、田径基本知识、技战术和健康知识等内容，让田径专项技能大单元教学成为多维度的学习目标。

（4）在大单元教学中注重学生体育品德的养成，提高学生抗挫能力，加强竞争意识、团队意识，同时倡导新教学方式，做到因材施教，层层递进。

一、教学案例

体育与健康课程田径专项运动技能单元教学计划

（水平三）

学校： 华南师范大学附属开发区实验小学

年级： 5—6 班级： ××班 任课教师： 陈润杰

学习目标	**运动能力**：学习田径运动中的组合动作，感受运动，能够参与体育技能展示以及体育比赛，从比赛中获得成长，掌握更多运动技能。 **健康行为**：积极参与田径运动，培养体育锻炼意识，学会调控情绪、适应环境，从而提升对田径运动的认知；树立安全意识，远离不良嗜好，端正比赛胜负观。 **体育品德**：在参加田径运动中同伴遇到困难时，能主动、真诚地给予帮助，能够克服自身困难；学会遵守规则、尊重裁判、对手，公平竞争，发挥出最好的水平。
主要教学内容	**基础知识与基本技能**：100 米及其组合动作、跳远类组合动作与游戏、投掷类的基础知识与技能。 **技战术**：听枪声起跑、100 米追逐跑、4×50 米变速跑等；踏板起跳教学、跨步跳、助跑节奏起跳等；前抛实心球、坐投实心球；对地练习、抛高抛远练习等。 **体能训练**：200 米速度跑、短距离小步跑（步频）、大步跑（步幅）、高抬腿衔接加速跑、箭步前蹲力量练习、连续跨步跳、下肢灵敏性练习等；引体向上、腰腹力量练习等。 **规则与裁判法**：了解田径所有项目的标准规则。 **展示或比赛**：100 米跑、小组接力赛、跳远比赛等。 **观赏与评价**：观看田径比赛，并且学会自我评价，自我反思；学习田径的有关知识。

（续上表）

教学重、难点	学生学习的重、难点：掌握规范的动作，体会动作专业性所带来的不同感受，难点是动作的细节把握以及持续锻炼的精神。通过多种方式综合运用，在学习中寻找乐趣。 教学组织的重、难点：练习选址的专业性、有效保持学生练习的秩序，安全地教授学生知识，把握课堂节奏，加强课堂效果。 教学方法的重、难点：田径的教学注重对动作的体会以及动作的连贯，上下肢协调性需要把握得很好，练习的时候多与同学交流心得，课后坚持锻炼，感受课堂所讲的动作细节，懂得自我反思，学会创新，以增加对田径运动的喜爱。

课次	教学目标	教学内容	教学组织与方法
1	运动能力：学生能初步掌握原地快速摆臂、小碎步、小碎步跑动作。 健康行为：学生能够积极参与体育活动，并能遵守规则、团结合作。 体育品德：培养互帮互助、尊重对手的品质和运动的习惯。	1. 结构化知识与技能： （1）原地快速摆臂。 （2）小碎步。 （3）小碎步跑动作。 2. 体能训练： （1）坐姿摆臂20秒。 （2）小碎步摆臂3组。 （3）50米迎面跑。 3. 比赛：迎面接力赛。	1. 教师讲解、示范动作要点，学生分组练习，教师巡回指导。 2. 集体练习，小组长协助指挥。 3. 教师讲解比赛规则和方法，强调安全和注意事项，组织学生进行小组迎面接力赛。
2	运动能力：学生复习原地快速摆臂、小碎步动作练习，并初步学习高抬腿30米接着加速跑。 健康行为：学生能积极参与体育活动，遵守课堂规则。 体育品德：养成不怕困难的精神，热爱运动的习惯，正视比赛胜负的态度。	1. 结构化知识与技能： （1）站立式起跑。 （2）原地高抬腿。 2. 体能训练： （1）行进间高抬腿。 （2）高抬腿30米接着加速跑。 3. 比赛：听口令高抬腿来回切换比赛。	1. 教师讲解、示范动作要点，学生分组练习，教师巡回指导。 2. 集体练习，小组长协助指挥。 3. 教师讲解比赛规则和方法，强调安全和注意事项，组织学生分组进行听口令高抬腿来回切换比赛，错误的扣分，直至分出胜负。

（续上表）

课次	教学目标	教学内容	教学组织与方法
3	**运动能力**：学会踩点大步跑，提升短跑的步幅，提高学生体能。 **健康行为**：学生能够按教师的要求积极思考，认真完成训练任务。 **体育品德**：学生具有合作互助、勇敢自信的品质。	1. 结构化知识与技能： （1）踩点大步跑。 （2）大步跑接着冲刺跑。 2. 体能训练：大步跑50米接着冲刺跑。 3. 比赛：打卡式定向越野跑比赛。	1. 教师讲解、示范动作要点，学生分组练习，教师巡回指导。 2. 集体练习，小组长协助指挥。 3. 教师讲解比赛规则和方法，强调安全和注意事项，组织学生分组进行打卡式定向越野跑比赛。
4	**运动能力**：学生熟练地掌握不同发令方式进行起跑。 **健康行为**：学生能够按教师的要求积极思考，认真完成训练任务。 **体育品德**：培养学生顽强拼搏的精神与积极锻炼的习惯。	1. 结构化知识与技能：起跑反应的适应以及起跑阶段的强化。 2. 体能训练： （1）原地摆臂6组。 （2）男女50米追逐跑。 3. 比赛：运球剪刀石头布，胜者先出发，30米快速跑比赛。	1. 教师讲解、示范动作要点，学生分组练习，教师巡回指导。 2. 集体练习，小组长协助指挥。 3. 教师讲解比赛规则和方法，强调安全和注意事项，组织学生分组进行运球剪刀石头布，胜者先出发，30米快速跑比赛。
5	**运动能力**：学生能够正确并规范地做出短跑组合动作。 **健康行为**：学生之间互帮互助、尊重对手，并养成运动的习惯。 **体育品德**：学生能够正视比赛胜负，友谊第一，比赛第二。	1. 结构化知识与技能：深化大步跑并学会冲刺跑的压线动作。 2. 体能训练：扶杆圈腿。 3. 比赛：50米全速跑比赛（结合听信号起跑、大步跑、冲刺压线）。	1. 教师讲解、示范动作要点，学生分组练习，教师巡回指导。 2. 集体练习，小组长协助指挥。 3. 教师讲解比赛规则和方法，强调安全和注意事项，组织学生分组进行50米全速跑比赛。

（续上表）

课次	教学目标	教学内容	教学组织与方法
6	**运动能力**：掌握摆臂、途中跑摆臂、前脚掌扒地的动作。 **健康行为**：在认真学练过程中能够安全有序地回归队伍，按要求放好器材。 **体育品德**：学生能够在学练中展示出团结拼搏、勇于挑战的品质。	1. 结构化知识与技能：巩固摆臂、途中跑摆臂、前脚掌扒地的动作。 2. 体能训练：篮球场半场折返跑3组。 3. 比赛：200米×4变速跑比赛。	1. 教师讲解、示范动作要点，学生分组练习，教师巡回指导。 2. 集体练习，小组长协助指挥。 3. 教师讲解比赛规则和方法，强调安全和注意事项，组织学生分组进行200米×4变速跑比赛。
7	**运动能力**：充分体验跑姿腾空轮转的感觉，保持动作的正确性。 **健康行为**：学生能够体验到运动的乐趣，热爱体育运动，养成运动的习惯。 **体育品德**：学生在学练过程中能够不怕困难，顽强拼搏。	1. 结构化知识与技能：巩固摆臂、高抬腿与途中跑动作。 2. 体能训练：足球场草地折返跑2组。 3. 比赛：四肢俯卧猜拳爬行比赛。	1. 教师讲解、示范动作要点，学生分组练习，教师巡回指导。 2. 集体练习，小组长协助指挥。 3. 教师讲解比赛规则和方法，强调安全和注意事项，组织学生分组进行四肢俯卧猜拳爬行比赛，看谁先到终点。
8	**运动能力**：巩固并加强起跑重心下降以及倒步后蹬的动作。 **健康行为**：学生有自觉整理器材的意识和习惯。 **体育品德**：学生在学练过程中有克服困难、坚持到底的意志力。	1. 结构化知识与技能：起跑、大步跑动作的巩固和强化。 2. 体能训练：100米×3弯道跑。 3. 比赛：高抬腿听数字跑比赛。	1. 教师讲解示、范动作要点，学生分组练习，教师巡回指导。 2. 集体练习，小组长协助指挥。 3. 教师讲解比赛规则和方法，强调安全和注意事项，组织学生分组进行高抬腿听数字跑比赛。

（续上表）

课次	教学目标	教学内容	教学组织与方法
9	**运动能力**：通过比赛，学生能掌握基本的跑步技术。 **健康行为**：学生能够学会欣赏他人，并能做出正面评价。 **体育品德**：积极参与团队协作。	1. 结构化知识与技能：教师将起跑、摆臂、大步跑、冲刺跑压线完整给学生示范一遍。 2. 体能训练：平板支撑。 3. 考核：100米测试。	1. 教师讲解、示范动作要点，学生分组练习，教师巡回指导。 2. 集体练习，小组长协助指挥。 3. 教师讲解考核的方法，强调安全和注意事项，组织学生分组进行100米测试。
10	**运动能力**：学生初步掌握助跑踏板起跳的动作感觉。 **健康行为**：在活动中体验学练的乐趣，保持积极向上的态度。 **体育品德**：学生在学练过程中能够团结合作、尊重对手。	1. 结构化知识与技能：通过学习，学生能初步了解跳远的概念和要领。 2. 体能训练：波比跳，体会起跳感。 3. 展示：助跑踏板跳展示。	1. 教师讲解、示范动作要点，学生分组练习，教师巡回指导。 2. 集体练习，小组长协助指挥。 3. 教师讲解展示的方法，强调安全和注意事项，组织学生分组进行助跑踏板跳展示。
11	**运动能力**：学生能进一步掌握跳远的腾空展腹要领。 **健康行为**：培养学生积极参与体育活动以及遵守规则的态度和行为。 **体育品德**：学生在学练过程中展示出坚毅、果断以及互帮互助的品质。	1. 结构化知识与技能：巩固双腿蹲动作，教师示范并指导跨步双手摸高动作，体验上跳腾空展腹的感觉。 2. 体能训练： （1）30米提踵走。 （2）跪姿摆臂起跳。 3. 比赛："跷跷板"和爬行比赛。	1. 教师讲解、示范动作要点，学生分组练习，教师巡回指导。 2. 集体练习，小组长协助指挥。 3. 教师讲解比赛规则和方法，强调安全和注意事项，组织学生分组进行"跷跷板"和爬行比赛。

（续上表）

课次	教学目标	教学内容	教学组织与方法
12	**运动能力**：学生能掌握起跳腾空蹬伸的技术要领。 **健康行为**：在活动过程中树立安全意识和提升自我保护的能力。 **体育品德**：学生在学练过程中能够合作互助、勇敢自信。	1. 结构化知识与技能： （1）腾空蹬伸。 （2）原地屈腿跳。 2. 体能训练：运用蹬伸跳跃障碍物。 3. 比赛：猜拳立定跳远比赛。	1. 教师讲解、示范动作要点，学生分组练习，教师巡回指导。 2. 集体练习，小组长协助指挥。 3. 教师讲解比赛规则和方法，强调安全和注意事项，组织学生分组进行猜拳立定跳远比赛。
13	**运动能力**：学生能熟练掌握落地缓冲的动作要领。 **健康行为**：学生在学练过程中能够热爱体育运动，积极参与锻炼。 **体育品德**：学生在学练过程中能够坚持不懈，顽强拼搏。	1. 结构化知识与技能：强化腾空蹬伸动作的教学、讲解并示范腾空、滞空后的落地缓冲。 2. 体能训练： （1）收腹纵跳 6 组 + 台阶落地缓冲。 （2）双手腾空摸高助跑。 3. 比赛：立卧撑、小推车比赛。	1. 教师讲解、示范动作要点，学生分组练习，教师巡回指导。 2. 集体练习，小组长协助指挥。 3. 教师讲解比赛规则和方法，强调安全和注意事项，组织学生分组进行立卧撑、小推车比赛。
14	**运动能力**：学生进一步熟练掌握跳远完整的动作方法，进一步提高跳跃能力。 **健康行为**：通过学练，学生敢于展示自我，增强自信心。 **体育品德**：学生在学练过程中能够克服困难、勇于挑战自我。	1. 结构化知识与技能：跳远完整动作练习（助跑、起跳、腾空、落地）。 2. 体能训练：分组练习平板支撑与跳远完整动作。 3. 比赛：跳远接力赛。	1. 教师讲解、示范动作要点，学生分组练习，教师巡回指导。 2. 集体练习，小组长协助指挥。 3. 教师讲解比赛规则和方法，强调安全和注意事项，组织学生分组进行跳远接力赛。

（续上表）

课次	教学目标	教学内容	教学组织与方法
15	**运动能力**：学生掌握跳远技能并知道动作要领。 **健康行为**：学生能够认真听讲和训练，学会保护自己和保护同学。 **体育品德**：学生在学练过程中学会合作，勇于挑战自我。	1. 结构化知识与技能：教师完整讲解、示范跳远的动作，说出动作流程、特点、感受等。 2. 展示：助跑跳远展示。	1. 教师讲解、示范动作要点，学生分组练习，教师巡回指导。 2. 集体练习，小组长协助指挥。 3. 教师讲解展示的方法，强调安全和注意事项，组织学生分组进行助跑跳远展示。
16	**运动能力**：学生初步了解实心球动作要领。 **健康行为**：学生有自觉整理器材的意识和习惯。 **体育品德**：学生有遵守规则、团结向上、热爱拼搏的品质。	1. 结构化知识与技能：教师示范实心球的握法、实心球手臂鞭打的动作，学生学习模仿并体验。 2. 体能训练：手脚爬行大赛、双人爬行大赛，锻炼手指力量；仰卧举腿、仰卧双脚夹球练习。 3. 展示：自由徒手鞭打展示。	1. 教师讲解、示范动作要点，学生分组练习，教师巡回指导。 2. 集体练习，小组长协助指挥。 3. 教师讲解展示的方法，强调安全和注意事项，组织学生分组进行自由徒手鞭打展示。
17	**运动能力**：学生能掌握正确的实心球握法进行前握球对地练习，发展上下肢协调力。 **健康行为**：在活动过程中树立安全意识和提升自我保护的能力。 **体育品德**：学生在学练过程中能够吃苦耐劳、奋勇向上。	1. 结构化知识与技能：对地练习，教师示范原地投掷实心球，学生点评并体验。 2. 体能训练：波比跳5组、坐姿扔实心球练习、引体向上力量练习、背部力量练习。 3. 比赛：原地投掷实心球比赛。	1. 教师讲解、示范动作要点，学生分组练习，教师巡回指导。 2. 集体练习，小组长协助指挥。 3. 教师讲解比赛规则和方法，强调安全和注意事项，组织学生分组进行原地投掷实心球比赛。

（续上表）

课次	教学目标	教学内容	教学组织与方法
18	**运动能力**：学生能熟练掌握原地投掷实心球的动作要领，并且清楚了解到投掷项目的安全知识，加强防护意识。 **健康行为**：通过学练，学生敢于展示自我，增强自信心，并养成锻炼的习惯。 **体育品德**：培养学生在学练过程中能够勇于挑战自我、不怕困难的品质。	1. 结构化知识与技能：强化实心球对地、原地投掷实心球练习。 2. 展示：实心球投掷展示。	1. 教师讲解、示范动作要点，学生分组练习，教师巡回指导。 2. 集体练习，小组长协助指挥。 3. 教师讲解展示的方法，强调安全和注意事项，组织学生分组进行实心球投掷展示。

二、单元总评

本单元案例以水平三的学生为主要授课对象，该单元有以下特点：

（1）根据水平三学生的年龄特点和田径运动的特点，运用多种练习方式，帮助学生掌握田径运动项目的技巧，同时发展学生各项身体素质。

（2）融入健康与安全知识、跨学科知识、运动情境等，在练习中培养学生迎难而上、公平竞争以及集体意识等良好品质，从而遵守规则，尊重比赛。

（3）根据实际情况设置合适的运动负荷，每节课安排体能练习，从而让学生在掌握运动技能的基础上增强运动的效果，促进体质健康和体能的提升。

（4）大单元内容可重复在其他水平中使用，但需要根据学生不同年龄段设置不同难度的评价标准，确保学生能够对自己的能力水平有正确的判断。

第四章　体操类运动

体操类运动是通过徒手、持轻器械或在器械上完成不同类型与难度的成套动作，充分展现身体控制能力，塑造健美形体，并具有一定艺术表现力的体育活动。体操类运动项目可分为两类：一类是技巧与器械体操（如支撑跳跃、技巧运动、低单杠运动等），其特点是身体做出支撑、倒置、滚动、旋转、跳跃、翻腾、环绕、伸展等动作；另一类是艺术性体操（如韵律操、健美操等），其特点是伴随音乐展现节奏明快、刚劲有力、舒展优美的动作。

体操类运动除了与其他类运动具有共同的育人价值和能力要求外，对于增强学生的身体控制能力，提高学生的动作准确性、方位意识、时空概念等有着不可替代的作用，还能有效提升学生的肌肉耐力和灵敏性等，在培养学生自立自强、勇敢坚毅、不怕挫折，自尊自信、乐观开朗等优良品质方面具有独特的育人价值。技巧与器械体操有助于培养学生的自立、勇敢、坚忍等意志品质，艺术性体操有助于培养学生的节奏感、美感、想象力和表现力等。

第一节　水平二体操专项大单元

《课程标准（2022年版）》中关于开展水平二体操专项大单元的设计，提出要在运动能力方面使学生形成对体操类运动的兴趣和爱好，能做出技巧动作、低单杠技术和韵律操的基本动作以及进行多个动作的衔接和组合练习，参与各种组合动作的展示和比赛；能说出体操运动中相关动作的术语，知道体操运动的健身价值、安全行为与练习时的保护和帮助等基础知识；知道技巧运动、低单杠、韵律操的基本要求和规则，尝试判断并进行打分；每学期观看不少于8次体操类的比赛或表演等，能适时评价；体能有所提高，能在教师的指导下参与体能练习，能通过体操运动掌握提高体能的方法。在健康行为方面提出要乐于参与体操类的技巧、低单杠和韵律操等运动，养成良好的锻炼习惯，学习各种保护和帮助的方法，培养安全意识；通过"学、练、赛"，在展示的过程中提升对体操运动礼仪、规则和评分的理解与运用能力，能尝试和同伴合作交流。在体育品德方面能积极参与体育游戏，学习体操礼仪，提升自信心，遵守游戏规则，培养竞争意识；在体育活动中尊重师长，敢于尝试扮演不同的运动角色，并能在体育活动中表现出不怕困难、坚持学练、敢于拼搏的品质。

因此，体操类专项运动技能教学是水平二的主体内容之一，整体规划是非常关键、重要的。本大单元案例是以体操专项运动能力培养为核心的"技术＋运用"的技能提升单元，在进行整体规划大单元教学时有如下建议：

（1）从技巧运动、低单杠、韵律操的基础动作出发，逐步设计由易到难、由简到繁的组合性动作，并考虑学期之间、课与课之间的衔接，促进学生掌握全面的体操运动专项技能。

（2）选取符合学生身心特征及实际水平的内容进行设计，做到游戏主题、情境教学与跨学科教学互为渗透与促进，把大单元中内容的连贯性与层次性都贯彻其中。

（3）把体操展示和比赛的礼仪、规则，体操运动的保护和帮助等安全防护和健康知识融入课堂，在观摩比赛或欣赏表演时能做出适时评价等，进行多维目标的学习和实践，让体操大单元教学达成多维度的学习目标。

（4）以"教会、勤练、常赛"为主要方式，注重课内学、课外练、课外赛、平时赛的统一。倡导教学、练习和展示、比赛相结合的学习方式，做到因材施教，层层递进。

一、教学案例

体育与健康课程体操专项运动技能单元教学计划
（水平二）
学校：　广州市黄埔区科学城小学
年级：　3—4　班级：　××班　任课教师：张培芹、赖庭亭、潘文飞
学习目标：运动能力：养成对体操类运动的兴趣和爱好，能做出技巧动作、低单杠技术和韵律操的基本动作以及进行多个动作的衔接和组合练习，参与各种组合动作的展示和比赛；能说出体操运动中相关动作的术语，知道体操运动的健身价值、安全行为与练习时的保护和帮助等基础知识；知道技巧运动、低单杠、

（续上表）

学习目标	韵律操的基本规则和要求，尝试判断并进行打分；每学期观看不少于 8 次体操类的比赛或表演等，能适时评价；体能有所提高，能在教师的指导下参与体能练习。 **健康行为**：乐于参与体操类的技巧、低单杠和韵律操运动，养成良好的锻炼习惯，学习各种保护和帮助的方法，培养安全意识；通过"学、练、赛"，在展示的过程中提高对体操运动礼仪、规则和评分的理解与运用能力；尝试和同伴合作交流。 **体育品德**：积极参与体育游戏，学习体操礼仪，提升自信心，遵守游戏规则，培养竞争意识；在体育活动中尊重师长，敢于尝试扮演不同的运动角色，并能在体育活动中表现出不怕困难、坚持学练、敢于拼搏的品质。
主要教学内容	**基础知识与基本技能**：学习和体验体操运动中的技巧运动（踺跳起、前滚翻、后滚翻、仰卧推起成桥）、低单杠运动（斜身引体、跳上成正撑—单杠支撑和移动—前翻下、单腿摆越上—前翻下）、韵律操（步伐、肢体动作）的基本动作和简单组合动作，完成多个动作的衔接和组合练习，说出相关动作的术语，知道参与体操的益处和安全防护知识。 **技战术**：在游戏中运用所学体操运动中的技巧运动、低单杠运动、韵律操的基本动作进行各项衔接练习，并完成多个动作的小组合作练习。 **体能训练**：利用所学体操类运动项目，学会提高身体所需的柔韧性、协调性、灵敏性、肌肉力量、平衡能力等体能的训练方法，并乐于参与体能游戏。 **规则与裁判法**：知道技巧运动、低单杠、韵律操的基本规则和要求，尝试判断并进行打分。 **展示或比赛**：敢于进行个人动作展示、分组团队展示，并知道展示各种动作的具体要求，初步学会展示前和结束时的礼仪。 **观赏与评价**：观看班级、学校比赛或表演，以及全国、国际比赛或表演等，能适时评价。
教学重、难点	**学生学习的重、难点**：掌握体操技术动作要领，学会在比赛中进行应用。 **教学内容的重、难点**：懂得体操的保护和帮助，培养相互尊重、团队合作的精神。 **教学组织的重、难点**：队形的调动与衔接，精讲多练、集体学练与分组学练结合，多组织展示和比赛，提高学生兴趣。 **教学方法的重、难点**：教师讲解示范，信息化视频展示内容，巡回指导纠错，合理运用合作学习和探究学习的方式。

（续上表）

课次	教学目标	教学内容	教学组织与方法
1	**运动能力**：学习体操展示前和结束时的礼仪；复习横叉、纵叉动作；学习跪跳起的动作，能做出跪跳起的技术动作，大胆展示，提高速度、肢体协调力等。 **健康行为**：做好准备活动，树立安全意识，不断调整好情绪，保持乐观积极的心态。 **体育品德**：知晓体操礼仪，加强自信心，遵守游戏规则，培养不怕困难、勇于挑战的品质。	1. 结构化知识与技能（跪跳起动作技术的运用）。 （1）趣味爬行模仿秀。 （2）小海豹找朋友。 （3）小海豹海滩大发现。 2. 体能训练： （1）推小车。 （2）平板支撑。 （3）俄罗斯转体。 3. 展示：横叉、纵叉动作、跪跳起动作展示。	1. 通过创设情境和游戏进行导入，强调体操课中容易出现的危险情况，明确跪跳起动作教学中需注意的保护和帮助的要求，避免发生事故，教师根据学生个人特点进行分组练习并在练习时巡回指导。 2. 集体练习，小组长协助指挥。 3. 教师讲解展示的方法，强调安全和注意事项，组织学生分组进行横叉、纵叉动作以及跪跳起动作的展示。
2	**运动能力**：复习横叉、纵叉动作，能熟练做出跪跳起的技术动作，结合体操展示前和结束时的礼仪，大胆展示，提高速度、肢体协调力等，增强力量。 **健康行为**：做好准备活动，树立规则意识，不断调整好情绪，学会保护和帮助及与人合作。 **体育品德**：敢于尝试不同角色，为同伴提供力所能及的帮助，敢于挑战自我，做到精益求精。	1. 结构化知识与技能（跪跳起动作技术的运用）。 （1）趣味爬行接力。 （2）翻垫子。 （3）看谁反应快。 2. 体能训练： （1）推小车。 （2）平板支撑。 （3）波比跳。 3. 展示：跪跳起动作展示。	1. 通过创设情境和游戏进行导入，强调体操课中容易出现的危险情况，明确保护和帮助的要求，避免发生事故，教师根据学生个人特点进行分组练习并在练习时巡回指导。 2. 集体练习，小组长协助指挥。 3. 教师讲解展示的方法，强调安全和注意事项，组织学生分组进行跪跳起动作展示。

（续上表）

课次	教学目标	教学内容	教学组织与方法
3	**运动能力**：学习前滚翻的技术特点，能做出前滚翻的动作，大胆展示，提高速度、肢体协调力等。 **健康行为**：做好准备活动，树立安全意识，不断调整好情绪，保持乐观积极的心态。 **体育品德**：提高自信心，遵守游戏规则，培养不怕困难、勇于挑战的品质。	1. 结构化知识与技能（前滚翻动作技术的运用）。 （1）我们抱一抱。 （2）小刺猬运枣。 （3）越障碍快速跑。 2. 体能训练： （1）胯下击掌。 （2）深蹲跳。 （3）推小车。 3. 展示：前滚翻动作展示。	1. 通过创设情境和游戏进行导入，强调前滚翻运动中容易出现的危险，明确练习时需要遵守的保护和帮助的要求，避免发生事故，教师根据学生个人特点进行分组练习并在练习时巡回指导。 2. 集体练习，小组长协助指挥。 3. 教师讲解展示的方法，强调安全和注意事项，组织学生分组进行前滚翻动作展示。
4	**运动能力**：了解前滚翻交叉转体起立的特点，能熟练做出前滚翻的组合动作，大胆展示，提高速度、柔韧性、肢体协调力等。 **健康行为**：做好准备活动，树立规则意识，不断调整好情绪，学会与人相处 **体育品德**：敢于尝试不同角色，为同伴提供力所能及的帮助，敢于挑战自我，做到精益求精。	1. 结构化知识与技能（前滚翻交叉转体起立动作技术的运用）。 （1）红灯停绿灯行。 （2）消防员大练兵。 （3）大练兵检阅预演。 2. 体能训练： （1）开合跳。 （2）半蹲跳。 （3）蚂蚁行。 3. 展示：前滚翻组合动作展示。	1. 通过创设情境和游戏进行导入，明确课堂上需要遵守的保护和帮助的要求，避免发生事故，教师根据学生个人特点进行分组练习并在练习时巡回指导。 2. 集体练习，小组长协助指挥。 3. 教师讲解展示的方法，强调安全和注意事项，组织学生分组进行前滚翻组合动作展示。
5	**运动能力**：了解后滚翻的要点，能熟练做出后滚翻的动作，大胆展示，提高速度、柔韧性、肢体协调力等。	1. 结构化知识与技能（后滚翻动作技术的运用）。 （1）快速集合。 （2）孙悟空大战牛魔王。	1. 通过创设情境和游戏进行导入，明确课堂上需要遵守的保护和帮助的要求，避免发生事故，教师根据学生个人特点进行分组练习并在练习时巡回指导。

（续上表）

课次	教学目标	教学内容	教学组织与方法
	健康行为：做好准备活动，树立规则意识，不断调控好情绪，学会适应环境。 **体育品德**：敢于尝试不同角色，为同伴提供力所能及的帮助，敢于挑战自我，做到精益求精。	（3）避水雷。 2．体能训练： （1）曲线快速跑。 （2）创新滚翻练习。 3．展示：后滚翻动作展示。	2．集体练习，小组长协助指挥。 3．教师讲解展示的方法，强调安全和注意事项，组织学生分组进行后滚翻动作的展示。
6	**运动能力**：了解后滚翻交叉转体接挺身跳的技术特点，能做出后滚翻交叉转体接挺身跳的动作，大胆展示，提高速度、肢体协调力等。 **健康行为**：树立安全意识，合作学习，保持乐观积极的心态。 **体育品德**：自尊自信，勇敢顽强，遵守游戏规则，不断挑战自我。	1．结构化知识与技能（后滚翻交叉转体接挺身跳动作技术的运用）。 （1）营救队员。 （2）小小特种兵——挑战不可能。 （3）冲过防火圈。 2．体能训练： （1）接力跑。 （2）手脚同步前进。 3．展示：后滚翻交叉转体接挺身跳动作展示。	1．通过创设情境和游戏进行导入，明确课堂上需要遵守的保护和帮助的要求，避免发生事故，教师根据学生个人特点进行分组练习并在练习时巡回指导。 2．集体练习，小组长协助指挥。 3．教师讲解展示的方法，强调安全和注意事项，组织学生分组进行后滚翻交叉转体接挺身跳动作展示。
7	**运动能力**：结合体操礼仪，能做出前滚翻转体180°接后滚翻交叉转体接挺身跳的组合技术动作，敢于展示与比赛，提高速度、肢体协调力等。 **健康行为**：面对考核学会情绪调整，鼓励共同进步。	1．结构化知识与技能（前滚翻转体180°接后滚翻交叉转体接挺身跳的组合动作技术运用）。 （1）赛马。 （2）体操健将大选拔。 （3）比比谁的马力足。 2．体能训练： （1）快速的小马达。	1．通过创设情境和游戏进行导入，明确课堂上需要遵守的保护和帮助的要求，避免发生事故，教师根据学生个人特点进行分组练习并在练习时巡回指导。 2．集体练习，小组长协助指挥。

（续上表）

课次	教学目标	教学内容	教学组织与方法
	体育品德：具有公平竞争、团队合作的意识，树立正确的胜负观。	(2) 折返跑接力。 3. 考核：前滚翻转体180°接后滚翻交叉转体接挺身跳的组合动作考核。	3. 教师讲解考核的方法，强调安全和注意事项，组织学生分组进行前滚翻转体180°接后滚翻交叉转体接挺身跳的组合动作考核。
8	**运动能力**：学习仰卧推起成桥的技术特点，能熟练做出仰卧推起成桥的动作，大胆展示，提高柔韧性、增强力量等。 **健康行为**：做好准备活动，学会保护和帮助，鼓励进步，学会适应环境。 **体育品德**：敢于尝试不同角色，为同伴提供力所能及的帮助，敢于挑战自我，做到精益求精。	1. 结构化知识与技能（仰卧推起成桥的动作技术运用）。 (1) 快速反应。 (2) 一起搭小桥。 (3) 抢险救灾。 2. 体能训练： (1) 核心力量练习。 (2) 折返跑接力赛。 3. 展示：仰卧推起成桥动作展示。	1. 通过创设情境和游戏进行导入，强调仰卧推起成桥运动中容易出现的危险情况，讲解保护和帮助的要求，避免发生事故，教师根据学生个人特点进行分组练习并在练习时巡回指导。 2. 集体练习，小组长协助指挥。 3. 教师讲解展示的方法，强调安全和注意事项，组织学生分组进行仰卧推起成桥展示。
9	**运动能力**：了解前滚翻—后倒—仰卧推起成桥的技术要点，能熟练做出前滚翻—后倒—仰卧推起成桥的动作，大胆展示，提高柔韧性、肢体协调力等。 **健康行为**：做好准备活动，学会保护和帮助，鼓励共同进步，学会适应环境。 **体育品德**：敢于尝试不同角色，为同伴提供力所能及的帮助，敢于挑战自我，做到精益求精。	1. 结构化知识与技能（前滚翻—后倒—仰卧推起成桥的动作技术运用）。 (1) 看谁反应快。 (2) 筑起安全通道。 (3) 蚂蚁搬家。 2. 体能训练： (1) 核心力量练习。 (2) 折返跑接力赛。 3. 展示：前滚翻—后倒—仰卧推起成桥动作展示。	1. 通过创设情境和游戏进行导入，强调体操课中容易出现的危险情况，明确保护和帮助的要求，避免发生事故，教师根据学生个人特点进行分组练习并在练习时巡回指导。 2. 集体练习，小组长协助指挥。 3. 教师讲解展示的方法，强调安全和注意事项，组织学生分组进行前滚翻—后倒—仰卧推起成桥动作展示。

（续上表）

课次	教学目标	教学内容	教学组织与方法
10	**运动能力**：学习支撑跳跃：跳上成跪撑—向前跳下的基本技术，胆大心细，敢于展示，加强核心力量，提高灵敏性、肢体协调力等。 **健康行为**：克服恐惧心理，加强安全意识，养成锻炼的习惯。 **体育品德**：自尊自信，勇敢顽强，遵守游戏规则，敢于拼搏。	1. 结构化知识与技能（支撑跳跃：跳上成跪撑—向前跳下动作技术的运用）。 （1）叫号抱团。 （2）丑小鸭成长记。 （3）追逐赛跑。 2. 体能训练： （1）鸭子抢座位。 （2）核心力量练习。 3. 展示：支撑跳跃：跳上成跪撑—向前跳下动作展示。	1. 通过创设情境和游戏进行导入，强调支撑跳跃课中容易出现的危险情况，明确课堂上需要遵守的保护和帮助的要求，避免发生事故，教师根据学生个人特点进行分组练习并在练习时巡回指导。 2. 集体练习，小组长协助指挥。 3. 教师讲解展示的内容和方法，强调安全和注意事项，组织学生分组进行支撑跳跃：跳上成跪撑—向前跳下动作展示。
11	**运动能力**：熟练掌握支撑跳跃：跳上成跪撑—向前跳下的动作技术，乐于展示，发展核心力量、灵敏性、肢体协调力等身体素质。 **健康行为**：克服恐惧心理，加强安全意识，养成锻炼的习惯。 **体育品德**：自尊自信，勇敢顽强，遵守游戏规则，敢于挑战自我。	1. 结构化知识与技能（支撑跳跃：跳上成跪撑—向前跳下动作技术的运用）。 （1）赛马。 （2）消防员成长记。 （3）信任力大挑战。 2. 体能训练： （1）比比谁的马力足。 （2）核心力量练习。 3. 比赛：支撑跳跃：跳上成跪撑—向前跳下动作比赛。	1. 通过创设情境和游戏进行导入，强调支撑跳跃课中容易出现的危险情况，明确课堂上需要遵守的保护和帮助的要求，避免发生事故，教师根据学生个人特点进行练习并在练习时巡回指导。 2. 集体练习，小组长协助指挥。 3. 教师讲解比赛规则和方法，强调安全和注意事项，组织学生分组进行支撑跳跃：跳上成跪撑—向前跳下动作比赛。

（续上表）

课次	教学目标	教学内容	教学组织与方法
12	**运动能力**：体验低单杠斜身引体和跳上成正撑—前翻下的基本技术，胆大心细，乐于展示，提高上肢力量、灵敏性、协调性等。 **健康行为**：认真做好准备活动，加强安全意识，养成良好的锻炼习惯。 **体育品德**：在游戏和比赛中，积极进取，敢于挑战，遵守规则，帮助同伴。	1. 结构化知识与技能（低单杠斜身引体和跳上成正撑—前翻下动作技术的运用）。 （1）红绿灯。 （2）森林大冒险。 2. 体能训练： （1）团体萝卜蹲。 （2）手拉手一起走。 3. 展示：低单杠：斜身引体和跳上成正撑—前翻下动作展示。	1. 通过创设情境和游戏进行导入，强调低单杠课中容易出现的情况，明确课堂上需要遵守的保护和帮助的要求，避免发生事故，教师根据学生个人特点进行分组练习并在练习时巡回指导。 2. 集体练习，小组长协助指挥。 3. 教师讲解展示的内容和方法，强调安全和注意事项，组织学生分组进行低单杠：斜身引体和跳上成正撑—前翻下动作展示。
13	**运动能力**：熟练掌握低单杠：斜身引体和跳上成正撑—前翻下与单杠支撑和移动的基本技术，胆大心细，乐于展示，提高上肢力量、灵敏性、协调性等。 **健康行为**：加强安全意识，做好帮助与保护，养成良好的锻炼习惯。 **体育品德**：在游戏和比赛中，积极进取，敢于挑战，遵守规则，帮助同伴。	1. 结构化知识与技能（低单杠：斜身引体和跳上成正撑—前翻下与单杠支撑和移动动作技术的运用）。 （1）听信号做动作。 （2）森林动物运动会。 （3）信任大挑战。 2. 体能训练： （1）比比谁的马力足。 （2）核心力量练习。 3. 比赛：低单杠：斜身引体和跳上成正撑—前翻下与单杠支撑和移动动作比赛。	1. 通过创设情境和游戏进行导入，强调低单杠课中容易出现的危险情况，明确课堂上需要遵守的保护和帮助的要求，避免发生事故，教师根据学生个人特点进行分组练习并在练习时巡回指导。 2. 集体练习，小组长协助指挥。 3. 教师讲解比赛规则和方法，强调安全和注意事项，组织学生分组进行低单杠：斜身引体和跳上成正撑—前翻下与单杠支撑和移动动作的比赛。

（续上表）

课次	教学目标	教学内容	教学组织与方法
14	**运动能力**：学习低单杠：单腿摆越上—前翻下的基本技术，胆大心细，乐于展示，提高上肢力量、灵敏性、协调性等。 **健康行为**：认真做好准备活动，加强安全意识，养成良好的锻炼习惯。 **体育品德**：在游戏和比赛中，积极进取，敢于挑战，遵守规则，帮助同伴。	1. 结构化知识与技能（低单杠：单腿摆越上—前翻下动作技术的运用）。 （1）黄河长江。 （2）奇遇大冒险。 （3）冒险大发现。 2. 体能训练： （1）丰收的果实大分类。 （2）速度、下肢力量练习。 3. 展示：低单杠：单腿摆越上—前翻下动作展示。	1. 通过创设情境和游戏进行导入，强调低单杠课中容易出现的危险情况，明确课堂上需要遵守的保护和帮助的要求，避免发生事故，教师根据学生个人特点进行分组练习并在练习时巡回指导。 2. 集体练习，小组长协助指挥。 3. 教师讲解展示的方法，强调安全和注意事项，组织学生分组进行低单杠：单腿摆越上—前翻下动作展示。
15	**运动能力**：初步学习和体验韵律操步伐、上肢动作等基本动作，了解规则与裁判法，乐于展示，提高下肢力量、灵敏性、协调性等。 **健康行为**：积极参与游戏，养成良好的锻炼习惯，保持积极向上的心态。 **体育品德**：主动投入游戏及课堂中，积极进取，不怕困难，培养竞争意识、团队精神。	1. 结构化知识与技能（韵律操步伐、上肢动作技术的运用）。 （1）踏石过河。 （2）选拔指挥员。 （3）你追我赶。 2. 体能训练： （1）环保接力赛。 （2）速度、上肢力量练习。 3. 展示：韵律操步伐、上肢动作展示。	1. 通过创设情境和游戏进行导入，明确规则以及保护和帮助的要求，强调安全第一，教师根据学生个人特点进行分组练习并在练习时巡回指导。 2. 集体练习，小组长协助指挥。 3. 教师讲解展示的方法，强调安全和注意事项，组织学生分组进行韵律操步伐、上肢动作展示。

（续上表）

课次	教学目标	教学内容	教学组织与方法
16	**运动能力**：熟练运用所学的韵律操步伐和肢体动作进行衔接练习，展示组合动作，提高灵敏性、协调性等。 **健康行为**：积极参与游戏，加强安全意识，保持积极向上的心态。 **体育品德**：主动投入游戏及课堂中，积极进取，不怕困难，培养竞争意识、团队精神。	1. 结构化知识与技能（韵律操步伐和肢体动作的衔接练习）。 （1）报数与抱团游戏。 （2）团结就是力量。 （3）积极展示自我。 2. 体能训练： （1）丛林探险。 （2）速度、上肢力量练习。 3. 展示：韵律操步伐和肢体动作衔接展示。	1. 通过创设情境和游戏进行导入，强调体操课中容易出现的危险情况，明确课堂上需要遵守的保护和帮助的要求，避免发生事故，教师根据学生个人特点进行分组练习并在练习时巡回指导。 2. 集体练习，小组长协助指挥。 3. 教师讲解展示的方法，强调安全和注意事项，组织学生分组进行韵律操步伐和肢体动作衔接展示。
17	**运动能力**：熟练展示队列队形＋韵律操组合动作技术，知晓规则，提高欣赏与评价能力，提高灵敏性、协调性，加强耐力。 **健康行为**：学会调控情绪，适应环境与氛围，鼓励同学共同进步。 **体育品德**：主动投入游戏及课堂中，积极进取，不怕困难，培养竞争意识、团队精神。	1. 结构化知识与技能（队列队形＋韵律操组合动作技术的运用）。 （1）抢凳子。 （2）做最棒的自己。 2. 体能训练： （1）合作跑接力。 （2）速度、耐力分级进阶练习。 3. 比赛：队列队形＋韵律操组合动作比赛。	1. 通过创设情境和游戏进行导入，强调体操课中容易出现的危险情况，明确课堂上需要遵守的保护和帮助的要求，避免发生事故，教师根据学生个人特点进行分组练习并在练习时巡回指导。 2. 集体练习，小组长协助指挥。 3. 教师讲解比赛规则和方法，强调安全和注意事项，组织学生分组进行列队形＋韵律操组合动作比赛。

（续上表）

课次	教学目标	教学内容	教学组织与方法
18	**运动能力**：知晓规则与裁判法，提高欣赏与评价的能力，能做出体操的技巧运动，即横叉、纵叉、跪跳起、仰卧推起成桥、前滚翻转体180°接后滚翻交叉转体接挺身跳的组合技术动作，发展灵敏性、协调性、柔韧性、速度等身体素质。 **健康行为**：学会调控情绪，适应环境与氛围，鼓励同学共同进步。 **体育品德**：公平竞争、团队合作、敢于拼搏、追求卓越，保持正确的胜负观。	1. 结构化知识与技能： （1）正反口令考反应。 （2）体操竞技大舞台。 （3）最闪亮的团队展示。 2. 体能训练： （1）环保垃圾分类合作跑接力。 （2）速度、耐力分级进阶练习。 3. 展示：体操技巧运动组合展示。	1. 通过创设情境和游戏进行导入，强调体操课中容易出现的危险情况，明确课堂上需要遵守的保护和帮助的要求，避免发生事故，教师根据学生个人特点进行分组练习并在练习时巡回指导。 2. 集体练习，小组长协助指挥。 3. 教师讲解展示的方法，强调安全和注意事项，组织学生分组进行体操技巧运动组合展示。
19	**运动能力**：知晓规则与裁判法，提高欣赏与评价的能力，巩固体操的低单杠运动组合技术动作（能做出斜身引体、跳上成正撑—前翻下与单杠支撑和移动、单腿摆越上—前翻下），发展灵敏性、力量、协调性等身体素质。 **健康行为**：学会调控情绪，适应环境与氛围，鼓励同学共同进步。 **体育品德**：公平竞争、团队合作、敢于拼搏、追求卓越，保持正确的胜负观。	1. 结构化知识与技能： （1）石头剪刀布。 （2）参加奥运会。 （3）最闪亮的自己。 2. 体能训练： （1）障碍赛道、快速穿越。 （2）速度、耐力分级进阶练习。 3. 展示：低单杠运动组合技术动作展示。	1. 通过创设情境和游戏进行导入，强调体操课中容易出现的危险情况，明确课堂上需要遵守的保护和帮助的要求，避免发生事故，教师根据学生个人特点进行分组练习并在练习时巡回指导。 2. 集体练习，小组长协助指挥。 3. 教师讲解展示的方法，强调安全和注意事项，组织学生分组进行低单杠运动组合技术动作展示。

二、单元总评

本单元案例以水平二的学生为主要授课对象，该单元有以下特点：

（1）根据水平二学生的年龄特点和生理特征，运用多种形式的游戏，循序渐进、因材施教，帮助学生掌握体操中的队列队形相关知识；掌握体操技巧、器械体操、自编体操的基本动作技能，发展学生各项身体素质。

（2）学生学会通过不同的体操运动游戏提升各种体能素质，针对不同能力水平的学生设置不同难度的评价标准，设置合适的运动负荷，每节课安排补偿性体能练习，从而让学生在掌握运动技能的基础上增强运动的效果，促进体质健康和体能的提升。

（3）在教学和游戏过程中，融入相关的体操礼仪、安全防护知识和健康知识、跨学科主题知识等，让学生在练习中可以通过已学的知识解决实际问题，培养勇敢、果断、坚毅、不怕困难的意志品质及合作精神，并学会调整情绪的方法，体验活动的乐趣。

（4）掌握体操运动的礼仪、比赛规则与裁判方法，培养学生公平竞争、团队合作、敢于拼搏、追求卓越的精神，树立正确的胜负观。

第二节　水平三体操专项大单元

《课程标准（2022年版）》中关于开展水平三体操专项大单元的设计，在运动能力方面提出了以下要求：熟练掌握体操的礼仪，并能连贯做出技巧动作、低单杠技术和韵律操的基本动作以及多个动作的衔接和组合动作，参与各种班级或年级的展示和比赛；能熟练表述体操运动中的相关术语，知道体操运动的健身价值、安全行为与练习时的保护和帮助等知识；对技巧运动、低单杠、韵律操的基本要求和规则能做评价与打分；每学期观看不少于8次体操类的比赛或表演等，能适时评价；体能有所提高，能在教师的指导下参与体能练习，也能通过体操运动掌握提高体能的方法。在健康行为方面，乐于参与体操类的技巧、低单杠和韵律操等运动，养成良好的锻炼习惯，熟练掌握各种保护和帮助的方法，有良好的安全意识；通过"学、练、赛"，在展示的过程中提升对体操运动礼仪、规则和评分的理解与运用能力；能和同伴合作展示与交流。在体育品德方面，积极参与体操项目的练习，遵守游戏规则，培养竞争意识；在体育活动中尊重师长，敢于尝试扮演不同的运动角色，提升自信心，并能表现出不怕困难、坚持学练、敢于拼搏的品质，能接受比赛的结果。

因此，体操类专项运动技能教学是水平三的主体内容之一，整体规划是非常关键、重要的。本大单元案例是以体操专项运动能力培养为核心的"技术+运用"的技能提升单元，在进行整体规划大单元教学时有如下建议：

（1）结合体操类运动的特征，从技巧运动、低单杠、韵律操的基础动作出发，逐步设计由简到繁的组合性动作，设计结构化的体操专项技能大单元教学。并考虑学期之间、课与课之间的衔接，促进学生掌握全面的体操运动专项技能。

（2）在设计大单元教学时需遵循新课标要求，选取符合学生身心特征及实际水平的内容进行设计，做到主题教学和情境教学与跨学科教学互为渗透和促进，把大单元中内容的连贯性与层次性都贯彻其中。

（3）体操大单元计划应融入体操比赛的礼仪、规则，体操运动的保护和帮助等安全防护和健康知识，以及在观摩比赛或欣赏表演时能做出适时评价等，进行多维目标的学习和实践内容，让体操大单元教学达成多维度的学习目标。

（4）精准把握体操项目"教会、勤练、常赛"的特点，注重课内学、课外练、课外赛、平时赛的统一。倡导教学、练习和展示、比赛相结合的学习方式，做到因材施教，层层递进，注重对学生团队合作和公平竞争意识的培养。

一、教学案例

<table>
<tr><td colspan="2" align="center">体育与健康课程体操专项运动技能单元教学计划</td></tr>
<tr><td colspan="2" align="center">（水平三）</td></tr>
<tr><td colspan="2" align="center">学校：　　　广州市黄埔区科学城小学　　　</td></tr>
<tr><td colspan="2">年级：　5—6　班级：　××班　　任课教师：　陈建勋、黄小凤、叶家威</td></tr>
<tr><td align="center">学习
目标</td><td>运动能力：熟练掌握体操的礼仪，并能连贯做出技巧动作、低单杠技术和韵律操的基本动作以及多个动作的衔接和组合动作，参与各种班级或年级的展示和比赛；能熟练表述体操运动中的相关术语，知道体操运动的健身价值、安全行为与练习时的保护和帮助等知识；对技巧运动、低单杠、韵律操的基本要求和规则能做评价与打分；每学期观看不少于8次体操类的比赛或表演等，能适时评价；体能有所提高，能在教师的指导下参与体能练习，也能通过体操运动掌握提高体能的方法。</td></tr>
</table>

（续上表）

	健康行为：乐于参与体操类的技巧、低单杠和韵律操等运动，养成良好的锻炼习惯，熟练掌握各种保护和帮助的方法，有良好的安全意识；通过"学、练、赛"，在展示的过程中提升对体操运动礼仪、规则和评分的理解与运用能力；能和同伴合作展示与交流。 **体育品德**：积极参与体操项目的练习，遵守游戏规则，培养竞争意识；在体育活动中尊重师长，敢于尝试扮演不同的运动角色，提升自信心，并表现出不怕困难、坚持学练、敢于拼搏的品质，能接受比赛的结果。			
主要教学内容	**基础知识与基本技能**：学习和体验体操运动中的技巧运动（前滚翻成直腿坐、侧手翻、肩肘倒立及组合动作）、低单杠运动（跳上成支撑—前翻下、跳上成支撑—后摆下）、韵律操（步伐、肢体动作）的基本动作和多个组合动作，完成多个动作的衔接和组合练习，说出相关动作术语，了解参与体操益处和安全防护知识。 **技战术**：在游戏中运用所学体操运动中的技巧运动、低单杠运动、韵律操的基本动作进行各项衔接练习，并完成多个动作的小组合作练习。 **体能训练**：利用所学体操类运动项目，学会提高身体所需的柔韧性、协调性、灵敏性、肌肉力量、平衡能力等体能的训练方法，并乐于参与体能游戏。 **规则与裁判法**：知道技巧运动、低单杠、韵律操的基本规则和要求，尝试判断并进行打分。 **展示或比赛**：敢于进行个人动作展示、分组团队展示，并知道展示这些动作的具体要求，初步学会展示前和结束时的礼仪。 **观赏与评价**：观看班级、学校比赛或表演，以及全国、国际比赛或表演等，能适时评价。			
教学重、难点	**学生学习的重、难点**：掌握体操技术动作要领，学会在比赛中进行应用。 **教学内容的重、难点**：懂得体操的保护和帮助，培养相互尊重、团队合作的精神。 **教学组织的重、难点**：队形的调动与衔接，精讲多练、集体学练与分组学练相结合，多组织展示和比赛，提高学生兴趣。 **教学方法的重、难点**：教师讲解示范，信息化视频展示内容，巡回指导纠错，合理运用合作学习和探究学习的方式。			
1	**运动能力**：复习滚翻动作，学习前滚翻成直腿坐的技术动作，能结合体操礼仪完整展现前滚翻成直腿坐的技术动作，	1. 结构化知识与技能（前滚翻成直腿坐技术动作的运用）。 （1）老狼、老狼几点钟。	1. 通过创设情境和游戏进行导入，强调体操课中容易出现的危险情况，明确前滚翻成直腿坐动作在教学中需注意的保护	

（续上表）

课次	教学目标	教学内容	教学组织与方法
	大胆展示，挑战拓展性练习，发展灵敏性、协调性等身体素质。 **健康行为**：做好准备活动，学会控制身体，掌握保护和帮助的方法，树立安全意识，不断调整好情绪，保持乐观积极的心态。 **体育品德**：提高自信心，遵守游戏规则，培养不怕困难、勇于挑战的品质。	（2）小皮球滚得圆。 （3）前滚翻成直腿坐＋拓展性练习。 2．体能训练： （1）展开垫子蛇形跑。 （2）合（立）垫子障碍跑。 3．展示：前滚翻成直腿坐动作展示。	和帮助的要求，避免发生事故，教师根据学生个人特点进行分组练习并在练习时巡回指导。 2．集体练习，小组长协助指挥。 3．教师讲解展示的方法，强调安全和注意事项，组织学生分组进行前滚翻成直腿坐动作展示。
2	**运动能力**：学习前滚翻成直腿坐—后倒—仰卧推起成桥的组合动作，通过辅助性练习，大部分学生能初步完成整个动作，发展灵敏性、协调性、力量等身体素质。 **健康行为**：做好准备活动，树立规则意识，不断调控好情绪，学会适应环境。 **体育品德**：敢于尝试不同角色，为同学提供力所能及的帮助，敢于挑战自我，做到精益求精。	1．结构化知识与技能（复习前滚翻成直腿坐、仰卧推起成桥动作，并能完成组合动作）。 （1）冒险的小刺猬。 （2）小刺猬大舞台。 （3）蚂蚁搬家。 2．体能训练：十字追逐跑。 3．展示：前滚翻成直腿坐—后倒—仰卧推起成桥动作展示。	1．通过创设情境和游戏进行导入，强调技巧运动学习中容易出现的危险情况，明确练习时需要遵守的保护和帮助的要求，避免发生事故，教师根据学生个人特点进行分组练习并在练习时巡回指导。 2．集体练习，小组长协助指挥。 3．教师讲解展示的方法，强调安全和注意事项，组织学生分组进行前滚翻成直腿坐—后倒—仰卧推起成桥动作展示。
3	**运动能力**：熟练做出前滚翻—后倒—仰卧推起成桥的技术动作，并学会提高体能的体操训练方式，大胆尝试和展示，发展柔韧性、协调性等身体素质。	1．结构化知识与技能： （1）冒险的小刺猬。 （2）建起安全通道。 （3）技艺大比拼：前滚翻—后倒—仰卧推起成桥。	1．通过创设情境和游戏进行导入，强调技巧运动学习中容易出现的危险，明确练习时需要遵守的保护和帮助的要求，避免发生事故，教师根据学生个人

（续上表）

课次	教学目标	教学内容	教学组织与方法
	健康行为：做好准备活动，学会保护和帮助，鼓励同学共同进步，学会适应环境。 **体育品德**：敢于尝试不同角色，为同学提供力所能及的帮助，敢于挑战自我，做到精益求精。	2. 体能训练： （1）核心力量练习。 （2）障碍跑接力。 3. 展示：前滚翻—后倒—仰卧推起成桥动作展示。	特点进行分组练习并在练习时巡回指导。 2. 集体练习，小组长协助指挥。 3. 教师讲解展示的方法，强调安全和注意事项，组织学生分组进行前滚翻—后倒—仰卧推起成桥动作展示。
4	**运动能力**：复习队形队列，学习肩肘倒立的技术动作，能做出后倒翻滚手压垫，两腿并拢绷脚尖的肩肘倒立动作，学会互相帮助和提醒，发展学生的腰腹力量、肢体协调力等体能。 **健康行为**：做好准备活动，树立规则意识，不断调控好情绪，学会保护和帮助，学会与人相处。 **体育品德**：敢于尝试不同角色，为同学提供力所能及的帮助，敢于挑战自我，做到精益求精。	1. 结构化知识与技能（肩肘倒立技术动作的运用）。 （1）大雁飞翔队伍齐。 （2）大雁找家学本领。 （3）小竹笋生长（伸展）吧。 2. 体能训练： （1）过河接力。 （2）绕"8"字接力。 3. 比赛：肩肘倒立技术动作比赛。	1. 通过创设情境和游戏进行导入，强调和明确技巧运动活动的保护和帮助的要求，避免发生事故，教师根据学生个人特点进行分组练习并在练习时巡回指导。 2. 集体练习，小组长协助指挥。 3. 教师讲解比赛规则和方法，强调安全和注意事项，组织学生分组进行肩肘倒立动作比赛。
5	**运动能力**：复习前滚翻成直腿坐和肩肘倒立动作，熟练做出前滚翻成直腿坐接肩肘倒立接前滚成直立的组合动作，大胆展示，发展柔韧性、协调性等身体素质。	1. 结构化知识与技能： （1）抢垫子。 （2）踏板（垫子）操。 （3）生长（伸展）的小竹笋。 2. 体能训练： （1）撑垫骑车练习。 （2）小蚂蚁运食物。	1. 通过创设情境和游戏进行导入，强调技巧运动学习中容易出现的危险情况，明确练习时需要遵守的保护和帮助的要求，避免发生事故，教师根据学生个人特点进行分组练习并在练习时巡回指导。

（续上表）

课次	教学目标	教学内容	教学组织与方法
	健康行为：做好准备活动，树立规则意识，不断调控好情绪，学会适应环境。 **体育品德**：为同学提供力所能及的帮助，敢于挑战自我，做到精益求精。	3. 展示：前滚翻成直腿坐接肩肘倒立接前滚成直立的组合动作展示。	2. 集体练习，小组长协助指挥。 3. 教师讲解展示的方法，强调安全和注意事项，组织学生分组进行前滚翻成直腿坐接肩肘倒立接前滚成直立的组合动作展示。
6	**运动能力**：学习靠墙倒立动作，熟练做出双手支撑、前后腿蹬摆靠墙倒立的技术动作，结合体操展示前和结束时的礼仪，大胆展示，发展速度、力量、协调性等身体素质。 **健康行为**：做好准备活动，树立规则意识，不断调控好情绪，学会保护和帮助及与他人合作相处。 **体育品德**：敢于尝试不同角色，为同学提供力所能及的帮助，敢于挑战自我，做到精益求精。	1. 结构化知识与技能（靠墙倒立动作技术的运用）。 （1）俯撑剪刀石头布。 （2）前屈慢速爬行。 （3）快快生长（伸展）吧。 2. 体能训练： （1）叫号萝卜蹲。 （2）叫号跑。 3. 展示：靠墙倒立动作展示。	1. 通过创设情境和游戏进行导入，强调和明确学习靠墙倒立需要遵守的保护和帮助的要求，避免发生事故，教师根据学生个人特点进行分组练习并在练习时巡回指导。 2. 集体练习，小组长协助指挥。 3. 教师讲解展示的方法，强调安全和注意事项，组织学生分组进行靠墙倒立动作展示。
7	**运动能力**：了解侧手翻的技术动作特点，能做出靠墙倒立双分腿侧落的技术动作，大胆展示，发展速度、协调性等身体素质。 **健康行为**：做好准备活动，学会保护和帮助，树立安全意识，不断调控	1. 结构化知识与技能： （1）小分队接力横叉比远近。 （2）支撑倒立进阶。 （3）倒立大钟摆。 2. 体能训练： （1）蛙跳接力赛。 （2）绕"8"字接力跑。	1. 通过创设情境和游戏进行导入，明确课堂上需要遵守的保护和帮助的要求，避免发生事故，教师根据学生个人特点进行分组练习并在练习时巡回指导。 2. 集体练习，小组长协助指挥。

（续上表）

课次	教学目标	教学内容	教学组织与方法
	好情绪，保持乐观积极的心态。 **体育品德**：提高自信心，遵守游戏规则，培养不怕困难、勇于挑战的品质。	3．练习：靠墙倒立双分腿侧落动作练习。	3．教师讲解练习的方法，强调安全和注意事项，组织学生分组进行侧手翻技术动作中靠墙倒立双分腿侧落动作的练习。
8	**运动能力**：学习侧手翻的技术动作，逐渐掌握侧手翻时脚蹬地、摆腿，手脚轮流支撑做出倒立及双分腿侧落技术动作，大胆展示，发展力量、速度、柔韧性、协调性等身体素质。 **健康行为**：做好准备活动，树立规则意识，不断调整好情绪，学会与他人相处。 **体育品德**：敢于尝试不同角色，为同学提供力所能及的帮助，敢于挑战自我，做到精益求精。	1．结构化知识与技能： （1）弓步听信号按手印。 （2）按、踩手、脚印。 （3）支撑倒立进阶：翻越不同高度的皮筋。 2．体能训练： （1）两人三足。 （2）手拉手一起走。 3．展示：侧手翻时脚蹬地、摆腿，手脚轮流支撑做出倒立及双分腿侧落技术动作展示。	1．通过创设情境和游戏进行导入，强调侧手翻练习过程中容易出现的危险情况，讲解保护和帮助的要求，避免发生事故，教师根据学生个人特点进行分组练习并在练习时巡回指导。 2．集体练习，小组长协助指挥。 3．教师讲解动作要领和展示方法，强调安全和注意事项，组织学生分组进行侧手翻时脚蹬地、摆腿，手脚轮流支撑做出倒立及双分腿侧落技术动作展示。
9	**运动能力**：复习侧手翻的技术动作并熟练做出侧手翻的动作，大胆展示自我，伸展身体，发展速度、协调力等身体素质。 **健康行为**：做好准备活动，树立规则意识，不断调整好情绪，学会适应环境。	1．结构化知识与技能： （1）叫号集合。 （2）撑起大风车。 （3）风车转起来。 2．体能训练： （1）追逐跑。 （2）后腿跑。 3．展示：侧手翻动作展示。	1．通过创设情境和游戏进行导入，强调侧手翻练习中容易出现的危险情况，明确保护和帮助的要求，避免发生事故，教师根据学生个人特点进行分组练习并在练习时巡回指导。 2．集体练习，小组长协助指挥。

（续上表）

课次	教学目标	教学内容	教学组织与方法
	体育品德：敢于尝试不同角色，为同学提供力所能及的帮助，敢于挑战自我，做到精益求精。		3. 教师讲解展示的练习方法，强调安全和注意事项，组织学生分组进行侧手翻动作展示。
10	**运动能力**：学习侧手翻—直立转体—燕式平衡—挺身跳的组合动作，通过辅助性练习，大部分学生能初步完成整个动作，发展灵敏性、协调性、力量等身体素质。 **健康行为**：做好准备活动，树立规则意识，不断调控好情绪，学会适应环境。 **体育品德**：敢于尝试不同角色，为同学提供力所能及的帮助，敢于挑战自我，做到精益求精。	1. 结构化知识与技能： （1）桃花朵朵开。 （2）建起风力发电站。 （3）探秘行动。 2. 体能训练： （1）核心力量练习。 （2）绕"8"字接力跑。 3. 展示：侧手翻—直立转体—燕式平衡—挺身跳的组合动作展示。	1. 通过情境和游戏进行导入，强调支撑技巧课中容易出现的危险情况，明确课堂上需要遵守的保护和帮助的要求，避免发生事故，教师根据学生个人特点进行分组练习并在练习时巡回指导。 2. 集体练习，小组长协助指挥。 3. 教师讲解展示的方法，强调安全和注意事项，组织学生分组进行侧手翻—直立转体—燕式平衡—挺身跳的组合动作展示。
11	**运动能力**：熟练掌握侧手翻—直立转体—燕式平衡—挺身跳的组合动作，乐于展示，发展核心力量、灵敏性、协调性等身体素质。 **健康行为**：做好准备活动，克服恐惧心理，加强安全意识，养成锻炼习惯。 **体育品德**：自尊自信，勇敢顽强，遵守游戏规则，敢于挑战自我。	1. 结构化知识与技能： （1）按、踩手、脚印。 （2）建起风力发电站。 （3）探秘行动。 2. 体能训练：体能加油站。 3. 比赛：侧手翻—直立转体—燕式平衡—挺身跳的组合动作比赛。	1. 通过创设情境和游戏进行导入，强调课中容易出现的危险情况，明确课堂上需要遵守的保护和帮助的要求，避免发生事故，教师根据学生个人特点进行分组练习并在练习时巡回指导。 2. 集体练习，小组长协助指挥。 3. 教师讲解比赛规则和方法，强调安全和注意事项，组织学生分组进行侧手翻—直立转体—燕式平衡—挺身跳的组合动作比赛。

（续上表）

课次	教学目标	教学内容	教学组织与方法
12	**运动能力：**学习和掌握低单杠：跳上成正撑—前翻下的技术动作，胆大心细，乐于展示，发展上肢协调力、腹部力量、灵敏性、协调性等身体素质。 **健康行为：**认真做好准备活动，单杠下摆放足够的垫子，单杠高度要合适学生高度（不超过1.3米），加强安全意识，养成良好的运动习惯，学会保护和帮助，学会欣赏体操项目比赛。 **体育品德：**培养不畏困难、勇敢尝试、力求超越自我的体育精神，能够互相尊重、鼓励，团结协作。	1. 结构化知识与技能： （1）报数成团。 （2）小钟摆与大钟摆。 （3）冒险大发现。 2. 体能训练： （1）红、白、蓝萝卜蹲。 （2）快速接力跑。 3. 展示：低单杠：跳上成正撑—前翻下动作展示。	1. 通过创设情境和游戏进行导入，强调课中容易出现的危险情况，明确课堂上需要遵守的保护和帮助的要求，避免发生事故，教师根据学生个人特点进行分组练习并在练习时巡回指导。 2. 集体练习，小组长协助指挥。 3. 教师讲解展示的方法，强调安全和注意事项，组织学生分组进行低单杠：跳上成正撑—前翻下动作展示。
13	**运动能力：**了解低单杠：跳上支撑—后摆下的技术特点，能做出低单杠：跳上支撑—后摆下的技术动作，大胆展示，发展灵敏性、力量等身体素质。 **健康行为：**做好准备活动，学会控制身体，树立安全意识，不断调整好情绪，保持乐观积极的心态。 **体育品德：**提高自信心，遵守游戏规则，培养不怕困难、勇于挑战的品质。	1. 结构化知识与技能（低单杠：跳上支撑—后摆下技术动作的运用）。 （1）小分队接力横叉比远近。 （2）晒被单。 （3）保护吹起的被单。 2. 体能训练： （1）手拉手一起走。 （2）绕"8"字接力跑。 3. 展示：低单杠：跳上支撑—后摆下动作展示。	1. 通过创设情境和游戏进行导入，强调课中容易出现的危险情况，明确课堂上需要遵守的保护和帮助的要求，避免发生事故，教师根据学生个人特点进行分组练习并在练习时巡回指导。 2. 集体练习，小组长协助指挥。 3. 教师讲解展示的方法，强调安全和注意事项，组织学生分组进行低单杠：跳上支撑—后摆下动作展示。

（续上表）

课次	教学目标	教学内容	教学组织与方法
14	**运动能力**：能够说出所学步伐的动作名称，了解韵律活动和舞蹈的锻炼价值。 **健康行为**：培养正确的身体姿态，增强方位感，发展节奏感和听音乐的能力。 **体育品德**：培养主动参与、热情表现、友好合作的意识和行为及观察力、记忆力、想象力与创造力。	1. 结构化知识与技能（5~6个韵律操步伐）。 （1）长江黄河。 （2）备战"舞"林大赛。 （3）步伐动作"剪刀石头布"。 2. 体能训练： （1）俄罗斯转体。 （2）动态平板支撑。 3. 练习：韵律活动和舞蹈练习。	1. 通过创设情境和游戏进行导入，强调需要遵守的保护和帮助的要求，避免发生事故，教师根据学生个人特点进行分组练习并在练习时巡回指导。 2. 集体练习，小组长协助指挥。 3. 教师讲解练习内容和方法，强调安全和注意事项，组织学生分组进行韵律活动和舞蹈的练习。
15	**运动能力**：能够说出所学上肢动作的名称，了解韵律活动和舞蹈的锻炼价值。 **健康行为**：培养正确的身体姿态，增强方位感，发展节奏感和听音乐的能力。 **体育品德**：培养主动参与、热情表现、友好合作的意识和行为及观察力、记忆力、想象力与创造力。	1. 结构化知识与技能（3~4个韵律操上肢动作）。 （1）变速拍手操。 （2）备战"舞"林大赛。 （3）上肢动作"剪刀石头布"。 2. 体能训练： （1）手拉手一起走。 （2）俄罗斯转体传物接力赛。 3. 比赛：韵律活动和舞蹈比赛。	1. 通过创设情境和游戏进行导入，明确规则以及保护和帮助的要求，强调安全第一，教师根据学生个人特点进行分组练习并在练习时巡回指导。 2. 集体练习，小组长协助指挥。 3. 教师讲解比赛规则和方法，强调安全和注意事项，组织学生分组进行韵律活动和舞蹈比赛。
16	**运动能力**：基本掌握韵律活动和舞蹈的组合动作，了解韵律活动和舞蹈的锻炼价值。	1. 结构化知识与技能（1~4个八拍的韵律操）。 （1）甲方乙方。 （2）"舞"林争霸赛。 （3）"舞"力大展台。	1. 通过创设情境和游戏进行导入，强调课中容易出现的危险情况，明确课堂上需要遵守的规则以及保护和帮助的要求，避免

（续上表）

课次	教学目标	教学内容	教学组织与方法
	健康行为：培养正确的身体姿态，增强方位感，发展节奏感和听音乐的能力。 **体育品德**：培养主动参与、热情表现、友好合作的意识和行为及观察力、记忆力、想象力与创造力。	2. 体能训练： （1）小组快速接力跑。 （2）绕"8"字接力跑。 3. 展示：韵律操步伐和肢体动作展示。	发生事故，教师根据学生个人特点进行分组练习并在练习时巡回指导。 2. 集体练习，小组长协助指挥。 3. 教师讲解展示的方法，强调安全和注意事项，组织学生分组进行韵律操步伐和肢体动作展示。
17	**运动能力**：熟练掌握韵律活动和舞蹈的组合动作，了解韵律活动和舞蹈的锻炼价值。 **健康行为**：培养正确的身体姿态，增强方位感，发展节奏感和听音乐的能力。 **体育品德**：培养主动参与、热情表现、友好合作的意识和行为及观察力、记忆力、想象力与创造力。	1. 结构化知识与技能（5～8个八拍的韵律操）。 （1）团结就是力量。 （2）"舞"林大赛海选。 2. 体能训练： （1）绕"8"字接力跑。 （2）大渔网。 3. 比赛：队列队形＋韵律操组合动作比赛。	1. 通过创设情境和游戏进行导入，强调课中容易出现的危险情况，明确课堂上需要遵守的保护和帮助的要求，避免发生事故，教师根据学生个人特点进行分组练习并在练习时巡回指导。 2. 集体练习，小组长协助指挥。 3. 教师讲解比赛规则和方法，强调安全和注意事项，组织学生分组进行队列队形＋韵律操组合动作比赛。
18	**运动能力**：知晓规则与裁判法，提高欣赏与评价能力，能做出体操运动组合技术动作，发展灵敏性、协调性、柔韧性、速度等身体素质。 **健康行为**：学会情绪调控，适应环境与氛围，鼓励同学共同进步。	1. 结构化知识与技能： （1）正反口令练习＋叫号跑。 （2）体操竞技大舞台。 2. 体能训练： （1）环保垃圾分类合作跑接力。 （2）分级进阶体能训练。	1. 通过创设情境和游戏进行导入，强调课中容易出现的危险情况，明确课堂上需要遵守的保护和帮助要求，避免发生事故，教师根据学生个人特点进行分组练习并在练习时巡回指导。

（续上表）

课次	教学目标	教学内容	教学组织与方法
	体育品德：公平竞争、团队合作、敢于拼搏、追求卓越，保持正确的胜负观。	3. 考核：体操运动组合技术动作考核。	2. 集体练习，小组长协助指挥。 3. 教师讲解考核的方法，强调安全和注意事项，组织学生分组进行体操运动组合技术动作考核。

二、单元总评

本单元案例以水平三的学生为主要授课对象，该单元有以下特点：

（1）本单元案例以体操专项运动技能发展学生核心素养为教育目标，贯彻"立德树人"的根本任务，秉承"健康第一"的理念，做到知识技能结构化学习。根据小学五、六年级学生的年龄特点和生理特征，通过"学、练、赛"等各种学习方式，帮助学生掌握体操技术动作及组合动作要领，提高学生的各项身体素质。

（2）根据水平三学生身心发展的特点，将体操学练内容与学生的认知经验进行建构，以情境为导向实现教学内容的整合。学生学会通过不同的体操运动游戏方式提升各种体能素质，针对不同能力水平的学生设置不同难度的组合动作，设置合适的运动负荷，每节课安排补偿性体能练习，让学生增强运动的兴趣，促进体质健康和体能的提升。

（3）在教学和游戏过程中，融入礼仪、安全、健康知识、跨学科主题知识等，让学生在练习中可以通过已学的知识解决实际问题，并学会用创新的训练方法提高体能，在体验活动乐趣的同时，培养勇敢、果断、坚毅、不怕困难的意志品质及合作的能力。

（4）掌握体操运动的礼仪、比赛规则与裁判方法，培养学生公平竞争、团队合作、敢于拼搏、追求卓越的精神，能接受比赛的结果，树立正确的胜负观。

第五章　中华传统体育类运动

中华传统体育类运动项目起源于生产活动、典礼祭祀、军事战争等，是经过历代传承、具有浓厚民族文化色彩的活动。在培养学生的中华民族认同感、文化自信等方面具有重要作用，有助于弘扬立身正直、见义勇为、自强不息、厚德载物的尚武精神，促进学生理解和践行中华传统体育文化，增强民族自信心和自豪感。

第一节　水平二武术（长拳）专项大单元

《课程标准（2022 年版）》要求水平二阶段的学生要学习以长拳为基础的武术基本动作和简单组合动作，能够说出所学武术类运动项目的基本动作术语，了解该运动项目的起源与发展、基本礼仪、安全行为守则等基础知识，每学期观看不少于 8 次的武术比赛。武术类项目运动所需场地限制小，对器材要求简单，适合所有学校推广，在进行整体规划大单元教学时有如下建议：

（1）选用有趣、多样、贴近生活的教学内容和方法，提高学生学习的积极性。新课标要求在教学中遵守学生发展规律，寻找适合学生年龄和阶段特征的教学方法，通过游戏、辅助道具、多种形式的比赛等激发学生的学习积极性，增加基本功和基本动作练习的乐趣。

（2）结合运动和生活创设问题情境，引导学生思考和学习。在武术类运动项目的学习中，部分动作具有抽象性，单一描述或动作示范不利于学生的理解，应根据学生生活中的直接经验进行情境创设，培养学生分析问题和解决问题的能力。

（3）凸显传统体育的文化底蕴。武术类运动项目具有浓厚的民族传统文化特色，教学中教师要强调"身、息、心"的整体统一，凸显民族传统体育独特的思维方式，帮助学生理解中华优秀传统体育，增强中华民族认同感和文化自信。

一、教学案例

<table>
<tr>
<td colspan="2" align="center">体育与健康课程武术（长拳）专项运动技能单元教学计划
（水平二）
学校：　　　北京师范大学广州实验学校　　　
年级：　3—4　班级：　××班　任课教师：　王硕　</td>
</tr>
<tr>
<td>学习
目标</td>
<td>运动能力：积极、愉快地上体育与健康课程和参与课外体育活动。
健康行为：获得运动的基本知识和体验，学习基本的身体活动方法和体育游戏，了解安全运动及避险的知识和方法。初步了解个人卫生保健知识与方法；提高学生的柔韧性、灵敏性和平衡能力；发展学生的课外运动能力。
体育品德：努力完成教师布置的任务；体验体育活动对情绪的积极影响，在运动中适应环境变化；乐于帮助、爱护同学。</td>
</tr>
<tr>
<td>主要
教学
内容</td>
<td>基础知识与基本技能：在所学武术类运动项目游戏中学习和体验基本动作和简单组合动作；能说出所学武术类运动项目的基本动作术语，了解该运动项目的起源与发展、基本礼仪、安全行为守则等基础知识。
技战术：在游戏中运用所学武术类运动项目的基本动作和简单组合动作。
体能训练：知道所学武术类运动项目需要的简单学练方法，乐于参与体能游戏。
规则与裁判法：知道所学武术类运动项目游戏的基本规则和要求，能基本判断动作的对错。
展示或比赛：在所学武术类运动项目游戏中敢于展示基本动作和简单组合动作，参与形式多样的展示或比赛。
观赏与评价：知道所学武术类运动项目比赛或表演的观看方式和途径；每学期通过线上、线下观看不少于8次所学武术类运动项目的比赛或表演，如观看班级、校队、全国比赛或表演等。</td>
</tr>
<tr>
<td>教学
重、
难点</td>
<td>学生学习的重、难点：水平二的学生比较好动，需要学会管理好自己，沉浸在课堂当中去学习体育技能，体会动作的细节，并在课后参加学习小组讨论与坚持加练。
教学组织的重、难点：有效维持学生练习的秩序，安全地教授学生知识，把握课堂节奏。
教学方法的重、难点：注重对动作的体会以及动作的连贯，上下肢协调力需要把握得很好，练习的时候多与同学交流心得，课后坚持锻炼，感受课堂所讲的动作细节。</td>
</tr>
</table>

（续上表）

课次	教学目标	教学内容	教学组织与方法
1	**运动能力**：培养学生的运动能力，体验武术基本功。 **健康行为**：体验合作学练的乐趣，培养积极向上的态度。 **体育品德**：培养学生团结拼搏、勇于挑战的品质。	1. 结构化知识与技能：介绍武术课和学习武术基本功。 2. 体能训练：韧带拉伸和踢腿。 3. 展示：踢腿展示。	1. 热身运动、小游戏导入（正反口令）。 2. 讲解与示范（尝试与体验相结合）。 3. 体能训练：韧带拉伸和踢腿。 4. 放松部分：情境放松。
2	**运动能力**：学生学习正踢腿、侧踢腿。 **健康行为**：培养学生参与运动的积极性。 **体育品德**：培养学生正确的比赛观念——友谊第一，比赛第二	1. 结构化知识与技能：学习武术基本功。 2. 体能训练：正踢腿、侧踢腿和韧带拉伸。 3. 展示：踢腿展示。	1. 热身运动、小游戏导入（正反口令）。 2. 讲解与示范（尝试与体验相结合）。 3. 游戏竞赛：听口令行进间高抬腿，看谁最敏捷。
3	**运动能力**：学生做踢腿动作和压腿动作，且运用于实际。 **健康行为**：培养学生乐观向上的态度。 **体育品德**：培养学生合作互助、勇敢自信的品质。	1. 结构化知识与技能：复习踢腿，学习仆步压腿。 2. 体能训练：高抬腿接快速跑30米。 3. 比赛：劈叉比赛。	1. 情境导入：石头剪刀布。 2. 讲解与示范（尝试与体验相结合）。 3. 游戏竞赛：劈叉比赛。
4	**运动能力**：学生初步掌握武术基本动作。 **健康行为**：培养学生积极参与锻炼的习惯，并提高适应环境的能力。 **体育品德**：培养学生顽强拼搏的精神与体验课堂游戏的愉悦感。	1. 结构化知识与技能：复习武术基本功并能基本掌握动作。 2. 体能训练：韧带拉伸和30米快速跑。 3. 比赛：30米快速跑比赛。	1. 热身运动、小游戏导入（石头剪刀布）。 2. 讲解与示范（尝试与体验相结合）。 3. 体能练习：韧带拉伸和30米快速跑。 4. 游戏竞赛：30米快速跑比赛。

（续上表）

课次	教学目标	教学内容	教学组织与方法
5	**运动能力**：学生能够正确地完成弹踢、摆掌动作。 **健康行为**：培养学生积极参与体育活动的态度，遵守课堂规则。 **体育品德**：养成不怕困难的精神和热爱运动的习惯。	1. 结构化知识与技能：强化踢腿动作，学习弹踢、摆掌动作。 2. 体能训练：高抬腿、平板支撑2组。 3. 比赛：50米全速跑比赛。	1. 热身运动、游戏导入（寻找宝藏点）。 2. 情境导入：挑战不可能。 3. 讲解与示范（尝试与体验相结合）。 4. 游戏竞赛：50米全速跑比赛。
6	**运动能力**：掌握武术基本动作，提高学习兴趣。 **健康行为**：培养学生积极参与体育活动的态度，遵守课堂规则。 **体育品德**：培养学生互帮互助、尊重对手的品质。	1. 结构化知识与技能：初步掌握武术基本动作，复习踢腿、摆掌等动作。 2. 体能训练：仰卧起坐、10米小推车2组。 3. 比赛：踢腿与摆掌规范化比赛。	1. 热身运动、小游戏导入。 2. 讲解与示范（尝试与体验相结合）。 3. 体能练习：仰卧起坐、10米小推车2组。 4. 游戏竞赛：踢腿与摆掌规范化比赛。
7	**运动能力**：学生认识武术组合动作。 **健康行为**：培养学生学会欣赏他人，并能做正面评价的能力。 **体育品德**：培养学生积极参与、团队协作的精神。	1. 结构化知识与技能：初步学习武术组合动作（上步搂手—马步击掌—弓步双摆掌）。 2. 体能训练：仰卧起坐、10米小推车2组。 3. 比赛：踢腿与摆掌规范化比赛。	1. 热身运动、小游戏导入（合作运送宝藏）。 2. 讲解与示范（尝试与体验相结合）。 3. 体能练习：仰卧起坐、10米小推车2组。 4. 游戏竞赛：踢腿与摆掌规范化比赛。
8	**运动能力**：学生能在武术组合练习中体验身体变化。 **健康行为**：学生有自觉整理器材的意识和习惯。 **体育品德**：培养学生克服困难，坚持到最后的意志力。	1. 结构化知识与技能：复习武术组合动作（上步搂手—马步击掌—弓步双摆掌）。 2. 体能训练：50米跑2组。 3. 展示：上步搂手—马步击掌—弓步双摆掌展示。	1. 热身运动、小游戏导入（你做我猜）。 2. 讲解与示范（尝试与体验相结合）。 3. 体能练习：50米跑2组。

（续上表）

课次	教学目标	教学内容	教学组织与方法
9	**运动能力**：通过比赛，学生能掌握武术基本动作和组合动作。 **健康行为**：培养学生热爱体育运动，积极参与锻炼的习惯。 **体育品德**：培养学生不怕困难、顽强拼搏的品质。	1. 结构化知识与技能：完整复习武术基本动作和组合动作。 2. 体能训练：平板支撑。 3. 考核：武术基本动作和组合动作。	1. 热身运动、小游戏导入（比比谁最快）。 2. 讲解与示范（尝试与体验相结合）。 3. 考核：依次考核学生的武术基本动作和组合动作。
10	**运动能力**：学生进一步学习武术组合动作。 **健康行为**：在活动中体验学练的乐趣，以及积极向上的态度。 **体育品德**：培养学生求学创新的精神。	1. 结构化知识与技能：通过学习上步搂手—马步击掌—弓步双摆掌—弓步勾手撩掌—弹踢推掌—马步击掌，进一步了解要领。 2. 体能训练：波比跳、高抬腿3组。 3. 展示：集体组合展示。	1. 热身运动、小游戏导入（幼年的小袋鼠）。 2. 讲解与示范（尝试与体验相结合）。 3. 游戏竞赛：集体组合展示。
11	**运动能力**：学生初步掌握武术组合动作的要领。 **健康行为**：培养学生热爱体育运动，积极参与锻炼的习惯。 **体育品德**：培养学生坚持不懈、顽强拼搏的精神。	1. 结构化知识与技能：巩固上步搂手—马步击掌—弓步双摆掌—弓步勾手撩掌—弹踢推掌—马步击掌。 2. 体能训练：波比跳、高抬腿3组。 3. 展示：个人组合动作展示。	1. 热身运动、小游戏导入（看看谁更准）。 2. 讲解与示范（尝试与体验相结合）。 3. 游戏竞赛：个人组合动作展示。

（续上表）

课次	教学目标	教学内容	教学组织与方法
12	**运动能力**：学生基本掌握武术组合动作的要领。 **健康行为**：在活动过程中加强安全意识和提高自我保护的能力。 **体育品德**：培养学生合作互助、勇敢自信的品质。	1. 结构化知识与技能：进一步巩固上步搂手—马步击掌—弓步双摆掌—弓步勾手撩掌—弹踢推掌—马步击掌。 2. 体能训练：跳跃障碍物。 3. 展示：个人组合动作展示。	1. 热身运动、小游戏导入（小袋鼠野外寻宝）。 2. 讲解与示范（尝试与体验相结合）。 3. 游戏竞赛：个人组合动作展示。
13	**运动能力**：学生能熟练掌握武术组合动作的要领。 **健康行为**：培养学生积极参与体育活动的态度，守课堂规则。 **体育品德**：培养学生坚毅、果断以及互帮互助的品质。	1. 结构化知识与技能：强化上步搂手—马步击掌—弓步双摆掌—弓步勾手撩掌—弹踢推掌—马步击掌。 2. 体能训练：30米加速跑3组。 3. 展示：个人组合动作展示。	1. 热身运动、小游戏导入（宝物收藏家）。 2. 讲解与示范（尝试与体验相结合）。 3. 体能练习：30米加速跑3组。 4. 游戏竞赛：个人组合动作展示。
14	**运动能力**：学生进一步熟练掌握武术组合的动作要领，进一步提高学生的武术认知能力。 **健康行为**：通过学练，学生敢于展示自我，增强自信心。 **体育品德**：培养学生克服困难、勇于挑战自我的品质。	1. 结构化知识与技能：进一步强化上步搂手—马步击掌—弓步双摆掌—弓步勾手撩掌—弹踢推掌—马步击掌。 2. 体能训练：平板支撑。 3. 比赛：小组30米接力赛。	1. 热身运动、小游戏导入（宝藏展示大赛）。 2. 讲解与示范（尝试与体验相结合）。 3. 体能练习：平板支撑。 4. 游戏竞赛：小组30米接力赛。

（续上表）

课次	教学目标	教学内容	教学组织与方法
15	**运动能力**：学生初步掌握武术基本功、基本动作、组合动作并知道各部分的动作要领。 **健康行为**：养成保护自己和保护同学的习惯。 **体育品德**：培养热爱学习、合作学练、勇敢自信的品质。	1. 结构化知识与技能：学生完整练习武术基本功、基本动作、组合动作，通过复习巩固加强。 2. 考核：武术基本功、基本动作、组合动作的考核。	1. 热身运动、小游戏导入（数字拥抱）。 2. 情境导入：爱比赛的小袋鼠。 3. 考核：武术基本功、基本动作、组合动作考核（优秀学生展示，其余同学互相点评讨论）。
16	**运动能力**：学生熟练掌握武术基本功、基本动作、组合动作并知道各部分的动作要领、考核方法。 **健康行为**：学生有自觉整理器材的意识和习惯。 **体育品德**：培养学生遵守规则的行为，团结向上的品质。	1. 结构化知识与技能：学生完整练习武术基本功、基本动作、组合动作，通过复习巩固加强。 2. 考核：武术基本功、基本动作、组合动作的考核。	1. 热身运动（髋、肩关节）。 2. 考核：武术基本功、基本动作、组合动作考核（优秀学生展示，其余同学互相点评讨论）。
17	**运动能力**：学生在比赛中熟练掌握所学武术动作。 **健康行为**：在活动过程中加强安全意识和提高自我保护的能力。 **体育品德**：培养学生吃苦耐劳、奋勇向上的品质。	1. 结构化知识与技能：学生继续复习巩固武术基本功、基本动作、组合动作。 2. 比赛：个人三大块内容比赛。	1. 热身运动（髋、肩关节）。 2. 练习：继续复习巩固武术基本功、基本动作、组合动作。 3. 比赛：个人三大块内容比赛。
18	**运动能力**：学生能熟练掌握武术动作要领，在观看时能进行点评。 **健康行为**：通过学练，学生敢于展示自我，增强自信心。 **体育品德**：培养学生勇于挑战自我的品质。	1. 结构化知识与技能：强化武术动作要领，可以对动作要领进行讲解与点评。 2. 考核：武术综合考察与评价。	1. 热身运动（髋、肩关节）。 2. 练习：强化动作要领，可以进行动作要领的讲解与点评。 3. 考核：武术综合考察与评价。

二、单元总评

本单元案例是以水平二的学生为主要授课对象，该单元有以下特点：

（1）根据水平二学生的身心发展规律和特点，运用多种游戏、辅助道具、比赛等形式联系生活实际，在学生的直接经验中提高他们思考问题的能力。

（2）融入健康知识、跨学科知识、运动情境等，让学生在练习中通过已学的知识解决实际问题，培养勇敢、果断、坚毅、不怕困难的意志品质及合作的能力，并学会调整情绪的方法，体验活动的乐趣。

（3）设置符合水平二学生特点和能力水平的运动负荷，让学生在掌握运动技能的基础上加强身体素质，促进身体健康。

第二节　水平三武术（长拳）专项大单元

《课程标准（2022年版）》要求水平三阶段的学生学练长拳的基本功、基本动作、套路，并描述基本要领；了解长拳的相关知识和文化，以及常见的长拳运动损伤处理方法。在长拳单招对拆套路对练练习和比赛中，运用所学动作技术进行长拳一段拆招，思考制胜的时机和力道等因素。在长拳项目中加强体能练习，如通过正踢腿、外摆腿等练习发展协调性和下肢肌肉力量等。参与长拳的个人展示和小组比赛，如长拳一段对打套路展示等；在展示或比赛中运用正确、规范、协调的基本动作技术、组合动作技术和套路，表现出长拳展示或比赛的基本礼仪。了解长拳的比赛规则、常见犯规动作及裁判方法等，如比赛服装要求、比赛场地规格、手型及所学动作完成标准等；能对常见犯规动作进行判罚。武术类项目运动所需场地限制小，对器材要求简单，适合所有学校推广，在进行整体规划大单元教学时有如下建议：

（1）利用视频材料帮助学生理解所学武术类运动项目的知识与技能。播放武术类运动项目攻防演练中攻击过当和防卫过当的视频，让学生对比实战中"收手"与"未收手"可能产生的不同结果，理解"收手"的主要目的是保护自身与同伴的安全，帮助学生建立点到为止的战术思想。

（2）结合运动和生活实践创设问题情境，引导学生思考和学习。在进行某个动作练习时，创设问题情境，可以帮助学生体会练习过程中身体协调与发力、团队配合、运动轨迹的重要性，培养学生分析问题和解决问题的能力。

（3）强调结构化技能的教学，加深学生对完整动作的体验和理解。例如，在武术的教学中，引导学生通过学习动作技术，发现动作技术中的共性，构建动作技术结构体系；引导学生通过气息吐纳出入与动作开合升降的配合练习，体悟呼吸与动作整合的独特运动方式。

（4）采用"打练并进"的教学策略，如引导学生在单势动作技术练习、编排好的2—3个连贯动作技术的攻防演练基础上，进行规定攻防动作技术的半实战练习等，提高学生的对抗能力和加强竞争意识。

一、教学案例

<table>
<tr><td colspan="2" align="center">体育与健康课程武术（长拳）专项运动技能单元教学计划
（水平三）
学校：　　北京师范大学广州实验学校
年级：　5—6　班级：　××班　任课教师：　王硕</td></tr>
<tr><td>学习
目标</td><td>运动能力：积极、愉快地上体育与健康课程和参与课外体育活动。
健康行为：获得运动的基本知识和体验，学习基本的身体活动方法和体育游戏，了解安全运动及避险的知识和方法。初步了解个人卫生保健知识与方法；发展学生柔韧性、灵敏性和平衡能力；发展学生的课外运动能力。
体育品德：努力完成教师布置的任务；体验体育活动对情绪的积极影响，在运动中适应环境变化；乐于帮助、爱护同学。</td></tr>
<tr><td>主要
教学
内容</td><td>基础知识与基本技能：学练长拳的基本功（外摆腿、大跃步前穿、翻身跳）、基本动作（马步格挡、弓步劈掌、提膝勾手）、套路（长拳一段的基本手型、手法、步型、步法、腿法、单练套路和对打套路），并描述基本要领；了解长拳的相关知识和文化，以及常见长拳运动损伤的处理方法。
技战术：在长拳单招对拆套路对练练习和比赛中，运用所学动作技术进行长拳一段拆招，思考制胜的时机和力道等因素。
体能训练：在长拳项目中加强体能练习，如通过正踢腿、外摆腿等练习发展协调性和下肢肌肉力量等。
规则与裁判法：了解长拳的比赛规则、常见犯规动作及裁判方法等，如比赛服装要求、比赛场地规格、手型及所学动作完成标准等；能对常见犯规动作进行判罚。</td></tr>
</table>

（续上表）

<table>
<tr>
<td colspan="4">

展示或比赛：参与长拳的个人展示和小组比赛，如长拳一段对打套路展示等；在展示或比赛中运用正确、规范、协调的基本动作技术、组合动作技术和套路，表现出长拳展示或比赛的基本礼仪。

观赏与评价：学习如何观赏长拳比赛或表演；每学期通过现场、网络等观看不少于8次长拳比赛或表演；了解与长拳有关的重要比赛，并能对这些比赛进行简要评价。

</td>
</tr>
<tr>
<td>

教学
重、
难点

</td>
<td colspan="3">

学生学习的重、难点：学生在水平二的基础上进一步学习和体验武术套路。要求学生规范步型、步法与手型、手法，并合理连接与运用，以腰为媒介带动四肢的发力次序、眼随手动、协调连贯、节奏鲜明的演练技巧，以及相关手法、腿法和组合动作的实用攻防方法。

教学组织的重、难点：在组织引导学生掌握知识技能、锻炼身体的同时，应有意识地提高学生的观察能力、思维能力、记忆能力等素质。

教学方法的重、难点：注重对动作的体会以及动作的连贯，上下肢协调力需要把握得很好，练习的时候多与同学交流心得，课后坚持锻炼，感受课堂所讲的动作细节。

</td>
</tr>
<tr>
<td>课次</td>
<td>教学目标</td>
<td>教学内容</td>
<td>教学组织与方法</td>
</tr>
<tr>
<td>1</td>
<td>

运动能力：培养学生的运动能力，体验武术基本功。

健康行为：体验合作学练的乐趣，培养积极向上的态度。

体育品德：培养学生团结拼搏、勇于挑战的品质。

</td>
<td>

1. 结构化知识与技能：复习武术基本功和基本技能。

2. 体能训练：韧带拉伸和踢腿。

</td>
<td>

1. 情境导入：观看武术视频。

2. 讲解与示范（尝试与体验相结合）。

3. 体能练习：韧带拉伸和踢腿。

</td>
</tr>
<tr>
<td>2</td>
<td>

运动能力：学生学习正踢腿、侧踢腿。

健康行为：培养学生参与运动的积极性。

体育品德：培养学生正确的比赛观念——友谊第一，比赛第二

</td>
<td>

1. 结构化知识与技能：复习正压腿、侧压腿、压肩、抱拳礼、抱拳、冲拳、推掌、弹踢、摆掌、撩掌、穿掌。

2. 体能训练：正踢腿、侧踢腿和韧带拉伸。

3. 展示：小组踢腿展示。

</td>
<td>

1. 热身运行、小游戏导入（比比谁最快）。

2. 讲解与示范（尝试与体验相结合）。

3. 游戏竞赛：小组踢腿展示。

</td>
</tr>
</table>

（续上表）

课次	教学目标	教学内容	教学组织与方法
3	**运动能力**：锻炼学生踢腿动作和压腿动作，并运用于实际。 **健康行为**：培养乐观向上的态度。 **体育品德**：培养学生合作互助、勇敢自信的品质。	1. 结构化知识与技能：学习少年拳第一套第1至2式（震脚架打—蹬踢架打）。 2. 体能练习：仰卧起坐、10米小推车2组。 3. 展示：劈叉展示。	1. 热身运动、小游戏导入（合作运送宝藏）。 2. 讲解与示范（尝试与体验相结合）。 3. 体能练习：仰卧起坐、10米小推车2组。 4. 游戏竞赛：劈叉展示。
4	**运动能力**：学生初步掌握武术基本动作。 **健康行为**：培养学生积极参与锻炼的习惯，提升适应环境的能力。 **体育品德**：培养学生顽强拼搏的精神与体验课堂游戏的愉悦。	1. 结构化知识与技能：复习少年拳第一套第1至2式（震脚架打—蹬踢架打）。 2. 体能训练：韧带拉伸和40米快速跑。 3. 比赛：40米快速跑比赛。	1. 热身运动、小游戏导入（石头剪刀布）。 2. 讲解与示范（尝试与体验相结合）。 3. 体能练习：韧带拉伸和40米快速跑。 4. 游戏竞赛：40米快速跑比赛。
5	**运动能力**：学生能够正确地完成弹踢、摆掌动作。 **健康行为**：培养学生积极参与体育活动的态度，遵守课堂规则。 **体育品德**：养成不怕困难的精神，热爱运动。	1. 结构化知识与技能：学习少年拳第一套第3至4式（垫步弹踢—马步横打）。 2. 体能训练：高抬腿、平板支撑3组。 3. 比赛：小组30米全速跑比赛。	1. 热身运动、小游戏导入（寻找宝藏点）。 2. 讲解与示范（尝试与体验相结合）。 3. 体能练习：高抬腿、平板支撑3组。 4. 游戏竞赛：小组30米全速跑比赛。
6	**运动能力**：掌握武术基本动作，提高学生学习的兴趣。 **健康行为**：培养学生积极参与体育活动的态度，遵守课堂规则。 **体育品德**：培养学生互帮互助、尊重对手的品质。	1. 结构化知识与技能：复习少年拳第一套第3至4式（垫步弹踢—马步横打）。 2. 体能训练：仰卧起坐、10米小推车2组。 3. 比赛：踢腿与摆掌规范化比赛。	1. 情境导入：石头剪刀布。 2. 讲解与示范（尝试与体验相结合）。 3. 游戏竞赛：踢腿与摆掌规范化比赛。

（续上表）

课次	教学目标	教学内容	教学组织与方法
7	**运动能力**：学生认识武术组合动作。 **健康行为**：培养学生学会欣赏他人，并能做出正面评价的能力。 **体育品德**：积极参与团队协作。	1. 结构化知识与技能：复习少年拳第一套第1至4式（震脚架打—蹬踢架打—垫步弹踢—马步横打。 2. 体能训练：仰卧起坐、10米小推车2组。 3. 比赛：少年拳第一套展示比赛。	1. 热身运动、小游戏导入（合作运送宝藏）。 2. 讲解与示范（尝试与体验相结合）。 3. 体能练习：仰卧起坐、10米小推车2组。 4. 游戏竞赛：少年拳第一套展示比赛。
8	**运动能力**：学生能在武术组合练习中体验身体变化。 **健康行为**：学生有自觉整理器材的意识和习惯。 **体育品德**：培养学生克服困难、坚持到最后的意志力。	1. 结构化知识与技能：学习少年拳第一套第5至6式（弓步撩掌—虚步架打）。 2. 体能训练：50米跑2组。 3. 展示：小组上步搂手—马步击掌—弓步双摆掌展示。	1. 热身运动、小游戏导入（你做我猜）。 2. 讲解与示范（尝试与体验相结合）。 3. 体能练习：50米跑2组。 4. 游戏竞赛：小组上步搂手—马步击掌—弓步双摆掌展示。
9	**运动能力**：通过比赛，学生能掌握武术基本动作和组合动作。 **健康行为**：培养学生热爱体育运动，积极参与锻炼的习惯。 **体育品德**：培养学生不怕困难、顽强拼搏的品质。	1. 结构化知识与技能：复习少年拳第一套第5至6式（弓步撩掌—虚步架打）。 2. 体能训练：平板支撑。 3. 考核：武术基本功和基本组合动作考核。	1. 热身运动、小游戏导入（正反口令）。 2. 讲解与示范（尝试与体验相结合）。 3. 游戏竞赛：武术基本功和基本组合动作考核。
10	**运动能力**：学生进一步学习武术组合动作。 **健康行为**：在活动中体验学练的乐趣，培养积极向上的态度。	1. 结构化知识与技能：复习少年拳第一套第1至6式（震脚架打—蹬踢架打—垫步弹踢—马步横打—弓步撩掌—虚步架打）。	1. 热身运动、小游戏导入（幼年的小袋鼠）。 2. 讲解与示范（尝试与体验相结合）。 3. 游戏竞赛：集体组合展示。

（续上表）

课次	教学目标	教学内容	教学组织与方法
	体育品德：培养学生求学创新的精神。	2．体能训练：波比跳、高抬腿3组。 3．展示：集体组合展示。	
11	**运动能力**：学生初步掌握武术组合动作的要领。 **健康行为**：培养学生热爱体育运动，积极参与锻炼的习惯。 **体育品德**：培养学生坚持不懈、顽强拼搏的精神。	1．结构化知识与技能：复习少年拳第一套第1至6式（震脚架打—蹬踢架打—垫步弹踢—马步横打—弓步撩掌—虚步架打）。 2．体能训练：波比跳，高抬腿3组。 3．展示：个人组合动作展示。	1．热身运动、小游戏导入（看看谁更准）。 2．讲解与示范（尝试与体验相结合）。 3．游戏竞赛：个人组合动作展示。
12	**运动能力**：学生基本掌握武术组合动作的要领。 **健康行为**：在活动过程中树立安全意识和提高自我保护的能力。 **体育品德**：培养学生合作互助、勇敢自信的品质。	1．结构化知识与技能：学习少年拳第一套第7至8式（跳步推掌—撩拳收抱）。 2．体能训练：跳跃障碍物。 3．观看武术比赛。	1．热身运动、小游戏导入（小袋鼠野外寻宝）。 2．讲解与示范（尝试与体验相结合）。 3．课后现场或直播观看武术比赛。
13	**运动能力**：学生能熟练掌握武术组合动作的要领。 **健康行为**：培养学生积极参与体育活动以及遵守规则的态度和行为。 **体育品德**：培养学生坚毅、果断以及互帮互助的品质。	1．结构化知识与技能：复习少年拳第一套第7至8式（跳步推掌—撩拳收抱）。 2．体能训练：30米加速跑3组。 3．展示：个人组合动作展示。	1．热身运动、小游戏导入（宝物收藏家）。 2．讲解与示范（尝试与体验相结合）。 3．体能练习：30米加速跑3组。 4．游戏竞赛：个人组合动作展示。

（续上表）

课次	教学目标	教学内容	教学组织与方法
14	**运动能力**：学生进一步熟练掌握武术组合动作要领，进一步提高学生的武术认知能力。 **健康行为**：通过学练，学生敢于展示自我，增强自信心。 **体育品德**：培养学生克服困难、勇于挑战自我的品质。	1. 结构化知识与技能：复习少年拳第一套第1至8式（震脚架打—蹬踢架打—垫步弹踢—马步横打—弓步撩掌—虚步架打—跳步推掌—撩拳收抱）。 2. 体能训练：平板支撑。 3. 比赛：小组30米接力赛。	1. 热身运动、小游戏导入（宝藏展示大赛）。 2. 讲解与示范（尝试与体验相结合）。 3. 游戏竞赛：小组30米接力赛。
15	**运动能力**：学生初步掌握武术基本功、基本动作、组合动作并知道各部分的动作要领。 **健康行为**：养成保护自己和保护同学的习惯。 **体育品德**：培养学生热爱学习、合作学练、勇敢自信的品质。	1. 结构化知识与技能：复习少年拳第一套第1至8式（震脚架打—蹬踢架打—垫步弹踢—马步横打—弓步撩掌—虚步架打—跳步推掌—撩拳收抱）。 2. 考核：武术基本功、基本动作、组合动作的考核。	1. 热身运动、小游戏。 2. 练习：自由复习考核内容。 3. 考核：武术基本功、基本动作、组合动作考核（优秀学生展示，其余同学互相点评讨论）。
16	**运动能力**：学生熟练掌握武术基本功、基本动作、组合动作并知道各部分的动作要领、考核方法。 **健康行为**：学生有自觉整理器材的意识和习惯。 **体育品德**：培养学生遵守规则的行为，团结向上的品质。	1. 结构化知识与技能：学生完整练习武术基本功、基本动作、组合动作，通过复习巩固加强。 2. 考核：武术基本功、基本动作、组合动作的考核。	1. 热身运动（髋、肩关节）。 2. 练习：武术基本功、基本动作、组合动作。 3. 考核：武术基本功、基本动作、组合动作考核（优秀学生展示，其余同学互相点评讨论）。

（续上表）

课次	教学目标	教学内容	教学组织与方法
17	**运动能力**：学生在比赛中熟练掌握所学武术动作。 **健康行为**：在活动过程中加强安全意识和提高自我保护的能力。 **体育品德**：培养学生吃苦耐劳、奋勇向上的品质。	1. 结构化知识与技能：学生继续复习巩固武术基本功、基本动作、组合动作。 2. 展示：复习长拳学习内容并展示。	1. 热身运动（髋、肩关节）。 2. 练习：继续复习巩固武术基本功、基本动作、组合动作。 3. 游戏竞赛：长拳学习内容展示。
18	**运动能力**：学生能熟练掌握武术动作要领，在观看时能进行点评。 **健康行为**：通过学练，学生敢于展示自我，增强自信心。 **体育品德**：培养学生勇于挑战自我的品质。	1. 结构化知识与技能：强化武术动作要领，可以对动作要领进行讲解与点评。 2. 考核：武术综合考察与评价。	1. 热身运动（髋、肩关节）。 2. 练习：强化武术动作要领，可以进行动作要领的讲解与点评。 3. 考核：武术综合考察与评价。

二、单元总评

本单元案例是以水平三的学生为主要授课对象，该单元有以下特点：

（1）教师在巡回指导时对学生的动作给予具体的指导和评价。这样不仅明显地提高了知识、技能教学效果，而且锻炼和发展了学生的观察能力，培养他们的兴趣。

（2）要结合具体教材的教学培养学生的爱国主义情感。如教撩拳收抱时，教师应先以准确、熟练、快速、有力、节奏鲜明、形神俱佳的示范和必要的语言提示，使学生感受到这组动作的劲力美、造型美、协调美、节奏美，激发学生对练习的喜爱。在讲解和指导学生练习的过程中，要用形象、生动的语言提高学生对武术的认识，从而激发其对武术和祖国人民勤劳、智慧的敬佩感情，激发民族自尊心、自豪感。

（3）在教学中要讲清楚动作的攻防含义，培养攻防意识。在保证安全的情况下，可组织学生尝试击打海绵包等轻软物品，体验用力过程，或者两人一组慢速演示和体会动作的实际用法，结合好步型与攻防手法是学好本套拳术的主要环节之一。这两者是完整动作过程的两个阶段，马步横打中成马步的扣脚、扣膝、转髋、拧腰、转肩是横打动作的几个技术环节，它们为最后环节——挥臂横击积蓄力量、创设良好的发力条件，也使右拳产生"预先速度"。

第六章　水上或冰雪类运动

《课程标准（2022 年版）》指出：水上或冰雪类运动是人们在水环境或冰雪环境中开展的体育活动。不同于旱地运动，水上或冰雪类运动具有独特的环境特征。其中，水上运动项目能提高学生快速适应水环境的能力，显著提升学生的心肺耐力、肌肉力量和肌肉耐力，展现出的自救能力，是可以享用一生的健身手段①。根据新课标要求，蛙泳是水平二、水平三水上运动的主要内容，创设丰富多彩、生动有趣的教学情境，安排多种形式的"学、练、赛"，可促进学生积累丰富的运动体验，促进运动能力的发展。落实"教会、勤练、常赛"要求，注重"学、练、赛"一体化教学，让学生学习和掌握蛙泳结构化的专项运动技能和知识，懂得健康知识，调节情绪，激发学生参与蛙泳运动的兴趣，养成良好的运动习惯。

第一节　水平二蛙泳专项大单元

《课程标准（2022 年版）》提出："体育与健康课程围绕核心素养，体现课程性质，反映课程理念，确立课程目标。"基于此，围绕核心素养十个维度进行蛙泳大单元设计，水平二蛙泳单元目标如下：①运动能力：形成对蛙泳运动的兴趣和爱好，能做出蛙泳的基本动作和简单组合动作，参与简化规则、降低要求的游戏和比赛；能说出蛙泳的相关动作术语，了解蛙泳运动的起源与发展、健身价值、安全行为与守则等基础知识；知道蛙泳游戏的基本规则和要求，能指出违反规则的行为，并尝试进行判罚；每学期观看不少于 8 次游泳比赛；体能有所提高，能在教师的指导下参与体能练习。②健康行为：乐于参与蛙泳运动，能做到每周运用蛙泳运动技能进行 3 次（每次至少 0.5 小时）课外

---

① 中华人民共和国教育部. 义务教育体育与健康课程标准（2022 年版）[S]. 北京：北京师范大学出版社，2022.

体育锻炼；能说出蛙泳的行为准则，与同伴一起安全地进行游戏；表现出稳定的情绪，能与同伴交流、协作完成各种活动；适应水环境，按照水上运动的注意事项安全地参与运动。③体育品德：在蛙泳运动过程中，不怕呛水，表现出勇于尝试、不怕失败、果断顽强的意志品质；按照游泳的规则和要求参与活动；在活动中表现出文明礼貌、乐于助人的行为。在进行整体规划大单元教学时有如下建议：

（1）创设水上运动的多种活动情境，如水上乐园、水上要塞等，根据学生身心发展的特点，以及蛙泳项目的运动特点，激发学生到水上开展体育运动的兴趣，增强适应水环境的能力。

（2）初学阶段可指导学生利用辅助器材（如浮板等）学习蛙泳运动的动作技巧，让其与同伴一起锻炼，展现运动能力和合作意识，直到学生能够更熟练地进行自主锻炼。

（3）遵循先旱地后水中、先原地后移动的教学顺序，指导学生进行多种形式的蛙泳动作练习，如岸上蛙泳腿的收、翻、蹬、夹模仿动作练习，再进行水中蛙泳腿练习，帮助学生提高对水的感受，克服怕呛水的心理。

（4）在蛙泳教学中，每节课都要有针对性地安排学生进行组合体能练习，重点提高学生的协调性和平衡能力等。

（5）由于水上运动环境较为特殊，第一次课应进行安全教育，展现出安全运动的意识和行为，如：在水中不打闹、不推搡；未经允许不能进入深水区；出现呛水时不要慌张；踩水吸气或仰卧水中，调整好呼吸后慢慢游进等。[①]

①　中华人民共和国教育部. 义务教育体育与健康课程标准（2022 年版）［S］. 北京：北京师范大学出版社，2022.

一、教学案例

<table>
<tr>
<td colspan="2" align="center">
体育与健康课程蛙泳专项运动技能单元教学计划
（水平二）
学校：　　　　广州市黄埔区玉泉学校
年级：　3—4　班级：　××班　任课教师：　张慧、刘子丰、黄春花
</td>
</tr>
<tr>
<td>学习
目标</td>
<td>
运动能力：形成对蛙泳运动的兴趣和爱好，能做出蛙泳的基本动作和简单组合动作，参与简化规则、降低要求的游戏和比赛；能说出蛙泳的相关动作术语，了解蛙泳运动的起源与发展、健身价值、安全行为与守则等基础知识；知道蛙泳游戏的基本规则和要求，能指出违反规则的行为，并尝试进行判罚；每学期观看不少于 8 次游泳比赛；体能有所提高，能在教师的指导下参与体能练习。
健康行为：乐于参与蛙泳运动，能做到每周运用蛙泳运动技能进行 3 次（每次至少 0.5 小时）课外体育锻炼；能说出蛙泳的行为准则，与同伴一起安全地进行游戏；表现出稳定的情绪，能与同伴交流、协作完成各种活动；适应水环境，按照水上运动的注意事项安全地参与运动。
体育品德：在蛙泳运动过程中，不怕呛水，表现出勇于尝试、不怕失败、果断顽强的意志品质；按照游泳的规则和要求参与活动；在活动中表现出文明礼貌、乐于助人的行为。
</td>
</tr>
<tr>
<td>主要
教学
内容</td>
<td>
基础知识与基本技能：在蛙泳游戏中学习和体验水中行走、呼吸、展体浮体、蹬壁滑行，以及蛙泳腿的收、翻、蹬、夹等基本动作和简单组合动作。
技战术：在水上运动游戏中运用蛙泳的基本动作和简单组合动作，如在水中追逐游戏中听口令快速移动、快速站立等。
体能训练：通过蛙跳、仰卧起坐、背拉向上练习发展下肢和腰腹背肌肉力量，通过蹬壁滑行练习发展平衡能力等。
规则与裁判法：蛙泳游戏的基本规则和要求，能指出违反规则的行为，并尝试进行判罚。
展示或比赛：在水上运动游戏中展示所学的蛙泳运动技能，并参与小型水中竞速赛和漂浮赛，如蹬壁滑行比赛、展体浮体比赛和班级游进 30 米比赛等。
观赏与评价：每学期通过现场、网络等观看不少于 8 次蛙泳比赛。
</td>
</tr>
</table>

（续上表）

教学重、难点	学生学习的重、难点：做出蛙泳的基本动作和简单组合动作，并运用于简化规则、降低要求的游戏中，乐于参与蛙泳运动，情绪稳定，不怕呛水，勇敢顽强。 教学内容的重、难点：创设水上乐园、水上堡垒等多种活动情境，激发学生到水上进行体育活动的兴趣，增强学生适应水环境的能力。 教学组织的重、难点：队形的调动与衔接，集体学练与分组学练结合，学练中多组织班级内和组间的动作展示和比赛，提高学生兴趣。展现出安全运动的意识和行为，不打闹、不推搡，未经允许不到深水区，出现呛水时不慌张，踩水吸气或仰卧水中，调整好呼吸后慢慢游进。 教学方法的重、难点：教师讲解、示范，通过信息化视频展示，合理运用合作学习和探究学习的方式，利用辅助器材学练蛙泳的动作技术，如浮板等，遵循先旱地后水中的教学顺序，帮助学生克服呛水的心理影响，培养合作意识。

课次	教学目标	教学内容	教学组织与方法
1	运动能力：了解游泳运动中的基础知识、安全教育知识；通过戏水活动激发学生对游泳的兴趣；熟悉水性；发展学生的位移速度、爆发力和柔韧性等体能。 健康行为：初步明确游泳时的正确行为；了解蛙泳运动对生长发育和身心健康的益处；保持积极向上的态度；初步适应水环境。 体育品德：展现出积极进取的精神；克服怕水的恐惧心理。	1. 结构化知识与技能： （1）游泳安全教育。 （2）池边戏水。 （3）水中扶池边或浮力线行走。 2. 体能训练： （1）高抬腿。 （2）后踢腿跑。 （3）双脚纵跳。 （4）坐位体前屈。 3. 比赛："水花四溅"比赛。	1. 教师通过讲解和示范，强调游泳课中容易出现的危险行为，明确课堂上需要遵守的要求，避免发生事故；让学生多观察和讨论戏水和水中行走的过程，引导学生发挥天性；根据学生个人特点进行分组练习并在练习时巡回指导。 2. 集体练习，小组长协助指挥。 3. 教师讲解比赛规则和方法，强调安全和注意事项，组织学生分组进行"水花四溅"比赛。

（续上表）

课次	教学目标	教学内容	教学组织与方法
2	**运动能力**：尝试在水中进行多方向的移动，体会水对身体的控制力，提高水中行走能力；激发对游泳的兴趣，熟悉水性；发展肌肉力量、爆发力、灵敏性等体能。 **健康行为**：了解游泳锻炼的重要性；进一步熟悉游泳的安全知识；进一步适应水环境。 **体育品德**：展现出积极进取的体育精神；进一步克服对水的恐惧心理；做到公平竞争、尊重对手。	1. 结构化知识与技能： （1）池边戏水。 （2）水中扶池边或浮力线行走。 （3）水中多方向移动。 （4）水中泼水游戏。 2. 体能训练： （1）手扶池边高抬腿。 （2）仰卧起坐。 （3）深蹲。 （4）弓步跳。 3. 比赛：水中行走比赛。	1. 教师讲解、示范动作要领，学生分组练习，教师巡回指导。 2. 集体练习，小组长协助指挥。 3. 教师讲解比赛规则和方法，强调安全和注意事项，组织学生分组进行水中行走比赛。
3	**运动能力**：初步掌握水中吹气、憋气的动作要领和练习方法；能够做到连续吹气、憋气；尝试将呼吸与漂浮结合，熟悉水性；发展学生的心肺耐力、肌肉力量等体能。 **健康行为**：养成良好的游泳锻炼意识；强化水中安全意识；提高适应水环境的能力。 **体育品德**：展现出勇敢顽强的体育精神；消除对水的恐惧心理；做到公平竞争、尊重对手；文明礼貌、乐于助人。	1. 结构化知识与技能： （1）池边吹泡泡。 （2）水中连续换气吹泡泡。 （3）水中憋气。 （4）浮冬瓜。 2. 体能训练： （1）水中连续吹泡泡。 （2）水中憋气20秒。 （3）岸上蹲起。 （4）岸上弓步蹲。 3. 比赛："水中打地鼠"比赛。	1. 教师讲解、示范动作要领，学生分组练习，教师巡回指导。 2. 集体练习，小组长协助指挥。 3. 教师讲解比赛规则和方法，强调安全和注意事项，组织学生分组进行"水中打地鼠"比赛。

(续上表)

课次	教学目标	教学内容	教学组织与方法
4	**运动能力**：初步掌握水中漂浮的动作要领和练习方法；能够做到在同伴的帮助下进行水中漂浮，提高在水中控制身体的平衡能力，进一步激发学生对游泳的兴趣，熟悉水性；发展学生的肌肉力量、协调性等体能。 **健康行为**：展现出游泳锻炼的意识和习惯；树立良好的安全意识；消除对水的恐惧心理；逐渐适应水环境。 **体育品德**：展现出不怕困难的精神；培养成诚实自律、自尊自信、文明礼貌的品格。	1. 结构化知识与技能： （1）手扶池边背漂漂浮。 （2）原地一扶一漂练习。 （3）手持浮板前扑漂浮＋站立。 2. 体能训练： （1）水中高抬腿。 （2）水中纵跳。 （3）岸上仰卧起坐。 （4）岸上卷腹。 3. 比赛："水中寻宝"比赛。	1. 教师讲解、示范动作要领，学生分组练习，教师巡回指导。 2. 集体练习，小组长协助指挥。 3. 教师讲解比赛规则和方法，强调安全和注意事项，组织学生分组进行"水中寻宝"比赛。
5	**运动能力**：初步掌握漂浮与换气相结合的动作要领；初步体会在水中蹬腿前行的动作，熟悉水性；发展学生的肌肉力量、心肺耐力等体能。 **健康行为**：进一步加强游泳锻炼的意识和习惯；关注自己情绪的变化，积极与同伴沟通与交流；适应水环境。 **体育品德**：展现出不怕困难的体育精神；在活动中表现出文明礼貌、乐于助人的行为。	1. 结构化知识与技能： （1）手扶池边背漂连续换气漂浮。 （2）移动一扶一漂＋换气。 （3）在水中进行各种蹬腿游戏。 2. 体能训练： （1）水中憋气猜拳。 （2）水中漂浮蹬腿。 （3）岸上深蹲。 （4）岸上提踵。 3. 比赛：水上乐园——漂浮蹬腿接力赛。	1. 教师讲解、示范动作要领，学生分组练习，教师巡回指导。 2. 集体练习，小组长协助指挥。 3. 教师讲解比赛规则和方法，强调安全和注意事项，组织学生分组进行水上乐园——漂浮蹬腿接力赛。

（续上表）

课次	教学目标	教学内容	教学组织与方法
6	**运动能力**：掌握手扶池边憋气展体＋站立的动作要领；初步尝试浮板蹬壁滑行动作以及滑行后模仿青蛙蹬腿的动作，体会身体在水中流线型的姿势；发展学生的肌肉力量、心肺耐力、协调性和平衡能力等体能。 **健康行为**：积极参加游泳锻炼；树立良好的游泳安全意识；与同伴积极交流；熟悉水环境。 **体育品德**：展现克服困难、团结协助的精神；按照规则参与体育活动。	1. 结构化知识与技能： （1）手扶池边憋气展体＋站立。 （2）水中展体＋站立。 （3）浮板蹬壁滑行。 （4）浮板蹬壁滑行＋青蛙蹬腿模仿。 2. 体能训练： （1）俯卧撑。 （2）深蹲。 （3）仰卧起坐。 （4）俯身背起。 3. 比赛：潜水寻宝比赛（憋气比赛）。	1. 教师对手扶池边憋气展体＋站立和水中展体＋站立动作进行讲解和示范，在示范的过程中让学生一边观察一边思考，并给予时间让学生讨论。教师再结合浮板蹬壁滑行进行蛙泳腿动作的展示，并组织学生尝试进行练习；教师根据学生的个人特点进行分组练习并在练习时巡回指导。 2. 集体练习，小组长协助指挥。 3. 教师讲解比赛规则和方法，强调安全和注意事项，并组织学生分组进行潜水寻宝比赛（憋气比赛）。
7	**运动能力**：初步学习岸上蛙泳腿的动作要领；初步完成蹬壁滑行＋一次蛙泳腿的组合练习，提高水中滑行的效果，进一步感受水中流线型的身体姿势；发展学生的心肺耐力、肌肉力量、协调性和平衡能力等体能。 **健康行为**：积极参与游泳体育锻炼；树立良好的游泳安全意识；关注自己的情绪；积极与同伴交流。	1. 结构化知识与技能： （1）岸上蛙泳腿学习。 （2）池边收、翻、蹬、夹腿（半身俯卧）。 （3）尝试浮板蹬壁滑行＋一次蛙泳腿。 （4）蹬壁滑行＋一次蛙泳腿。 2. 体能训练： （1）俯卧登山。 （2）深蹲。 （3）箭步蹲。 （4）高抬腿。	1. 教师对蛙泳腿动作进行讲解和示范，在示范的过程中让学生一边观察一边思考，并给予时间让学生讨论。教师在岸边进行蛙泳腿动作的展示，并组织学生进行尝试；教师结合浮板蹬壁滑行进行蛙泳腿动作的展示，鼓励学生模拟完成；教师根据学生的个人特点进行分组练习并在练习时进行巡回指导。 2. 集体练习，小组长协助指挥。

（续上表）

课次	教学目标	教学内容	教学组织与方法
	体育品德：展现出克服困难、挑战自我的精神；按照规则参与体育活动；在体育活动中表现出文明礼貌、乐于助人的行为。	3. 比赛：水上乐园——火箭发射比赛（蹬壁滑行比赛）。	3. 教师讲解比赛规则和方法，强调安全和注意事项，并组织学生分组进行水上乐园——火箭发射比赛（蹬壁滑行比赛）。
8	**运动能力**：进一步学习岸上蛙泳腿的动作要领和练习方法；能够在同伴的帮助下，正确完成蹬蛙泳腿收、翻、蹬、夹的动作；进一步掌握浮板蹬壁滑行＋连续蛙泳腿的组合动作；发展学生的心肺耐力、肌肉力量、平衡能力等体能。 **健康行为**：主动参与游泳锻炼；能按照水上运动的注意事项安全地参与运动；做到情绪稳定。 **体育品德**：展现出勇往直前、积极进取的精神；按照规则和要求参与体育活动。	1. 结构化知识与技能： （1）复习岸上蛙泳腿。 （2）池边复习收、翻、蹬、夹腿（半身俯卧）（两人一组互助）。 （3）浮板蹬壁滑行＋连续蛙泳腿。 2. 体能训练： （1）平板支撑。 （2）俯撑摸肩。 （3）俯卧登山。 （4）蛙跳。 3. 比赛：浮板蛙泳腿蹬腿接力赛。	1. 教师通过讲解引导学生思考蛙泳腿动作的技术要领，并示范动作，在示范的过程中，邀请若干学生对动作要领进行回答，组织其他同学一边观察一边思考，让学生自由讨论。教师根据学生的个人特点进行分组练习并在练习时进行巡回指导。 2. 集体练习，小组长协助指挥。 3. 教师讲解比赛规则和方法，强调安全和注意事项，并组织学生分组进行浮板蛙泳腿蹬腿接力赛。
9	**运动能力**：熟练掌握岸上蛙泳腿的动作要领和练习方法；能够在水中完成蛙泳腿＋换气的配合动作；熟练掌握蹬壁滑行＋连续蛙泳腿的组合练习；发展学生的心肺耐力、肌肉力量、协调性和平衡能力等体能。	1. 结构化知识与技能： （1）复习岸上蛙泳腿。 （2）浮板连续蛙泳腿＋换气。 （3）蹬壁滑行＋连续蛙泳腿。 2. 体能训练： （1）平板支撑。 （2）仰卧起坐。	1. 教师邀请若干学生对岸上蛙泳腿的动作要领进行展示和讲解，并组织其他同学一边观察一边思考；教师对蛙泳腿动作与呼吸的配合进行讲解和示范，在示范的过程中让学生一边观察一边思考，并引导学生在蹬壁滑行蹬蛙

（续上表）

课次	教学目标	教学内容	教学组织与方法
	健康行为：积极主动参与游泳锻炼；将游泳安全意识运用于体育活动中；关注自己的情绪变化。 **体育品德**：展现勇于克服困难的精神；在体育活动中表现出文明礼貌、乐于助人的行为。	（3）俯卧背起。 （4）俄罗斯转体。 3．比赛：蛙泳腿运送物资比赛。	泳腿的过程中，尝试进行蛙泳腿＋换气的组合练习。教师根据学生的个人特点进行分组练习并在练习时进行巡回指导。 2．集体练习，小组长协助指挥。 3．教师讲解比赛规则和方法，强调安全和注意事项，并组织学生分组进行蛙泳腿运送物资比赛。
10	**运动能力**：熟练掌握水中蛙泳腿的动作要领和练习方法；进一步掌握蛙泳腿与呼吸的配合动作；能够做出连续蛙泳腿＋换气的配合动作；发展学生的心肺耐力、肌肉力量、协调性和平衡能力等体能。 **健康行为**：主动参与游泳锻炼；能按照水上运动的注意事项安全地参与运动；与同伴一起安全地进行游戏或比赛。 **体育品德**：展现出勇敢顽强的精神；按照规则和要求参与体育活动。	1．结构化知识与技能： （1）浮板背漂连续蛙泳腿＋换气。 （2）浮板连续蛙泳腿＋换气。 （3）连续蛙泳腿＋换气。 2．体能训练： （1）高抬腿。 （2）抱膝跳。 （3）深蹲。 （4）俯卧撑。 3．比赛：15米浮板连续蛙泳腿比赛。	1．教师邀请若干学生对蛙泳腿与呼吸的配合动作要领进行展示和讲解，并组织其他同学一边观察一边思考；教师对蛙泳腿与呼吸的配合动作进行讲解和示范，加深学生的动作记忆；鼓励学生在浮板背漂的帮助下，尝试完成连续蛙泳腿＋换气的动作。教师根据学生的个人特点进行分组练习并在练习时进行巡回指导。 2．集体练习，小组长协助指挥。 3．教师讲解比赛规则和方法，强调安全和注意事项，并组织学生分组进行15米浮板连续蛙泳腿比赛。

(续上表)

课次	教学目标	教学内容	教学组织与方法
11	**运动能力**：初步掌握岸上蛙泳划手＋呼吸和池边半身俯卧蛙泳划手＋呼吸的动作练习；学习水中站立蛙泳划手＋呼吸的配合技术并尝试背漂蹬壁滑行＋一次划手呼吸的配合练习；发展学生的肌肉力量、协调性、心肺耐力等体能。 **健康行为**：能够自觉主动地参与体育锻炼；保持良好的比赛心态，积极与同伴沟通和交流。 **体育品德**：展现出敢于拼搏、勇于争先的精神，有集体荣誉感。	1.　结构化知识与技能： （1）岸上蛙泳划手＋呼吸。 （2）池边半身俯卧蛙泳划手＋呼吸。 （3）水中站立蛙泳划手＋呼吸。 （4）尝试背漂蹬壁滑行＋一次划手呼吸。 2.　体能训练： （1）岸上开合跳。 （2）岸上高抬腿。 （3）水中10米快速行走。 （4）水中一分钟蹬壁划行。 3.　比赛：划船比赛。	1.　教师讲解，示范动作要领，学生分组练习，教师巡回指导，集中纠正与个别辅导。 2.　集体练习，小组长协助指挥。 3.　教师讲解比赛规则和方法，强调安全和注意事项，组织学生分组进行划船比赛，赛后学生自评，最后教师总结点评。
12	**运动能力**：进一步掌握蛙泳划手＋呼吸的动作练习，并能够在水中应用；初步学习水中固定腿连续划手＋呼吸的配合技术；发展学生的心肺耐力、协调性及平衡能力等体能。 **健康行为**：展现出体育锻炼意识；与同伴一起安全地进行游戏或比赛；关注自己的情绪变化。 **体育品德**：展现出团队精神，能正确看待比赛的胜负。	1.　结构化知识与技能： （1）复习池边半身俯卧蛙泳划手＋呼吸。 （2）水中行走划水＋呼吸。 （3）浮力棒蛙泳划手＋呼吸。 （4）水中固定腿连续划手＋呼吸。 2.　体能训练： （1）岸上背向两头起。 （2）水中高抬腿。 （3）水中后踢腿。 （4）水中开合跳。 3.　比赛：15米腿夹浮板蛙泳划手比赛。	1.　学生分组讨论蛙泳划手＋呼吸要领，教师再进行讲解和示范，请个别同学现场演示。 2.　分组练习，小组长协助指挥。 3.　分组进行水中划水＋呼吸的练习并参与15米腿夹浮板蛙泳划手比赛，赛后学生自评，教师总结点评。

（续上表）

课次	教学目标	教学内容	教学组织与方法
13	**运动能力**：学习岸上蛙泳完整配合技术；初步尝试在浮力棒的辅助下进行三次蛙泳腿＋一次划手呼吸的完整配合动作练习；发展学生的肌肉力量和心肺耐力、平衡能力等体能。 **健康行为**：初步运用蛙泳完整动作进行课外锻炼；能按照水上运动的注意事项安全地参与运动；积极与同伴进行交流。 **体育品德**：展现出坚持到底的精神；在练习中表现出文明礼貌、乐于助人的行为。	1. 结构化知识与技能： （1）岸上蛙泳完整。 （2）半身俯卧池边蛙泳完整动作配合技术。 （3）尝试浮力棒三次蛙泳腿＋一次划手呼吸。 2. 体能训练： （1）波比跳。 （2）深蹲跳。 （3）平板支撑。 （4）俄罗斯转体。 3. 展示：优生展示浮力棒三次蛙泳腿＋一次划手呼吸动作。	1. 学生分组进行岸上蛙泳完整动作练习，小组长协助指挥；教师讲解并示范浮力棒蛙泳划手＋呼吸练习；使用多媒体演示浮力棒三次蛙泳腿＋一次划手呼吸练习。 2. 分组练习，小组长协助指挥。 3. 优生展示浮力棒三次蛙泳腿＋一次划手呼吸动作，其他学生观看后进行评价，教师总结点评。
14	**运动能力**：进一步掌握蛙泳完整动作配合练习；能够进行15米三次蛙泳腿＋一次划手呼吸的配合动作练习；发展学生的协调性和心肺耐力、平衡能力等体能。 **健康行为**：能够自觉主动地参与体育锻炼；尝试与其他人交流讲述正确的蛙泳动作要领；关注自己的情绪变化。 **体育品德**：展现出团队精神；能够按照游戏规	1. 结构化知识与技能： （1）复习半身俯卧池边蛙泳完整动作配合技术。 （2）复习浮力棒三次蛙泳腿＋一次划手呼吸。 （3）15米三次蛙泳腿＋一次划手呼吸。 2. 体能训练： （1）俯卧撑。 （2）双脚前后交替跳。 （3）水中一分钟浮力棒蛙泳腿。	1. 学生分组复习半身俯卧池边蛙泳完整动作配合技术，小组长巡回指导；使用多媒体再次演示浮力棒三次蛙泳腿＋一次划手呼吸配合技术，再由教师讲解并示范。 2. 分组练习，小组长协助指挥。 3. 分组展开15米蛙泳接力赛，赛后学生自评，教师总结点评。

（续上表）

课次	教学目标	教学内容	教学组织与方法
	则及要求参与游戏比赛；在体育活动中表现出文明礼貌、乐于助人的行为。	（4）水中10米快速折返走。 3. 比赛：15米蛙泳接力赛。	
15	**运动能力**：在浮力棒的辅助下，巩固三次蛙泳腿＋一次划手呼吸配合动作；初步掌握两次蛙泳腿＋一次划手呼吸配合动作；发展学生的协调性、心肺耐力、平衡能力等体能。 **健康行为**：积极锻炼；保持良好的比赛心态；积极与同伴进行沟通与交流。 **体育品德**：展现出积极进取、勇于拼搏的精神；按照规则和要求参与体育活动。	1. 结构化知识与技能： （1）复习浮力棒三次蛙泳腿＋一次划手呼吸。 （2）浮力棒两次蛙泳腿＋一次划手呼吸。 （3）两次蛙泳腿＋一次划手呼吸。 2. 体能训练： （1）蹲下起立。 （2）开合跳头顶击掌。 （3）仰卧交替举腿。 （4）蛙泳腿。 3. 比赛：30米蛙泳比赛。	1. 教师讲解利用浮力棒进行水中分组练习，将浮力棒放置在学生腋下做水中无固定支撑，练习蛙泳手部和脚部动作配合。节奏从三次腿一次手逐步进阶到两次腿一次手一次呼吸的配合。 2. 在教师的指导下，由小组长带领进行练习，教师巡回指导。在练习的过程中，组内同学进行帮扶练习，相互合作探究，相互鼓励。 3. 教师讲解30米蛙泳比赛规则，不限蹬腿和划手节奏，最先完成的组别获取胜利。
16	**运动能力**：进一步巩固两次蛙泳腿＋一次划手呼吸配合动作；初步掌握不借助浮力棒进行一次蛙泳腿＋一次划手呼吸配合动作；学习水中肌肉痉挛的处理方法；发展学生的协调性、心肺耐力、平衡能力等体能。	1. 结构化知识与技能： （1）复习两次蛙泳腿＋一次划手呼吸。 （2）浮力棒一次蛙泳腿＋一次划手呼吸。 （3）一次蛙泳腿＋一次划手呼吸。 （4）水中肌肉痉挛的处理方法。	1. 教师讲解和示范，就上节课的学习内容尝试无器械练习，能完成的学生进行下一阶段的练习，利用浮力较小的浮力棒进行水中辅助，进行一次腿一次手和呼吸的配合。未能达到无辅助物进行两到三次呼吸配合的学生先利用浮力棒进行复习巩固。在练习的过程中视学生掌握的情况更换辅助物。

（续上表）

课次	教学目标	教学内容	教学组织与方法
	健康行为：了解在水中发生肌肉痉挛的处理方法；积极与其他同学交流、协作完成各种活动。 **体育品德**：展现出勇于拼搏和团结合作的精神；按照规则参与比赛。	2. 体能训练： （1）仰卧起坐。 （2）半蹲跳起。 （3）岸上蛙泳手部动作练习。 （4）8 米不限泳姿往返接力（4 人一组）。 3. 比赛：30 米蛙泳比赛。	2. 在教师的指导下，由小组长带领进行练习，教师巡回指导。在练习的过程中，组内同学进行帮扶练习，相互合作探究，相互鼓励。 3. 教师讲解 30 米蛙泳比赛规则，不限蹬腿和划手节奏，最先完成的组别获取胜利。
17	**运动能力**：进一步巩固蛙泳完整的动作技术；熟练掌握蹬壁滑行加蛙泳组合练习；了解蛙泳游戏的基本规则和要求，并能初步进行判罚；发展学生的协调性、心肺耐力、平衡能力、肌肉力量等体能。 **健康行为**：了解完整蛙泳练习对促进身体健康的好处；与同伴一起安全地进行游戏或比赛。 **体育品德**：展现出勇于争先和团队合作精神；在比赛中增强规则意识。	1. 结构化知识与技能： （1）蛙泳完整的动作技术。 （2）蹬壁滑行加蛙泳组合动作技术。 （3）蛙泳游戏的基本规则和要求。 2. 体能训练： （1）火车赛跑。 （2）仰卧两头起。 （3）俯卧背起。 （4）仰卧举腿。 3. 比赛：30 米蛙泳比赛。	1. 教师讲解和示范蛙泳完整的动作技术，学生认真听讲和注意观察教师的技术动作。 2. 在教师的指导下，由小组长带领进行练习，教师巡回指导。在练习的过程中，组内同学进行帮扶练习，相互合作探究，相互鼓励。 3. 教师讲解 30 米蛙泳比赛规则，不限蹬腿和划手节奏，最先完成的组别获取胜利，在学生比赛的同时讲解裁判知识。
18	**运动能力**：完成蛙泳考核中的水中展体、蹬壁滑行、30 米蛙泳；发展学生的心肺耐力、平衡能力等体能。	1. 结构化知识与技能： （1）水中展体。 （2）蹬壁滑行 （3）30 米蛙泳。 2. 体能训练： （1）小碎步快速跑。	1. 教师讲解蛙泳考核要求，学生能用蛙泳的完整动作完成 30 米游泳距离，在教师的指导下由小组长带领进行考核，组内学生作为裁判员。

（续上表）

课次	教学目标	教学内容	教学组织与方法
18	**健康行为**：积极主动参与游泳锻炼；能按照水上运动的注意事项安全地参与运动。 **体育品德**：展现出坚持到底的精神；按照要求进行体育活动；在体育活动中表现出文明礼貌、乐于助人的行为。	（2）并步上下前后左右跳。 （3）平板支撑。 （4）蹬壁滑行。 3. 考核：蛙泳考核。	2. 在教师的指导下，由小组长带领进行练习，教师巡回指导。

二、单元总评

本单元案例以水平二的学生为主要授课对象，该单元有以下特点：

（1）水平二蛙泳专项运动技能单元目标全面、丰富。针对学生身心发展特点，全面贯彻"立德树人，健康第一"思想，发展学生核心素养，设置了包含核心素养的运动能力、健康行为、体育品德等十个维度的目标。每节课的目标明确、具体，具可操作性，节与节的课时目标体现关联性与递进性，由低到高，由易到难，层层推进。

（2）教学内容整体设计，强调蛙泳专项运动技能结构化知识及其科学性与可行性。蛙泳的学练内容根据水平二学生身心发展规律、认知经验以及运动技能的形成规律进行建构，实现教学内容的因势利导、游戏化整合，确保学生对结构化运动技能、体能等的学习与掌握，为学生参与运动奠定基础，养成健康的生活方式。

（3）创设丰富多彩、生动有趣的教学情境，强调学生应用能力的展现和运动体验的丰富，寓教于乐。教师"精讲多练"，运用多种教学资源和方法，进行有效和创新性的教学，因材施教，分层教学。学生"自主、合作、探究"，将集体学练、小组学练与个人学练有机结合，激发学生学习热情，增强学生的理解能力和实践能力，发现蛙泳运动深层次的价值与规律。

（4）设置合适的运动负荷，每节课安排补偿性、全面性体能练习，从而让学生在掌握运动技能的基础上增强运动的效果，促进体质健康的提升。

（5）本单元计划在教学时可以根据学生的技能水平、教师自己的特点进行调整，但要在合理的范围内进行，不能破坏整体性。实际上，要根据学校特色、学生特点以及学生的技能掌握情况，进行不断修改、修正的动态调整，以达到科学、合理。

第二节　水平三蛙泳专项大单元

水平三继续围绕《课程标准（2022 年版）》水平目标设计单元目标：①运动能力：熟练掌握蛙泳基本动作技术，提高蛙泳出发、转身以及提速的组合动作技术，正确完成连贯的动作周期；能运用手部分解、腿部分解、配合等动作参与游戏和比赛，身体在水中保持良好的流线型姿势，手臂和腿充分用力推进，节奏正确。能说出蛙泳的相关专业术语，知道蛙泳运动的技术要素、动作技巧、安全行为与守则等基础知识；知道蛙泳竞赛的规则和要求，能指出违反规则的行为，能对常见犯规动作进行判罚；每学期观看不少于 8 次游泳比赛；能在教师的指导下完成水中体能练习。②健康行为：乐于参与蛙泳运动，知道游泳对身体的锻炼价值，如增强免疫力、促进身体心肺功能发育，能说出游泳对人体体态发展的促进作用等。能做到每周运用蛙泳运动技能进行 3 次（每次至少 1 小时）课外体育锻炼；知道安全游泳的重要性，掌握游泳运动的生存技能；按照水上运动的注意事项安全地参与运动，遇到危险时懂得简单的自救方式。③体育品德：表现出勇于尝试、不怕失败、果断顽强的意志品质；按照游泳的规则和要求参与比赛；能接受比赛的结果。在进行整体规划大单元教学时有如下建议：

（1）指导学生学习蛙泳动作技术，按照由易到难、由简到繁、由基本动作技法到组合动作技法、由慢到快的教学顺序，循序渐进地提高学生的学习难度，增强自信心。

（2）结合蛙泳项目的相关知识，创设具体的学练情境，如让学生在蛙泳比赛中加浮板、不加浮板游进，在不同阻力下体验运动感受，运用学科交叉知识探究水中运动的基本原理等，提高学生分析问题、解决问题的能力。

（3）设计不同距离、不同人数的比赛，让学生通过比赛感受蛙泳运动项目的魅力，体验该运动项目带来的乐趣，展现出的团队精神和竞争意识。

（4）在重点发展蛙泳运动项目需要的心肺耐力、肌肉力量及协调性等体能基础上，引导学生发展其他体能。

一、教学案例

<table>
<tr>
<td colspan="2" align="center">体育与健康课程蛙泳专项运动技能单元教学计划

(水平三)

学校：_____广州市黄埔区玉泉学校_____

年级：__5—6__ 班级：__××班__ 任课教师：__邓晓茵、李嘉静__</td>
</tr>
<tr>
<td>学习目标</td>
<td>运动能力：熟练掌握蛙泳基本动作技术，提高蛙泳出发、转身以及提速的组合动作技术，正确完成连贯的动作周期；能运用手部分解、腿部分解、配合等动作参与游戏和比赛，身体在水中保持良好的流线型姿势，手臂和腿充分推进，节奏正确。能说出蛙泳的相关专业术语，知道蛙泳运动的技术要素、动作技巧、安全行为与守则等基础知识；知道蛙泳竞赛的规则和要求，能指出违反规则的行为，能对常见犯规动作进行判罚；每学期观看不少于8次游泳比赛；能在教师的指导下完成水中体能练习。

健康行为：乐于参与蛙泳运动，知道游泳对身体的锻炼价值，如增强免疫力、促进身体心肺功能发育，能说出游泳对人体体态发展的促进作用等。能做到每周运用蛙泳运动技能进行3次（每次至少1小时）课外体育锻炼；知道安全游泳的重要性，掌握游泳运动的生存技能；按照水上运动的注意事项安全地参与运动，遇到危险时懂得简单的自救方式。

体育品德：表现出勇于尝试、不怕失败、果断顽强的意志品质；按照游泳的规则和要求参与比赛；能接受比赛的结果。</td>
</tr>
<tr>
<td>主要教学内容</td>
<td>基础知识与基本技能：在蛙泳中学习和体验呼吸与手臂的协调配合、手臂与腿的协调配合，以及完整配合动作，提高蛙泳出发、转身以及提速的组合动作技术，正确完成连贯的动作周期，初步掌握水上自救基本内容。

技战术：运用手部分解、腿部分解、配合等动作参与集体游戏或比赛、个人游戏或比赛，全面提高竞速能力。

体能训练：通过仰卧起坐、平板支撑、连续蹲跳、提踵等练习发展下肢和腰腹背肌肉力量，通过踩水、浮潜、潜水练习提高身体素质。

规则与裁判法：指出违反规则的行为，对常见犯规动作进行判罚；对出发、转身、到达终点的犯规动作进行判断和判罚。

展示或比赛：用标准蛙泳参与班级、年级的25米及以上的竞赛，并快速完成；展现蛙泳出发、转身、触壁完整技术，并尝试完成100米竞赛。

观赏与评价：每学期观看不少于8次游泳比赛；在教师的指导下完成水中体能练习，用现代设备拍摄水中视频，并做出相应评价。</td>
</tr>
</table>

（续上表）

教学重、难点		
	学生学习的重、难点：提高蛙泳出发、转身以及提速的组合动作技术，正确完成连贯的动作周期；用标准蛙泳参与班级、年级的 25 米及以上的竞赛，表现出勇于尝试、不怕失败、果断顽强的意志品质。	
	教学内容的重、难点：在蛙泳中学习和体验呼吸与手臂的协调配合、手臂与腿的协调配合，以及完整配合动作，提高蛙泳出发、转身以及提速的组合动作技术，正确完成连贯的动作周期，全面提高竞速能力。创设符合学生身心特征的情境，遵循由易到难、由简单到复杂、由慢速到快速的规律，逐步提高学练难度，增强学生的自信心。	
	教学组织的重、难点：根据学生的水平与能力采用分组教学法，把学生平均分为若干小组，通过岸上教、水中练相结合，完成由基本动作技术到组合动作技术的过渡和提升。展现出小组长管理队伍的能力，教师进行巡回指导，确保全体学生都能在安全的范围内进行蛙泳学习。另可采用分层练习，对水平较高的学生进行水中指导，水平薄弱的学生在岸上多熟练动作再继续推进课程。	
	教学方法的重、难点：教师讲解、示范，展示信息化视频，合理运用合作学习和探究学习的方式，利用辅助器材学练蛙泳的动作技术，先分解后配合，创设特定的学练情境，提高学生分析问题和解决问题的能力。设计不同距离、不同人数的竞赛，让学生学以致用。	

课次	教学目标	教学内容	教学组织与方法
1	**运动能力**：进一步了解游泳运动中的水上安全知识、游泳专项知识；对游泳项目产生浓厚兴趣；发展学生的肌肉力量、柔韧性等体能。 **健康行为**：在水环境中能够进行体育锻炼；了解游泳运动的安全意识；在知识抢答赛中表现出较好的情绪调控能力；具有较好的交流与沟通的能力。 **体育品德**：在知识抢答赛中表现出团结合作、敢于尝试的精神；能够按照规则和要求参与抢答赛。	1. 结构化知识与技能： （1）游泳安全教育。 （2）游泳专项知识。 （3）水中"老鹰抓小鸡"。 2. 体能训练： （1）柔韧拉伸。 （2）平板支撑。 （3）俯卧撑。 （4）敏捷梯开合跳。 3. 比赛：游泳安全知识趣味抢答赛。	1. 教师利用多媒体教学，结合学生日常参与游泳的情境，讲解游泳专项知识、安全内容，讲解后邀请学生回答，及时回顾所讲述的知识要领对游泳课堂提出明确要求；明确课堂上需要遵守的要求，避免发生事故。教师指定学生进行踩水、浮潜、潜水的展示，其他学生参与讨论与评价，教师再进行讲解和示范。结合学生日常参与游泳的情境，引导学生多观察和多讨论；通过水中小游戏，激发学生的学习兴趣。

（续上表）

课次	教学目标	教学内容	教学组织与方法
			2. 小组循环体能练习，教师共同参与，语言激励。 3. 教师讲解比赛规则和方法，组织学生参与游泳安全知识趣味抢答赛，激发学生的参与兴趣。
2	**运动能力**：掌握蛙泳腿的练习方法，熟悉水性；能初步在水中手持浮板进行蛙泳腿技术动作练习；发展学生的心肺耐力、柔韧性等体能。 **健康行为**：在水环境中能够进行体育锻炼；进一步了解游泳运动的安全意识，了解抽筋的简单处理方法；在踩水比赛中表现出较好的情绪调控能力；具有较好的交流与沟通的能力。 **体育品德**：表现出努力拼搏、敢于尝试的精神；能够按照规则和要求参与比赛。	1. 结构化知识与技能： （1）岸上蛙泳腿。 （2）浮冬瓜、踩水、浮潜。 （3）水中连续吐泡泡。 （4）手持浮板蛙泳腿。 2. 体能训练： （1）水中快速蹬地。 （2）水中快速划臂。 （3）波比跳。 （4）匀速跑。 3. 比赛：踩水比赛。	1. 教师再次对游泳课堂提出明确要求，让学生共同回顾课堂上需要遵守的要求，避免发生事故。教师启发，学生回顾水平二游泳课中的学习内容，学生分组进行岸上蛙泳腿动作练习，学生进行自评、互评。教师指定两人一组进行浮冬瓜、踩水、浮潜的展示，提出新难度要求：尝试通过浮板的借力在水中完成蛙泳腿挑战。学生分组进行讨论与尝试，教师指导。 2. 小组循环体能练习，教师共同参与，语言激励。 3. 教师讲解比赛规则和方法，强调安全和注意事项，组织学生分组进行踩水比赛。

（续上表）

课次	教学目标	教学内容	教学组织与方法
3	**运动能力**：进一步掌握蛙泳腿练习，熟悉水性；能在水中手持浮板进行蛙泳腿技术动作练习，养成积极参与游泳运动的兴趣；发展学生的平衡能力、心肺耐力、柔韧性和肌肉力量等体能。 **健康行为**：在水环境中能够进行体育锻炼；加深对游泳运动安全意识的了解，知道抽筋的处理方法；在水中吹泡泡比赛中表现出较好的情绪调控能力；具有较好的交流与沟通的能力。 **体育品德**：表现出团结协作、努力拼搏的精神；能够按照规则和要求参与比赛。	1. 结构化知识与技能： （1）复习岸上蛙泳腿。 （2）水中连续换气吹泡泡。 （3）手持浮板蛙泳腿。 2. 体能训练： （1）水中连续吹泡泡。 （2）水中憋气20秒。 （3）岸上蹲起。 （4）引体向上。 3. 比赛：水中吹泡泡比赛。	1. 教师启发，学生回顾水平二游泳课中的蛙泳动作，学生分组进行岸上蛙泳腿动作练习，学生进行自评、互评。教师示范浮冬瓜、水中连续吹泡泡，邀请学生共同尝试。邀请水平较好的学生进行潜水配合呼吸展示，教师从旁讲解。学生两人一组进行尝试。教师计时，对水平较高的学生要求30秒后才能换气，其他学生每10秒换气一次。复习手持浮板的练习，能力较好的学生在水中进行两次蛙泳腿蹬腿练习，其他学生在水中进行一次蛙泳腿蹬腿练习。 2. 小组循环体能练习，教师共同参与，语言激励。 3. 教师讲解比赛规则和方法，强调安全和注意事项，组织学生分组进行水中吹泡泡比赛。
4	**运动能力**：基本掌握池边半身俯卧蛙泳腿的技术动作；能在水中手持浮板进行三次蛙泳腿+呼吸配合技术动作练习；尝试通过"憋气大挑战"激发对游泳运动的兴趣；发展学生的平衡能力、心肺耐力等体能。	1. 结构化知识与技能： （1）池边半身俯卧蛙泳腿。 （2）手持浮板三次蛙泳腿+呼吸配合技术。 （3）憋气大挑战。 2. 体能训练： （1）水中高抬腿。 （2）水中纵跳。	1. 学生分组进行岸上蛙泳腿动作练习，学生进行自评、互评，教师对学生动作进行整体评价。学生尝试出发+呼吸配合+潜水+浮潜，教师进行讲解与纠正。通过浮板完成蛙泳腿与呼吸配合的练习，并邀请水平较好的学生进行展示，

（续上表）

课次	教学目标	教学内容	教学组织与方法
	健康行为：在水环境中能够进行体育锻炼；深入了解游泳运动的安全意识，熟悉抽筋的处理方法；在"水中寻宝"比赛中表现出较好的情绪调控能力；具有较好的交流与沟通的能力。 **体育品德**：表现出敢于尝试，努力拼搏的精神；能够按照规则和要求参与比赛。	（3）岸上仰卧起坐。 （4）岸上卷腹。 3. 比赛："水中寻宝"比赛。	教师从旁讲解。学生两人一组进行憋气尝试。教师计时，对水平较高的学生要求30秒后才能换气，其他学生每10秒换气一次。 2. 小组循环体能练习，教师共同参与，语言激励。 3. 教师讲解比赛规则和方法，强调安全和注意事项，组织学生分组进行"水中寻宝"比赛。
5	**运动能力**：学习手持浮板蹬壁出发＋三次蛙泳腿练习；能在水中完成手持浮板蹬壁出发＋三次蛙泳腿练习＋呼吸配合；发展学生的平衡能力、心肺耐力、协调性、位移速度等体能。 **健康行为**：在水环境中能够进行体育锻炼；深入了解游泳运动的安全意识，熟悉抽筋的处理方法；在漂浮比赛中表现出较好的情绪调控能力；具有较好的交流与沟通的能力。 **体育品德**：表现出敢于尝试，勇往直前的精神；能够按照规则和要求参与比赛。	1. 结构化知识与技能： （1）手持浮板蹬壁出发＋三次蛙泳腿。 （2）手持浮板蹬壁出发＋三次蛙泳腿练习＋呼吸配合。 （3）50米蛙泳腿。 2. 体能训练： （1）水中纵跳。 （2）岸上提踵。 （3）弹力带拉力练习。 （4）变速跑。 3. 比赛：漂浮比赛。	1. 学生分组练习，进行自评、互评，教师岸上指导，强化腿部蹬直、夹紧技术。学生尝试手持浮板蹬壁出发＋蛙泳腿练习，邀请水平较好的学生进行手持浮板蹬壁出发＋蛙泳腿练习＋呼吸配合展示，教师从旁讲解。学生两人一组进行尝试。教师计时，对水平较高的学生要求连续蹬腿三次后才能换气，其他学生进行蹬壁出发＋蛙泳腿＋抬头呼吸练习。进行50米的蛙泳腿专项练习，要求勾脚尖且蹬夹有力。 2. 小组循环体能练习，教师共同参与，语言激励。 3. 教师讲解比赛规则和方法，强调安全和注意事项，组织学生分组进行漂浮比赛。

（续上表）

课次	教学目标	教学内容	教学组织与方法
6	**运动能力**：复习手持浮板蹬壁出发＋三次蛙泳腿练习；能在水中完成手持浮板蹬壁出发＋三次蛙泳腿练习＋呼吸配合，尝试进行50米蛙泳腿练习；发展学生的平衡能力、心肺耐力、协调性、位移速度等体能。 **健康行为**：在水环境中能够进行体育锻炼；深入了解游泳运动的安全意识，熟悉水上救生的方法；在鱼雷发射比赛中表现出较好的情绪调控能力；具有较好的交流与沟通的能力。 **体育品德**：表现出敢于尝试，努力拼搏的精神；能够按照规则和要求参与比赛。	1. 结构化知识与技能： （1）复习手持浮板蹬壁出发＋三次蛙泳腿＋呼吸配合。 （2）手持浮板进行蹬壁出发＋两次蛙泳腿练习＋呼吸配合。 （3）50米蛙泳腿。 2. 体能训练： （1）勾脚尖走。 （2）平板支撑。 （3）仰卧起坐。 （4）匀速跑。 3. 比赛：鱼雷发射比赛。	1. 学生分组练习，进行自评、互评，教师下水指导，强化勾脚尖要领；学生手持浮板进行蹬壁出发＋蛙泳腿＋呼吸配合练习；邀请水平较好的学生手持浮板进行水中蛙泳腿蹬壁展示，教师从旁讲解与示范。学生两人一组进行蹬壁练习。对水平较高的学生要求蹬壁＋三次腿蛙泳腿＋呼吸配合，其他学生进行蹬壁出发＋一次蛙泳腿＋呼吸配合练习。进行50米蛙泳腿专项练习，要求勾脚尖且蹬夹有力。 2. 小组循环体能练习，教师共同参与，语言激励。 3. 教师讲解比赛规则和方法，强调安全和注意事项，组织学生分组进行鱼雷发射比赛。
7	**运动能力**：熟练掌握在水中蹬壁出发＋漂浮练习；尝试蹬壁滑行＋蛙泳腿＋呼吸配合练习，体现滑行的平衡能力以及呼吸节奏；在蹬壁滑行的基础上结合蛙泳腿进行练习；进一步展现对学练蛙泳的兴趣；发展学生的心肺耐力、平衡	1. 结构化知识与技能： （1）复习蹬壁出发＋漂浮练习。 （2）蹬壁出发＋两次蛙泳腿＋呼吸配合。 （3）蹬壁出发＋蛙泳大划臂＋蛙泳腿＋蛙泳完整配合技术，尝试一次腿＋一次呼吸配合。	1. 学生分组练习，教师提醒与纠错，提出问题：漂浮对自救的用途。学生进行自评、互评，教师下水指导，强化勾脚尖、快速蹬夹、双腿夹紧要领。邀请学生展示完整动作，教师从旁讲解，学生分六人一组进行完整练习。对水平较高的学生要求尝试

（续上表）

课次	教学目标	教学内容	教学组织与方法
	能力、柔韧性、位移速度等体能。 **健康行为**：在水环境中能够进行体育锻炼；树立游泳运动的安全意识，了解水上救生的方法；在"水中寻宝"比赛中表现出较好的情绪调控能力；具有较好的交流与沟通的能力。 **体育品德**：表现出敢于尝试，努力拼搏的精神；能够按照规则和要求参与比赛。	2. 体能训练： （1）仰卧起坐。 （2）弹力带拉力练习。 （3）变速跑。 （4）50米快速跑。 3. 比赛："水中寻宝"比赛。	一次腿＋一次划手＋一次呼吸配合练习。其他学生进行蹬壁＋蛙泳腿＋双手持浮板＋呼吸配合。 2. 小组循环体能练习，教师共同参与，语言激励。 3. 教师讲解比赛规则和方法，强调安全和注意事项，组织学生分组进行"水中寻宝"比赛。
8	**运动能力**：掌握岸上和水中蛙泳划水练习；尝试借助浮力棒进行蛙泳划手＋呼吸配合练习；激发对学练蛙泳的兴趣；发展学生的心肺耐力、平衡能力、肌肉力量、位移速度等体能。 **健康行为**：在水环境中能够进行体育锻炼；树立游泳运动的安全意识，熟悉抽筋的处理方法；在接力赛中表现出较好的情绪调控能力；具有较好的交流与沟通的能力。 **体育品德**：表现出团结协作，勇往直前的精神；能够按照规则和要求参与比赛。	1. 结构化知识与技能： （1）岸上蛙泳划手。 （2）水中行走蛙泳划手。 （3）水中浮力棒蛙泳划手＋换气配合。 （4）尝试水中浮力棒＋蛙泳腿＋蛙泳划手配合。 2. 体能训练： （1）弹力带拉力练习。 （2）水中穿脚蹼负重练习。 （3）反向平板支撑。 （4）匀速跑。 3. 比赛：50米浮力棒蛙泳划手接力赛。	1. 组织学生岸上复习水平二蛙泳划手动作，巩固外划、内抱、夹水、伸手要领。两人一组，相互指导、相互评价。学生在水中进行蛙泳划手练习，体验水的浮力。利用浮力棒进行蛙泳划手的练习，感受划手抬头吸气的节奏。利用浮力棒结合蛙泳腿练习进行蹬壁出发＋蛙泳腿动作完整练习。教师下水观察与指导。邀请若干学生对动作要领进行回答，学生自由讨论。教师根据学生的个人特点进行两两分组练习，并在练习时进行巡回指导。

（续上表）

课次	教学目标	教学内容	教学组织与方法
			2．小组循环体能练习，教师共同参与，语言激励。 3．教师讲解比赛规则和方法，强调安全和注意事项，并组织学生分组进行50米浮力棒蛙泳划手接力赛。
9	**运动能力**：进一步学习水上安全知识并讲解水中应急救援器械的使用方法；尝试运用应急救援器械进行救生演练；激发学生的学习兴趣、体验成功喜悦；发展学生的心肺耐力、平衡能力、协调性等体能。 **健康行为**：在水环境中能够进行体育锻炼；树立游泳运动的安全意识，熟悉抽筋的处理方法；在"小小救生员"比赛中表现出较好的情绪调控能力；具有较好的交流与沟通的能力。 **体育品德**：表现出敢于尝试，努力拼搏的精神；能够按照规则和要求参与比赛。	1．结构化知识与技能： （1）水中安全知识讲解。 （2）水中应急救援器械使用讲解。 （3）水中应急救生演练。 2．体能训练： （1）快速跑跳栏架。 （2）原地纵跳。 （3）俯撑交替摸肩。 （4）变速跑。 3．比赛："小小救生员"比赛。	1．教师利用多媒体教学，结合学生日常参与游泳的情境，讲解游泳专项知识及安全内容，讲解后邀请学生回答，及时回顾所讲述的知识要领。对游泳课堂提出明确要求，避免发生事故。教师向同学讲授各种救援器械的使用方法，并让学生亲自感受。教师组织学生进行水中应急救生演练，让学生初步了解救生演练的步骤及注意事项。 2．小组循环体能练习，教师共同参与，语言激励。 3．教师讲解比赛规则和方法，强调安全和注意事项，并组织学生分组进行"小小救生员"比赛。

（续上表）

课次	教学目标	教学内容	教学组织与方法
10	**运动能力**：熟练掌握水中蛙泳划水练习；借助浮力棒进行蛙泳划手＋呼吸配合练习，在此基础上进一步提高；展现出对学练蛙泳的兴趣；发展学生的心肺耐力、平衡能力、肌肉力量、位移速度等体能。 **健康行为**：在水环境中能够进行体育锻炼；树立游泳运动的安全意识，熟悉抽筋的处理方法；在比赛中表现出较好的情绪调控能力；具有较好的交流与沟通的能力。 **体育品德**：表现出敢于尝试，努力拼搏的精神；能够按照规则和要求参与比赛。	1. 结构化知识与技能： （1）复习水中行走蛙泳划手。 （2）复习水中浮力棒蛙泳划手＋换气配合。 （3）浮力棒两次蛙泳腿＋一次蛙泳划手＋一次呼吸配合。 2. 体能训练： （1）折返跑。 （2）平板支撑。 （3）连续深蹲跳。 （4）专项拉伸。 3. 比赛：50米浮板连续蛙泳腿比赛。	1. 教师组织学生复习水中划手动作，巩固外划、内抱、夹水、伸手要领，教师岸上指导，并及时纠正学生的错误动作。利用浮力棒在水中完成完整的蛙泳手脚配合，提醒学生注意呼吸节奏。要求水平较高的学生尝试一次蛙泳腿＋一次蛙泳手的完整练习，其他学生尝试两次蛙泳腿＋一次蛙泳手的完整练习。 2. 教师讲解比赛规则和方法，强调安全和注意事项，并组织学生分组进行50米浮板连续蛙泳腿比赛。 3. 渗透体能训练在游泳运动中的重要性，加强体能练习。每项动作进行20~30次。
11	**运动能力**：掌握借助浮力棒进行蛙泳划手＋呼吸配合练习，在此基础上进一步提高；尝试蛙泳腿划手＋蛙泳划手＋呼吸配合练习；展现出对学练蛙泳的兴趣；发展学生的心肺耐力、平衡能力、肌肉力量等体能。	1. 结构化知识与技能： （1）复习浮力棒两次蛙泳腿划手＋一次蛙泳划手＋一次呼吸配合。 （2）两次蛙泳腿划手＋一次蛙泳划手＋一次呼吸配合。 （3）尝试一次蛙泳腿划手＋一次蛙泳划手＋一次呼吸配合。	1. 学生分组进行练习，自评、互评；教师下水指导，强化外划、内划、伸臂等动作要领。教师从旁讲解，学生两人一组进行巩固，利用浮力棒在水中完成完整的蛙泳手脚配合，提醒学生注意呼吸节奏。对水平较高的学生要求尝试一次蛙泳腿＋一次

（续上表）

课次	教学目标	教学内容	教学组织与方法
	健康行为：在水环境中能够进行体育锻炼；树立游泳运动的安全意识，熟悉抽筋的处理方法；在比赛中表现出较好的情绪调控能力；具有较好的交流与沟通的能力。 **体育品德**：表现出敢于尝试、团结协作、努力拼搏的精神；能够按照规则和要求参与比赛。	2.　体能训练： （1）水中踩水。 （2）岸上提踵。 （3）弹力带拉力练习。 （4）专项拉伸。 3.　比赛：30 米蛙泳接力赛。	蛙泳手的完整练习，其他学生尝试两次蛙泳腿＋一次蛙泳手的完整练习。 2.　教师讲解比赛规则和方法，强调安全和注意事项，并组织学生分组进行30 米蛙泳接力赛。 3.　渗透体能锻炼在游泳运动中的重要性，加强体能练习。每项动作进行20～30 次。
12	**运动能力**：掌握蹬壁出发＋腿夹浮板＋蛙泳划手练习＋呼吸配合；尝试蛙泳转身和终点触壁技术练习；展现出对学练蛙泳的兴趣；发展学生的心肺耐力、平衡能力、肌肉力量、位移速度等体能。 **健康行为**：在水环境中能够进行体育锻炼；树立游泳运动的安全意识，熟悉抽筋的处理方法；在比赛中表现出较好的情绪调控能力；具有较好的交流与沟通的能力。 **体育品德**：表现出努力拼搏，勇往直前的精神；能够按照规则和要求参与比赛。	1.　结构化知识与技能： （1）蹬壁出发＋腿夹浮板＋蛙泳划手。 （2）蹬壁出发＋腿夹浮板＋蛙泳手臂练习＋呼吸配合。 （3）15 米蛙泳转身和终点触壁技术。 2.　体能训练： （1）水中踩水。 （2）岸上提踵。 （3）弹力带拉力练习。 （4）匀速跑。 3.　比赛：15 米腿夹浮板蛙泳划手比赛。	1.　分组讨论蛙泳划手及呼吸要点，教师进行点评，强化外划、内划、伸臂等动作要领。教师下水演示蹬壁出发＋腿夹浮板＋蛙泳划手练习，学生分组进行练习。教师演练蛙泳转身和终点触壁技术后，学生模仿练习，教师进行评价指导，并邀请掌握较好的学生进行展示。 2.　分组练习，小组长协助指挥，教师巡回指导。 3.　分组进行水中划水加呼吸的练习并参与15 米腿夹浮板蛙泳划手比赛，赛后学生自评，教师总结点评。

（续上表）

课次	教学目标	教学内容	教学组织与方法
13	**运动能力**：掌握转身和终点触壁动作判罚基本规则；尝试蹬壁出发＋大划臂＋转身＋终点触壁动作；发展学生的心肺耐力、平衡能力、肌肉力量、位移速度等体能。 **健康行为**：在水环境中能够进行体育锻炼；树立游泳运动的安全意识，熟悉抽筋的处理方法；在接力赛中表现出较好的情绪调控能力；具有较好的交流与沟通的能力。 **体育品德**：表现出团结协作，敢于尝试，努力拼搏的精神；能够按照规则和要求参与比赛。	1. 结构化知识与技能： （1）蛙泳比赛和裁判的基本规则讲解（转身＋终点触壁动作判罚）。 （2）蛙泳比赛的观赏及评价。 （3）完整20米蛙泳竞赛（蹬壁出发＋大划臂＋转身＋终点触壁动作）。 2. 体能训练： （1）仰卧起坐。 （2）弹力带拉力练习。 （3）变速跑。 （4）冲刺跑。 3. 比赛：班级内100米蛙泳接力赛。	1. 教师利用多媒体教学，向学生展示精彩的蛙泳比赛且讲解转身＋终点触壁动作的相关规则。学生分组进行练习，自评、互评，教师下水指导，强化外划、内划、伸臂等动作要领。邀请水平较好的学生展示，教师从旁讲解，学生两人一组继续练习。对水平较好的学生要求完成25米划臂练习，其他学生先进行15米划臂练习。组织学生提速转身练习，划臂一次转身蹬腿，侧身转身，一臂用力推池壁，另一臂空中挥臂带动身体加快转动，在水中"一划"。两人一组相互指导、相互评价。 2. 分组练习，小组长带领，教师共同参与。 3. 教师讲解比赛规则和方法，强调安全和注意事项，组织学生进行班级内100米蛙泳接力赛。
14	**运动能力**：初步掌握蛙泳腿夹浮板进行蛙泳划手基本动作技术练习，提高蛙泳整体的能力；尝试潜水练习；发展学生的心肺耐力、平衡能力、	1. 结构化知识与技能： （1）25米腿夹浮板蛙泳划手。 （2）30米完整蛙泳。 （3）潜水。 2. 体能训练：	1. 学生分组进行腿夹浮板蛙泳划手练习，学生自评、互评，教师下水指导，强化外划、内划、伸臂等动作要领。学生分组复习腿夹浮板＋蛙泳手臂＋

（续上表）

课次	教学目标	教学内容	教学组织与方法
	肌肉力量、位移速度等体能。**健康行为**：在水环境中能够进行体育锻炼；树立游泳运动的安全意识，熟悉抽筋的处理方法，手指肌肉痉挛解救法、前臂肌肉痉挛解救法；在挑战赛中表现出较好的情绪调控能力；具有较好的交流与沟通的能力。**体育品德**：表现出敢于尝试，努力拼搏的精神；能够按照规则和要求参与比赛。	（1）俯划手掌划水。（2）反向支撑平衡。（3）匀速跑。（4）快速跑。3. 比赛：潜水挑战赛。	呼吸配合＋转身练习。组织学生进行30米完整的蛙泳练习。水平较好的学生进行20米的潜水练习，其他学生进行15米的潜水练习。2. 分组练习，小组长带领，教师共同参与。3. 教师讲解比赛规则和方法，强调安全和注意事项，组织学生进行潜水挑战赛。
15	**运动能力**：熟练掌握蛙泳腿基本动作技术以及出发＋快速蛙泳手臂＋呼吸配合＋转身＋终点双手触壁练习；发展学生的心肺耐力、平衡能力、肌肉力量、位移速度等体能。**健康行为**：在水环境中能够进行体育锻炼；树立游泳运动的安全意识，熟悉抽筋的处理方法，手指肌肉痉挛解救法、前臂肌肉痉挛解救法；在接力赛中表现出较好的情绪调控能力；具有较好的交流与沟通的能力。	1. 结构化知识与技能：（1）50米蛙泳腿。（2）复习出发＋快速蛙泳手臂＋呼吸配合＋转身＋终点双手触壁。（3）尝试25米蛙泳往返完整练习。2. 体能训练：（1）俯划手掌划水。（2）直臂划船。（3）快速跑。（4）专项拉伸。3. 比赛：班级内100米蛙泳接力赛。	1. 学生分组进行50米蛙泳腿练习，学生自评、互评。教师下水指导，强化慢收翻、快蹬夹等动作要领。复习蛙泳出发＋转身＋触壁技术，进行蛙泳完整练习，强调转身、终点双手触壁。教师讲解和示范，邀请水平较好的学生展示，教师从旁讲解。两人一组相互指导、相互评价。水平较高的学生进行50米蛙泳完整练习，其他学生进行35米蛙泳完整练习。2. 分组练习，小组长带领，教师共同参与。

（续上表）

课次	教学目标	教学内容	教学组织与方法
	体育品德：表现出团结协作、勇往直前、努力拼搏的精神；能够按照规则和要求参与比赛。		3. 教师讲解比赛规则和方法，强调安全和注意事项，组织学生进行班级内100米蛙泳接力赛。通过不同的角度去观察蛙泳的姿态。
16	**运动能力**：掌握蛙泳完整基本动作技术以及出发＋快速蛙泳手臂＋呼吸配合＋转身＋终点双手触壁练习；尝试进行现场模拟水中救援活动；发展学生的心肺耐力、平衡能力、肌肉力量、位移速度等体能。 **健康行为**：在水环境中能够进行体育锻炼；树立游泳运动的安全意识，熟悉抽筋的处理方法，手指肌肉痉挛解救法、前臂肌肉痉挛解救法；在比赛中表现出较好的情绪调控能力；具有较好的交流与沟通的能力。 **体育品德**：表现出努力拼搏、勇往直前的精神；能够按照规则和要求参与比赛。	1. 结构化知识与技能： （1）完整蛙泳配合技术：一次划臂、一次蛙泳腿、一次呼吸。 （2）快速出发＋蛙泳水底划臂＋蛙泳＋转身＋双手触壁。 （3）50米蛙泳。 （4）现场模拟水中救援。 2. 体能训练： （1）仰卧起坐。 （2）半蹲跳起。 （3）快速潜水。 （4）专项拉伸。 3. 比赛：50米蛙泳比赛（一次划臂、一次腿、一次呼吸完成）。	1. 教师讲解和示范，先复习上节课的学习内容，能达到一次呼吸和配合的学生进行下一阶段的练习，进行一次腿一次手和呼吸的配合。未能达标的学生进行两到三次呼吸配合的练习。教师示范快速出发＋蛙泳水底划臂＋蛙泳＋转身＋双手触壁，学生模仿练习，并选出动作较好的同学进行展示。由学生自主完成现场模拟水中救援，结束后由教师指导评价。 2. 在教师的指导下，由小组长带领进行练习，教师巡回指导。在练习的过程中组内同学进行帮扶练习，相互合作探究，相互鼓励。 3. 教师讲解50米蛙泳比赛（一次划臂、一次腿、一次呼吸完成）规则，要求配合出发、转身、触壁技术，最先完成的组别获取胜利。

（续上表）

课次	教学目标	教学内容	教学组织与方法
17	**运动能力**：掌握蛙泳完整组合练习和蛙泳＋其他泳姿配合练习；进行游泳竞赛讲解；发展学生的心肺耐力、平衡能力、肌肉力量等体能。 **健康行为**：在水环境中能够进行体育锻炼；树立游泳运动的安全意识，熟悉抽筋的处理方法，手指肌肉痉挛解救法、前臂肌肉痉挛解救法；在体育活动中表现出较好的情绪调控能力；具有较好的交流与沟通的能力。 **体育品德**：表现出敢于尝试，努力拼搏的精神；能够按照规则和要求参与活动。	1. 结构化知识与技能： （1）蛙泳完整组合练习。 （2）蛙泳＋其他泳姿配合。 （3）游泳竞赛讲解。 2. 体能训练： （1）专项拉伸。 （2）平板支撑。 （3）弹力带拉力练习。 （4）蹲跳起。 3. 展示或比赛： （1）50米蛙泳比赛、不限泳姿比赛、"我是裁判员"比赛。 （2）溺水救援展示。	1. 分组进行完整的蛙泳组合练习，并邀请水平较高的学生进行展示。初步进行岸上自由泳打腿练习。强调大腿带动小腿发力，绷紧脚踝。教师向学生讲解游泳竞赛的注意事项，并按水平进行分组，准备下节课的蛙泳考核。 2. 教师讲解50米蛙泳比赛规则，要求配合出发、转身、触壁技术，最先完成的组别获取胜利。安排学生当"小小裁判员"，相互学习。在不限泳姿比赛中可以尝试其他泳姿，鼓励学生大胆尝试。 3. 分组练习，小组长带领，教师共同参与。
18	**运动能力**：完成25米蛙泳考核；发展学生的心肺耐力、平衡能力等体能。 **健康行为**：在水环境中能够进行体育锻炼；树立游泳运动的安全意识，熟悉抽筋的处理方法，手指肌肉痉挛解救法、前臂肌肉痉挛解救法；在蛙泳考核中表现出较好的情绪调控能力；具有较好的交流与沟通的能力。	考核：25米蛙泳。	1. 教师讲解蛙泳考核要求，强调安全和注意事项。 2. 在教师的指导下，由小组长带领进行考核，组内学生作为裁判员，认真参与蛙泳考核。 3. 分组练习，小组长带领，教师共同参与。

（续上表）

课次	教学目标	教学内容	教学组织与方法
	体育品德：表现出敢于尝试，努力拼搏的精神；能够按照规则和要求参与考核。		

二、单元总评

本单元案例以水平三的学生为主要授课对象，该单元有以下特点：

（1）本单元案例以蛙泳专项运动技能发展学生核心素养为教育目标，贯彻"立德树人"的根本任务，秉承"健康第一"的理念，做到知识技能结构化学习。

（2）根据水平三学生的身心发展特点，将蛙泳学练内容与学生的认知经验进行建构，以情境为导向实现教学内容的整合。在情境中，学生围绕蛙泳技能中需要掌握的技能由易入难，从水性、呼吸、蹬腿、划手等单个动作再到组合动作学习，运用身体手部分解、腿部分解、配合等动作参与集体游戏或比赛、个人游戏或比赛，全面提高竞速能力。

（3）注重教学内容的整体性与关联性，层次清晰，逐级深入，引人入胜，丰富学生对蛙泳技能完整的运动项目的体验与理解，提升学生在比赛或展示活动中综合运用知识与技能解决问题的能力，形成惠及一生的正确价值观和必备品德。

（4）本单元精准把握蛙泳的"教会、勤练、常赛"特点，遵循学生的认知规律，系统、层次递进地教会学生蛙泳运动技能，并学以致用；通过反复练、提高练、强化练循序渐进地落实勤练，养成良好的运动习惯①；通过多种形式的教学比赛，激发学生练习兴趣、强化技能；提升蛙泳水平和运动能力，以及加强团队合作和公平竞争的意识。

---

① 于素梅. 义务教育课程标准（2022 年版）课例式解读　体育与健康（2022 年版）［M］. 北京：教育科学出版社，2022：19.

第七章　新兴体育类运动

新兴体育类运动是指在国际上比较流行、在国内开展不久或国内外新创的、大众色彩浓郁、深受青少年喜爱的体育活动，该类运动的主要特点是形式新颖，具有较强的时尚性和挑战性。①

第一节　水平二花样跳绳专项大单元

花样跳绳属于时尚运动类的新兴体育项目，具有娱乐性、休闲性和实用性等特点，是一项有助于培养学生参与体育运动的兴趣，加强学生的创新意识，提高学生对新鲜事物的接受能力与适应能力的综合性运动。所需器材简单、活动场地限制小，非常适合在运动场地缺乏的学校进行推广。

水平二花样跳绳专项大单元案例是以运动能力培养为核心，运用"学、练、赛、评"四个教学维度进行一体化教学模式的有益尝试，激发学生的技能学习兴趣和创新潜能，让学生在学习中思考、在练习中掌握、在比赛中运用，在评价中强化和加深印象。在进行整体规划大单元教学时有如下建议：

（1）设定结构化的练习内容。从单一动作到组合动作，从短绳、长绳的单独练习到多种绳一起使用的组合练习，激发学生自主学习的热情。

（2）注重培养学生的创新能力。鼓励学生开展花样跳绳组合动作的创编，提高学生的运动兴趣，为学生搭建展示的平台。

（3）以"学、练、赛"为主要形式。融入花样跳绳比赛项目的规则和战术学习，多维度评价学生对运动项目的掌握程度。

---

① 中华人民共和国教育部. 义务教育体育与健康课程标准（2022年版）[S]. 北京：北京师范大学出版社，2022.

一、教学案例

<table>
<tr><td colspan="2" align="center">体育与健康课程花样跳绳专项运动技能单元教学计划
（水平二）
学校：　　　广东省教育研究院黄埔实验学校　　　
年级：　3—4　　班级：　××班　　任课教师：　李鑫、沈慧婷　</td></tr>
<tr>
<td>学习
目标</td>
<td>运动能力：形成对花样跳绳运动的爱好，参与简化规则、降低要求的游戏和比赛；能说出花样跳绳的相关技术动作术语，了解花样跳绳的起源与发展、健身价值、安全行为与守则等基础知识；知道花样跳绳的基本规则和要求，能指出违反规则的行为，并尝试进行判罚；每学期观看不少于 8 次跳绳比赛；体能有所提高，能在教师的指导下参与体能练习。

健康行为：乐于参与花样跳绳运动，能做到每周运用所学技术动作进行 3 次（每次不少于 0.5 小时）跳绳类课外体育锻炼；能与同伴一起安全地进行游戏；表现出稳定的情绪，能与同伴交流、协作完成各种活动。

体育品德：在学习中认真观察，尊师守纪；在练习中刻苦努力，互帮互助，用肯定、真诚的眼光欣赏同伴的动作；在比赛中不断挑战自己，正确看待胜负，胜不骄，败不馁；在相互评价中，主动提醒并给予同伴帮助。</td>
</tr>
<tr>
<td>主要
教学
内容</td>
<td>基础知识与基本技能：在花样跳绳游戏中认识相关的器材，学练单人单绳的左右甩绳跳、并脚跳、双脚交换跳、开合跳、弓步跳、正摇编花跳，两人一绳的一带一跳、两人同步跳，多人"8"字跳长绳等基本动作和简单组合动作；说出花样跳绳的基本术语，知道花样跳绳运动的起源与发展、健身价值、安全防护等基础知识。

技战术：在花样跳绳游戏中运用所学的基本动作和简单组合动作，如 1 分钟双脚交换跳、4 人跳绳计时/计数接龙、10～20 秒 4 人不同跳法接力、1 分钟"8"字跳长绳等。

体能训练：知道花样跳绳运动需要的简单体能学练方法，乐于参与体能游戏，如通过各种方式的慢跑练习发展心肺耐力，通过并脚跳、开合跳、弓步跳，以及利用短绳和长绳的单脚跳、双脚跳、转体跳练习发展灵敏性和下肢肌肉力量等。

规则与裁判法：知道花样跳绳游戏与比赛的基本规则和要求、裁判的基本术语、简单判断动作的标准与准确计时/计数的裁判方法等；能指出花样跳绳游戏与比赛中违反规则的行为，并尝试进行判罚。</td>
</tr>
</table>

（续上表）

	展示或比赛：在花样跳绳游戏中敢于展示所学的运动技能，并参与小型花样跳绳比赛，如班级内配合音乐或有节奏地展示花样跳绳动作、规定时间内小组自选动作计数赛等；懂得花样跳绳比赛中的互相保护与行为礼仪。 **观赏与评价**：知道花样跳绳比赛的观看方式和途径，每学期通过现场、网络等观看不少于 8 次花样跳绳比赛。
教学重、难点	**学生学习的重、难点**：水平二的学生具有较强的好奇心，爱动，花样跳绳项目的学习具有综合性，可能会出现动作不标准、摇绳和过绳不够协调、速度不快等情况，需多熟悉动作和进行节奏练习，有助于提升学生的力量、协调性、耐力、速度、灵敏性等身体素质，增强运动能力，提升学生的整体技战术。 **教学组织的重、难点**：水平二学生注意力有所提升，具有一定的约束力，在教学中多采用自主学习、小组合作学习，分层练习等方式，充分调动学生参与的积极性。 **教学方法的重、难点**：融入情境教学法、分组练习法、游戏法、比赛法，培养学生良好的运动习惯、健康行为，让水平二的学生有沉浸式学习的体验。

课次	教学目标	教学内容	教学组织与方法
1	**运动能力**：学会摇绳、徒手单脚交换跳，发展学生的下肢力量及灵敏性、协调性。 **健康行为**：能积极参与体育活动，遵守比赛规则。 **体育品德**：展现出互帮互助、不怕困难的品质。	1. 结构化知识与技能： （1）摇绳。 （2）徒手交换脚跳。 （3）摇绳与徒手交换脚跳。 （4）徒手交换脚跳与10米爬行绕障碍物接力赛。 2. 体能训练：10米爬行绕障碍物接力赛。 3. 比赛：15秒徒手交换脚跳接力赛。	1. 创设跳绳游戏情境——横扫千军，进行"学"与"练"。教师强调课中容易出现的危险行为及明确课堂上需要遵守的要求，避免发生事故。 2. 学生进行分组循环练习，教师巡回指导，小组长协助指挥。 3. 教师讲解比赛规则和安全事项，进行15秒徒手交换脚跳接力赛。

（续上表）

课次	教学目标	教学内容	教学组织与方法
2	**运动能力**：复习摇绳和徒手交换脚跳，初步掌握摇绳和脚步配合，发展学生的下肢力量与身体协调性。 **健康行为**：能积极参与体育活动，遵守规则。 **体育品德**：展现出勇于挑战自己、不怕困难的品质。	1. 结构化知识与技能： （1）摇绳。 （2）摇绳和脚步配合。 （3）脚步和抬腿练习。 2. 体能训练：核心体能，小组循环练习。 3. 比赛：1分钟交换脚跳绳比赛。	1. 创设跳绳游戏情境——横扫千军，进行学生的"学"与"练"。 2. 学生听音乐进行分组循环练习，教师巡回指导，小组长协助指挥。 3. 教师讲解比赛规则和安全事项，进行1分钟交换脚跳绳比赛。
3	**运动能力**：复习单脚交换跳，初步掌握单脚交换跳与单脚左右跳、并脚前后跳组合跳练习。 **健康行为**：体验合作学练的乐趣；培养积极向上的态度。 **体育品德**：养成合作互助、勇敢自信的品质。	1. 结构化知识与技能： （1）单脚交换跳。 （2）并脚前后跳。 （3）单脚交换跳与并脚左右跳。 2. 体能训练：蚂蚁搬家。 3. 比赛：左右跳、前后跳比赛。	1. 创设跳绳游戏情境——石头剪刀布，进行学生的"学"与"练"。 2. 学生听音乐进行分组循环练习，教师巡回指导，小组长协助指挥。 3. 教师讲解比赛规则和安全事项，根据学生掌握的情况分组进行左右跳、前后跳比赛，引导学生自评、互评。
4	**运动能力**：学习并脚左右跳、前后跳，学习开合跳、弓步跳技术动作。 **健康行为**：养成热爱体育运动、积极参与锻炼的习惯。 **体育品德**：展现出自主学习、勇敢自信的品质。	1. 结构化知识与技能： （1）并脚左右跳。 （2）前后跳与学习开合跳。 （3）前后跳与学习弓步跳。 2. 体能训练：搬运物资小帮手。 3. 比赛：15秒竞速跳绳比赛。	1. 创设跳绳游戏情境——石头剪刀布，进行学生的"学"与"练"。 2. 学生进行分组循环练习，教师巡回指导，小组长协助指挥。 3. 教师讲解比赛规则和安全事项，根据学生掌握的情况分组进行15秒竞速跳绳比赛，引导学生自评、互评。

（续上表）

课次	教学目标	教学内容	教学组织与方法
5	**运动能力**：复习开合跳、弓步跳，初步掌握前后交叉跳技术动作。 **健康行为**：体验合作学练的乐趣；表现出积极向上的态度。 **体育品德**：培养勇于创新能力、勇敢自信的品质。	1.结构化知识与技能： （1）复习开合跳、弓步跳。 （2）复习开合跳、弓步跳＋学习前后交叉跳。 2.体能训练：穿越丛林（障碍跑）。 3.展示：开合跳、弓步跳、交叉跳花样动作展示。	1. 创设跳绳游戏情境——石头剪刀布，进行学生的"学"与"练"。 2. 教师讲解动作、采用循环练习法，小组长带动小组成员进行练习。 3. 分组进行开合跳、弓步跳、交叉跳花样动作展示。
6	**运动能力**：熟练掌握前后交叉跳，学习两人跳绳一带一跳技术动作。 **健康行为**：体验合作学练的乐趣；积极参与体育活动。 **体育品德**：展现出勇于创新的能力和不怕困难的品质。	1.结构化知识与技能： （1）前后交叉跳。 （2）前后交叉跳、两人跳绳一带一跳。 2.体能训练：模仿四种爬行动物。 3.比赛：一分钟"一带一"跳绳比赛。	1. 创设跳绳游戏情境——照镜子，进行学生的"学"与"练"。教师在示范的过程中让学生边观察边思考，并给予时间让学生讨论。 2. 学生进行分组循环练习，教师巡回指导，小组长协助指挥。 3. 教师讲解比赛规则和方法，强调安全和注意事项，分组进行一分钟"一带一"跳绳比赛。
7	**运动能力**：学习两人跳绳，能做到同步跳，发展学生的下肢力量及协调性。 **健康行为**：体验合作学练的乐趣；积极参与体育活动。 **体育品德**：展现出勇于挑战自我、不怕困难的品质。	1.结构化知识与技能： （1）弓步跳、前后交叉跳。 （2）两人跳绳一带一跳。 （3）两人同步跳。 2.体能训练：核心体能（tabata训练）。	1. 创设跳绳游戏情境——我来说你来做，进行学生的"学"与"练"。教师对跳绳动作进行讲解和示范，在示范的过程中让学生一边观察一边思考，给予学生时间讨论，并组织学生进行尝试。

(续上表)

课次	教学目标	教学内容	教学组织与方法
		3. 比赛：一分钟两人同步跳比赛。	2. 教师讲解动作、采用循环练习法，小组长带领小组成员进行练习。 3. 教师讲解比赛规则及安全事项，分组进行一分钟两人同步跳比赛。
8	**运动能力**：学习花样跳绳大众一级动作、编排组合套路动作。发展学生的心肺耐力、肌肉力量、协调性等体能。 **健康行为**：积极参与体育锻炼和体育活动；树立良好的安全意识；关注自己的情绪；积极与同伴交流。 **体育品德**：培养勇于挑战、团结向上的品质；按照规则和要求参与体育活动。	1. 结构化知识与技能： （1）复习花样跳绳大众一级动作。 （2）编排组合套路动作。 2. 体能训练：六分钟tabata花样跳绳。 3. 展示：编排组合套路动作展示。	1. 创设跳绳游戏情境——我来说你来做，进行学生的"学"与"练"。教师通过讲解引导学生思考动作的技术要领，并对动作进行示范，在示范的过程中，邀请若干学生对动作要领进行回答。教师根据学生的个人特点进行分组，在学生练习时进行巡回指导。 2. 教师讲解动作、采用循环练习法，小组长带领小组成员进行练习。 3. 分组进行编排组合套路动作展示。
9	**运动能力**：复习花样跳绳大众一级动作，小组展示，初步掌握花样跳绳大众一级动作加两人跳绳。发展学生的心肺耐力、肌肉力量。 **健康行为**：积极主动参与体育锻炼；将安全意识运用到体育活动中；体验合作学练的乐趣。	1. 结构化知识与技能： （1）花样跳绳大众一级动作。 （2）两人跳绳。 2. 体能训练：15米换物折返跑接力。 3. 展示：编排套路动作展示。	1. 创设跳绳游戏情境——照镜子，进行学生的"学"与"练"。教师邀请若干学生对动作要领进行展示和讲解，并组织其他学生一边观察一边思考。 2. 教师讲解动作、采用循环练习法，小组长带领小组成员进行练习。

（续上表）

课次	教学目标	教学内容	教学组织与方法
	体育品德：表现出勇于克服困难的精神；在体育活动中表现出文明礼貌、乐于助人的行为。		3．分组进行编排组合套路动作展示。
10	**运动能力**：学习弹踢腿跳、后屈腿跳，发展学生的下肢力量与协调性。 **健康行为**：尝试在学习过程中进行互相评价，欣赏他人，积极参与体育活动。 **体育品德**：表现出团结拼搏、勇于挑战的品质。	1．结构化知识与技能： （1）弹踢腿跳。 （2）后屈腿跳。 2．体能训练：定向跑。 3．比赛：4人60秒竞速跳绳接力赛。	1．创设跳绳游戏情境——照镜子，进行学生的"学"与"练"。教师通过讲解引导学生思考动作的技术要领，并对动作进行示范，在示范的过程中，邀请若干学生对动作要领进行回答。教师根据学生的个人特点进行分组，在学生练习时进行巡回指导。 2．教师讲解动作、采用循环练习法，小组长带领小组成员进行练习。 3．分组进行4人60秒竞速跳绳接力赛。
11	**运动能力**：学习钟摆跳、踏步跳，能够做出衔接动作，发展学生的下肢力量与协调性。 **健康行为**：学会欣赏他人，并能做出正面评价；与同伴一起安全地进行游戏或比赛。 **体育品德**：展现出勇敢顽强的精神；按照规则和要求参与体育活动。	1．结构化知识与技能： （1）钟摆跳。 （2）踏步跳。 2．体能训练：15米行进间跳绳接力。 3．比赛：4人竞速跳绳60秒接力赛。	1．创设跳绳游戏情境——照镜子，进行学生的"学"与"练"。教师通过讲解引导学生思考动作的技术要领，并对动作进行示范，在示范的过程中，邀请若干学生对动作要领进行回答。 2．教师讲解动作、采用循环练习法，小组长带领小组成员进行练习。 3．教师讲解比赛规则及安全事项，分组进行4人竞速跳绳60秒接力赛。

（续上表）

课次	教学目标	教学内容	教学组织与方法
12	**运动能力**：进一步掌握吸腿跳、左右侧摆直摇跳，学会两种跳绳方法，发展学生的下肢力量与协调性。 **健康行为**：在活动过程中树立安全意识，提升自我保护的能力。 **体育品德**：展现出合作互助、勇敢自信的品质。	1. 结构化知识与技能： （1）吸腿跳。 （2）左右侧摆直摇跳。 2. 体能训练："稳过独木桥"平衡游戏。 3. 比赛：1分钟吸腿跳、钟摆跳比赛。	1. 创设跳绳游戏情境——我是摇摆人，进行学生的"学"与"练"。请学生现场演示，组织学生分组练习。 2. 教师讲解动作、采用循环练习法，小组长带领小组成员进行练习。 3. 教师讲解比赛规则及安全事项，分组进行1分钟吸腿跳、钟摆跳比赛。
13	**运动能力**：通过学习能做出前后转换跳、手臂缠绕动作，发展学生的下肢力量与协调性。 **健康行为**：养成热爱体育运动，积极参与锻炼的习惯。 **体育品德**：展现出坚持不懈、勇敢顽强的品质。	1. 结构化知识与技能： （1）前后转换跳。 （2）手臂缠绕。 2. 体能训练："我是特种兵"游戏，运用多种爬行方式通过障碍物。 3. 比赛：90秒竞速跳绳比赛。	1. 创设跳绳游戏情境——比比谁更快，进行学生的"学"与"练"。教师使用多媒体演示前后转换跳、手臂缠绕动作。 2. 学生进行分组循环练习，教师巡回指导，小组长协助指挥。 3. 教师讲解比赛规则和方法，强调安全和注意事项，分组进行90秒竞速跳绳比赛。
14	**运动能力**：学习"8"字长绳＋进出绳路线，发展学生的灵敏性与下肢力量。 **健康行为**：养成热爱体育运动、积极参与锻炼的习惯；关注自己的情绪变化。	1. 结构化知识与技能： （1）"8"字长绳摇绳。 （2）"8"字长绳进出绳路线。 2. 体能训练：波比跳。 3. 比赛：1分钟"8"字长绳比赛。	1. 创设跳绳游戏情境——过三关，进行学生的"学"与"练"。分组学习"8"字长绳＋进出绳路线，小组长巡回指导；教师使用多媒体再次演示技术，再由教师讲解并示范。

（续上表）

课次	教学目标	教学内容	教学组织与方法
	体育品德：展现出坚持不懈、勇敢顽强的品质；在体育活动中表现出文明礼貌、乐于助人的行为。		2. 学生进行分组循环练习，教师巡回指导，小组长协助指挥。 3. 教师讲解比赛规则和方法，强调安全和注意事项，分组进行1分钟"8"字长绳比赛。
15	**运动能力**：学习"8"字长绳进出绳时机＋节奏步法，提高学生的灵敏性及增强下肢力量。 **健康行为**：通过学练，敢于展示自我，增强自信心。 **体育品德**：培养合作学练、勇敢自信的品质。	1. 结构化知识与技能： （1）"8"字长绳进出绳时机练习。 （2）"8"字长绳节奏步法练习。 2. 体能训练： （1）敏捷梯上肢练习。 （2）仰卧起坐。 （3）半蹲跳起。 3. 比赛：2分钟"8"字长绳比赛。	1. 创设跳绳游戏情境——谁是节奏王，进行学生的"学"与"练"。在练习的过程中组内同学进行帮扶练习，相互合作探究，相互鼓励。 2. 学生进行分组循环练习，教师巡回指导，小组长协助指挥。 3. 教师讲解比赛规则和方法，强调安全和注意事项，分组进行2分钟"8"字长绳比赛。
16	**运动能力**：复习花样跳绳大众二级＋自编套路动作，提高学生的灵敏性及增强下肢力量。 **健康行为**：通过"学、练、赛"，展示自我，积极参与体育活动。 **体育品德**：养成坚毅果断、互帮互助的品质。	1. 结构化知识与技能： （1）"8"字长绳节奏步法练习。 （2）复习花样跳绳大众二级＋自编套路动作。 2. 体能训练： （1）平板支撑传物游戏。 （2）开合跳头顶击掌。 （3）仰卧交替举腿。 3. 比赛：30秒变换花样动作接力赛。	1. 创设跳绳游戏情境——看谁记得牢，进行学生的"学"与"练"。在练习的过程中视学生的掌握情况使用辅助器材。 2. 学生进行分组循环练习，教师巡回指导，小组长协助指挥。 3. 教师讲解比赛规则和方法，强调安全和注意事项，分组进行30秒变换花样动作接力赛。

(续上表)

课次	教学目标	教学内容	教学组织与方法
17	**运动能力**：能熟练掌握跳绳动作组合之间的动作衔接，提高学生的速度、灵敏性和协调性。 **健康行为**：通过学练，敢于展示自我，增强自信心。 **体育品德**：表现出勇于争先和团队合作精神；在比赛中增强规则意识。	1. 结构化知识与技能： （1）复习花样跳绳大众二级动作。 （2）复习自编套路动作。 2. 体能训练：腰腹与核心力量 tabata 循环。 3. 展示：自编套路动作展示。	1. 创设跳绳游戏情境——变化万千，进行学生的"学"与"练"。在练习的过程中组内同学进行帮扶练习，相互合作探究，相互鼓励。 2. 听音乐开始练习，小组之间交换进行练习，共完成4—5次。 3. 分组轮换进行自编套路动作展示，轮换小组充当裁判员和评委。
18	**运动能力**：能熟练掌握跳绳动作组合之间的动作衔接，提高学生的速度、灵敏性和协调性。 **健康行为**：尝试组内互评，欣赏他人，积极参与体育活动。了解跳绳运动对促进身体健康的好处；与同伴一起安全地进行游戏或比赛。 **体育品德**：展现出克服困难、勇于挑战的品质。	1. 结构化知识与技能： （1）花样跳绳大众一级动作与两人同跳。 （2）花样跳绳大众二级动作与"8"字长绳。 2. 体能训练："比比谁柔软"游戏（柔韧游戏）。 3. 考核：自编套路动作考核。	1. 创设跳绳游戏情境——变化万千，进行学生的"学"与"练"。教师讲解和示范完整的技术动作，学生认真听讲和注意观察教师的技术动作。 2. 教师讲解动作，小组长带领小组成员进行循环练习并展示。 3. 分组进行自编套路动作考核，并记录成绩。

二、单元总评

本单元案例以水平二的学生为主要授课对象，该单元有以下特点：

（1）根据该年龄段学生的心理、生理特点，以及学生的实际情况，合理、科学地安排运动密度和强度。采取各种形式的游戏激发学生的学习兴趣，帮助学生掌握花样跳绳项目的专项运动技能，同时提高学生的体能。

（2）除设计专项运动技能的目标外，特别注重对学生成果展示以及运动技能的组合应用，突出教学目标的应用性。

（3）创新学习方式，注重练习任务循序渐进，强调分层学习、小组合作学习、赛事学习等形式的运用，充分满足学生的个性和共性发展需要。

（4）提供展示平台，倡导学以致用。在教学中创设情境和比赛氛围，学生运用所学技术，通过比赛提升竞赛能力，培养良好的竞争意识和团队合作能力。通过"学、练、赛"相结合，达到全员参与并获得提升的目标。

第二节　水平三花样跳绳专项大单元

水平三花样跳绳专项大单元案例以提高学生专项运动技能为核心，通过对单人单绳的并脚左右跳、侧甩直摇跳、勾脚点地跳、后摇跳、双摇跳，两人车轮跳、两人一绳的依次跳与行进跳，多人穿梭的"8"字跳、长绳、交互绳跳等跳绳运动技能的"学、练、赛"，实现课中各节点间的互通互融，在练中学、学中练，赛中练、练中赛，赛中评、评中赛。学生围绕每节课的学习任务主动思考，投入练习，互相合作，形成正确的动作技能，并且在比赛中综合运用，达到活学活用的效果。在进行整体规划大单元教学时有如下建议：

（1）注重基本动作技术、组合动作技术，以及单人动作技术、两人或多人配合动作技术的学练，强化动作之间的衔接与连贯，逐步提高学生的动作技术熟练程度和合作能力。[①]

（2）设计具有一定挑战性的不同主题、不同形式、不同情境的比赛，指导学生在比赛中担任运动员、裁判、教练、宣传员、观众、摄影师等不同角色，加强学生团队合作和公平竞争的意识。

（3）重视学练中的创新与探究，可以根据不同音乐节奏进行组合动作的创编，培养学生的创新意识和能力。

---

① 中华人民共和国教育部. 义务教育体育与健康课程标准（2022年版）[S]. 北京：北京师范大学出版社，2022.

一、教学案例

<table>
<tr><td colspan="2" align="center">体育与健康课程花样跳绳专项运动技能单元教学计划
（水平二）
学校：　　广东省教育研究院黄埔实验学校　　
年级：　5—6　班级：　××班　任课教师：黄银涛、钟劲孙</td></tr>
<tr>
<td>学习
目标</td>
<td>

运动能力：熟练掌握花样跳绳单人单绳的并脚左右跳、侧甩直摇跳、勾脚点地跳、后摇跳、双摇跳，两人车轮跳、两人一绳的依次跳与行进跳，多人穿梭的"8"字跳、长绳、交互绳跳等主要的基本动作技术和组合动作技术，并描述基本要领和练习方法；能说出花样跳绳的相关专业术语，了解相关动作的技术要素、动作完成技巧、安全行为与守则等基础知识；知道花样跳绳竞赛的规则和要求，能指出违反规则的行为，能对常见犯规动作进行判罚；每学期观看不少于8次跳绳比赛；能在教师的指导下完成专项体能练习。

健康行为：乐于参与花样跳绳运动，知道花样跳绳对身体的锻炼价值，如提高身体协调性、提升速度素质等。能做到每天运用所学技术动作进行3次（每次不少于0.5小时）跳绳类课外体育锻炼；能与同伴一起安全地进行游戏；表现出稳定的情绪，能与同伴交流、协作完成各种活动。

体育品德：在学习中认真观察，尊师守纪；在练习中刻苦努力，互帮互助，用肯定、真诚的眼光欣赏同伴的动作；在比赛中不断挑战自己，正确看待胜负，胜不骄，败不馁；在相互评价中，主动提醒并给予同伴帮助。

</td>
</tr>
<tr>
<td>主要
教学
内容</td>
<td>

基础知识与基本技能：学练花样跳绳单人单绳的并脚左右跳、侧甩直摇跳、勾脚点地跳、后摇跳、双摇跳，两人车轮跳、两人一绳的依次跳与行进跳，多人穿梭的"8"字跳、长绳交互绳跳等主要的基本动作技术和组合动作技术，并描述基本要领和练习方法；了解与花样跳绳运动相关的知识和文化，以及常见花样跳绳运动损伤的处理方法。

技战术：在花样跳绳的综合练习、展示或比赛中运用所学基本动作技术和组合动作技术，如30秒双摇计时跳、1分钟反摇跳、4人不同跳法接力、2分钟穿梭"8"字长绳跳、3人交互绳跳等，并根据自身和团队优势调控节奏及进行分工合作。

体能训练：在花样跳绳运动中加强体能练习，如通过并脚左右跳、抬腿跳、勾脚点地跳、团身跳练习发展下肢肌肉力量、协调性和灵敏性等。

</td>
</tr>
</table>

（续上表）

<table>
<tr>
<td colspan="2">规则与裁判法：了解花样跳绳比赛的基本规则、动作判断标准与准确计时/计数的裁判方法；参与组织内的花样跳绳比赛，并能承担比赛的裁判工作。
展示或比赛：参与不同形式的花样跳绳展示或比赛，如固定音乐节奏的跳绳展示、自选 2 种动作计时/计数赛、两人车轮跳计数赛等；在展示或比赛中做出连贯、流畅的动作，表现出默契和花样跳绳运动的基本礼仪。
观赏与评价：学习如何观赏花样跳绳比赛；每学期通过现场、网络等观看不少于 8 次花样跳绳比赛；了解与花样跳绳有关的重要比赛，并能对这些比赛进行简要评价。</td>
</tr>
<tr>
<td>教学
重、
难点</td>
<td>学生学习的重、难点：水平三的学生具有较强的好奇心，爱动，花样跳绳项目的学习具有综合性，可能会出现动作不标准、摇绳和过绳不够协调、速度不快等情况，需多熟悉动作和进行节奏练习，有助于提升学生的力量、协调性、耐力、速度、灵敏性等身体素质，增强运动能力，提升学生的整体技战术。
教学组织的重、难点：水平三的学生注意力有所提升，具有一定的约束力，在教学中多采用自主学习、小组合作学习、分层练习等方式，充分调动学生参与的积极性。
教学方法的重、难点：融入情境教学法、分组练习法、游戏法、比赛法，培养学生良好的运动习惯、健康行为，让水平三的学生有沉浸式学习的体验。</td>
</tr>
<tr>
<td>课次</td>
<td>教学目标</td>
</tr>
<tr>
<td>1</td>
<td>运动能力：初步掌握甩绳前后打，侧甩直摇跳、30 秒侧身直摇跳动作，发展学生的协调性、下肢力量。
健康行为：理解体育锻炼对健康的重要性，主动参与校内外体育锻炼。
体育品德：在有挑战性的体育活动中迎难而上，表现出自信和抗挫能力。</td>
</tr>
</table>

课次	教学目标	教学内容	教学组织与方法
1	**运动能力**：初步掌握甩绳前后打，侧甩直摇跳、30 秒侧身直摇跳动作，发展学生的协调性、下肢力量。 **健康行为**：理解体育锻炼对健康的重要性，主动参与校内外体育锻炼。 **体育品德**：在有挑战性的体育活动中迎难而上，表现出自信和抗挫能力。	1. 结构化知识与技能： （1）甩绳前后打。 （2）侧甩直摇跳。 （3）30 秒侧身直摇跳。 2. 体能训练： （1）柔韧拉伸。 （2）平板支撑。 （3）并脚左右跳、团身跳。 3. 展示：甩绳前后打和侧身直摇跳展示。	1. 创设跳绳游戏情境——模仿大师，进行学生的"学"与"练"。教师利用多媒体教学，结合学生日常参与跳绳的情境，讲解专项知识，并及时回顾所讲述的知识要领。 2. 分组练习，小组长协助指挥。 3. 教师讲解展示方法，强调安全和注意事项，组织学生分组进行甩绳前后打和侧身直摇跳展示。

（续上表）

课次	教学目标	教学内容	教学组织与方法
2	**运动能力**：初步掌握勾脚点地跳和30秒计时勾脚点地跳，发展学生的灵敏性、协调性和下肢力量。 **健康行为**：将勾脚点地跳和30秒计时勾脚点地跳安全知识运用在日常锻炼中。 **体育品德**：在比赛或展示中表现出勇敢自信，遵守规则、尊重对手的品质。	1. 结构化知识与技能： （1）勾脚点地跳。 （2）30秒计时勾脚点地跳。 2. 体能训练： （1）单脚跳、勾脚点地跳。 （2）波比跳。 3. 展示：甩绳展示。	1. 再次对课堂提出明确要求，让学生共同回顾课堂上需要遵守的要求，避免发生事故。 2. 创设跳绳游戏情境——节奏大师，进行学生的"学"与"练"。 3. 分组练习，小组长协助指挥。 4. 教师讲解展示方法，强调安全和注意事项，组织学生分组进行甩绳展示。
3	**运动能力**：初步掌握后摇跳、交叉跳、1分钟反摇跳，发展学生的灵敏性、协调性和下肢力量。 **健康行为**：在运动过程中遭受挫折和失败时保持情绪稳定。 **体育品德**：在有挑战性的体育活动中迎难而上，表现出自信和抗挫能力。	1. 结构化知识与技能： （1）后摇跳。 （2）交叉跳。 （3）1分钟反摇跳。 2. 体能训练： （1）敏捷梯单双脚轮换跳。 （2）半蹲跳。 （3）仰卧两头起。 3. 比赛：30秒后摇交叉跳比赛。	1. 教师示范后摇跳、交叉跳，邀请学生共同尝试。 2. 创设跳绳游戏情境——比比谁跳得多，进行学生的"学"与"练"。 3. 分组练习，教师巡回指导，小组长协助指挥。 4. 教师讲解比赛规则和方法，强调安全和注意事项，并组织学生分组进行30秒后摇交叉跳比赛。
4	**运动能力**：基本掌握交叉后摇跳和30秒计时交叉后摇跳，发展学生的上肢力量、协调性。 **健康行为**：在体育锻炼中，与同学交流合作的能力提升，适应环境的能力增强。	1. 结构化知识与技能： （1）单脚跳、勾脚点地跳。 （2）交叉后摇跳。 （3）交叉跳、30秒计时交叉后摇跳。 2. 体能训练： （1）手臂爬行。 （2）卷腹。	1. 创设跳绳游戏情境——比比谁跳得多，进行学生的"学"与"练"。学生分组进行单脚跳、勾脚点地跳动作练习，学生进行自评、互评，教师对学生动作进行整体评价。 2. 在音乐伴奏下，集体练习，小组长协助指挥。

（续上表）

课次	教学目标	教学内容	教学组织与方法
	体育品德：具有团队精神和集体意识，能接受比赛结果。	（3）高抬腿。 （4）纵跳摸高。 3．展示：敏捷梯下肢和上肢协调性展示。	3．教师讲解展示方法，强调安全和注意事项，组织学生分组进行敏捷梯下肢和上肢协调性展示。
5	**运动能力**：初步掌握双摇跳和30秒计时双摇跳，提高学生的核心能力、下肢力量。 **健康行为**：理解体育锻炼对健康的重要性，主动参与校内外体育锻炼。 **体育品德**：遵守规则，尊重裁判、尊重对手，表现出公平竞争意识。	1．结构化知识与技能： （1）双摇跳。 （2）双摇跳、交叉跳。 （3）双摇跳、30秒计时双摇跳。 2．体能训练： （1）收腿跳。 （2）纵跳。 （3）提踵走。 3．比赛：30秒双摇跳接力赛。	1．教师讲解、示范动作要领，学生分组练习，教师巡回指导，小组长协助指挥。 2．教师讲解比赛规则和方法，强调安全和注意事项，并组织学生分组进行30秒双摇跳接力赛。
6	**运动能力**：掌握双摇跳和30秒计时双摇跳，发展学生的下肢力量。 **健康行为**：树立运动安全意识，将健康与安全知识和技能运用于日常生活中。 **体育品德**：遵守规则，尊重裁判、尊重对手，表现出公平竞争意识。能够按照规则和要求参与比赛。	1．结构化知识与技能： （1）双摇跳、交叉跳。 （2）双摇跳、30秒计时双摇跳。 2．体能训练：深蹲跳。 3．比赛：两人30秒计时双摇跳比赛。	1．教师讲解、示范动作要领，学生分组练习，进行自评、互评，教师个别指导。 2．在音乐伴奏下，集体练习，教师巡回指导，小组长协助指挥。 3．学生分组进行两人30秒计时双摇跳比赛，基础薄弱的学生做双摇跳＋交叉跳等练习。
7	**运动能力**：初步掌握两人一绳依次跳动作，发展学生的核心力量、上肢力量与协调性。	1．结构化知识与技能： （1）双摇跳、30秒计时双摇跳。 （2）两人同时跳。 （3）两人一绳依次跳。	1．教师讲解、示范动作要领，学生分组练习，教师提醒与纠错。 2．在音乐伴奏下，集体练习，小组长协助指挥。

（续上表）

课次	教学目标	教学内容	教学组织与方法
7	**健康行为**：能在遭受挫折和失败时保持情绪稳定，表现出良好的交流与沟通的能力。 **体育品德**：在有一定困难的体育活动中表现出勇敢顽强、努力克服困难的品质。	2. 体能训练： （1）立卧撑。 （2）仰卧起坐。 （3）折返跑。 3. 展示：两人一绳依次跳展示。	3. 教师讲解展示方法，强调安全和注意事项，组织学生分组进行两人一绳依次跳展示，教师对学生动作进行整体评价。
8	**运动能力**：熟练掌握两人一绳依次跳（跳绳速度）、1分钟计时两人跳绳，发展学生的核心力量，上肢力量与协调性。 **健康行为**：理解体育锻炼对健康的重要性，主动参与校内外体育锻炼。 **体育品德**：遵守规则，尊重裁判、尊重对手，表现出公平竞争的意识。	1. 结构化知识与技能： （1）两人同时跳。 （2）两人一绳依次跳。 （3）1分钟计时两人跳。 2. 体能训练： （1）蚂蚁搬物接力赛。 （2）平板支撑。 （3）高抬腿。 3. 比赛：跳绳竞速赛。	1. 教师讲解、示范动作要领，邀请若干学生对动作要领进行回答，学生自由讨论。教师根据学生的个人特点进行分组练习，教师巡回指导，小组长协助指挥。 2. 教师讲解比赛规则和方法，强调安全和注意事项，学生分组进行跳绳竞速赛。
9	**运动能力**：基本掌握花样跳绳大众三级前四个动作、四人不同跳法接力，发展学生的灵敏性、下肢力量。 **健康行为**：将健康与安全知识和技能运用于日常生活中。 **体育品德**：具有团队精神和集体意识，能接受比赛结果。	1. 结构化知识与技能： （1）花样跳绳大众三级前四个动作。 （2）四人不同跳法接力。 2. 体能训练： （1）障碍跑跳。 （2）跳小栏架。 （3）俯撑交替摸肩。 3. 展示：两分钟设计动作展示。	1. 教师利用多媒体教学，结合学生日常参与跳绳的情境，讲解专项知识和跳绳的安全注意事项。 2. 在音乐伴奏下，集体练习，小组长协助指挥。 3. 教师讲解展示方法，强调安全和注意事项，组织学生分组进行两分钟设计动作展示，教师对学生动作进行整体评价。

（续上表）

课次	教学目标	教学内容	教学组织与方法
10	**运动能力**：初步学会吸踢腿跳和30秒吸腿跳，发展学生的灵敏性、下肢力量。 **健康行为**：在体育锻炼中，与同学交流合作的能力提升，适应环境的能力增强。 **体育品德**：在有挑战性的体育活动中表现出勇敢顽强、克服困难的品质。	1. 结构化知识与技能： （1）吸踢腿跳。 （2）30秒吸腿跳。 2. 体能训练： （1）敏捷梯下肢力量协调练习。 （2）连续深蹲跳。 （3）折返跑。 3. 比赛：1分钟吸踢腿跳比赛。	1. 学生进行"学"与"练"，教师有针对性地进行指导，并及时纠正学生的错误动作。 2. 分组练习，教师巡回指导，小组长协助指挥。 3. 教师讲解比赛规则和方法，强调安全和注意事项，组织学生分组进行1分钟吸踢腿跳比赛。
11	**运动能力**：初步掌握侧身前点地跳、30秒计时侧身前点地跳，发展学生的下肢力量、协调性。 **健康行为**：将健康与安全知识和技能运用于日常生活中。 **体育品德**：按照规则要求参与体育活动，具有团队精神和集体意识，能接受比赛结果。	1. 结构化知识与技能： （1）侧身前点地跳。 （2）30秒计时侧身前点地跳。 2. 体能训练： （1）连续蛙跳。 （2）鸭子步。 3. 比赛：侧身前点地跳接力赛。	1. 学生进行"学"与"练"。分组讨论侧身前点地跳及30秒计时侧身前点地跳要领，教师进行点评。 2. 在音乐伴奏下，集体练习，小组长协助指挥。 3. 教师讲解比赛规则和方法，强调安全和注意事项，组织学生进行侧身前点地跳接力赛。
12	**运动能力**：基本掌握双脚交叉侧勾点地跳、30秒双脚交叉侧勾点地跳，发展学生的灵敏性、上肢力量。 **健康行为**：在遭受挫折和失败时保持情绪稳定，表现出良好的交流与沟通的能力。 **体育品德**：遵守规则，尊重对手，表现出公平竞争的意识。	1. 结构化知识与技能： （1）双脚交叉侧勾点地跳。 （2）30秒双脚交叉侧勾点地跳。 2. 体能训练： （1）敏捷梯上肢力量练习。 （2）立卧撑。 （3）弹力带臂屈伸练习。 3. 展示：双脚交叉侧勾点地跳展示。	1. 学生进行"学"与"练"，学生自评、互评；教师巡回指导，强化动作要领。 2. 在音乐伴奏下，集体练习，小组长协助指挥。 3. 教师讲解展示方法，强调安全和注意事项，组织学生分组进行双脚交叉侧勾点地跳展示，教师对学生动作进行整体评价。

（续上表）

课次	教学目标	教学内容	教学组织与方法
13	**运动能力**：初步学会侧摆交叉跳、30 秒侧摆交叉跳，发展学生的下肢力量和协调性。 **健康行为**：在体育锻炼中，与同学交流合作的能力提升，适应环境的能力增强。 **体育品德**：积极应对体育活动中遇到的困难，表现出吃苦耐劳、勇于拼搏、勇于争先的精神。	1. 结构化知识与技能： （1）侧摆交叉跳。 （2）30 秒侧摆交叉跳。 2. 体能训练： （1）团身跳。 （2）弓步跳。 （3）高抬腿。 3. 展示：30 秒侧摆交叉跳展示。	1. 学生进行"学"与"练"，邀请水平较好的学生展示，教师从旁讲解。 2. 分组练习，教师巡回指导，小组长协助指挥。 3. 教师讲解展示方法，强调安全和注意事项，组织学生分组进行 30 秒交叉侧摆交叉跳展示，教师对学生动作进行整体评价。
14	**运动能力**：初步掌握两人车轮跳，发展学生的协调性及平衡能力。 **健康行为**：理解体育锻炼对健康的重要性，主动参与校内外体育锻炼。 **体育品德**：在有挑战性的体育活动中能迎难而上，表现出自信和抗挫能力。	1. 结构化知识与技能： （1）侧摆交叉跳、30 秒侧摆交叉跳。 （2）两人车轮跳。 2. 体能训练： （1）体能环前后左右交换跳。 （2）折返跑。 （3）快速跑。 3. 比赛：1 分钟车轮跳比赛。	1. 学生进行"学"与"练"，学生自评、互评。教师巡回指导，强化侧摆交叉跳、30 秒侧摆交叉跳、两人车轮跳动作要领。 2. 在音乐伴奏下，集体练习，教师巡回指导，小组长协助指挥。 3. 教师讲解比赛规则和方法，强调安全和注意事项，学生进行 1 分钟车轮跳比赛。
15	**运动能力**：初步掌握交互绳摇绳与进绳，发展学生的协调性、下肢力量。 **健康行为**：在体育锻炼中，与同学交往合作的能力提升，适应环境的能力增强。	1. 结构化知识与技能： （1）两人车轮跳。 （2）交互绳摇绳与进绳。 2. 体能训练： （1）摇绳行进间跨跳。 （2）连续蹲跳。	1. 教师讲解和示范，邀请水平较好的学生展示，教师从旁讲解。两人一组相互指导、相互评价。 2. 在音乐伴奏下，集体练习，教师巡回指导，小组长协助指挥。

（续上表）

课次	教学目标	教学内容	教学组织与方法
	体育品德：遵守规则，尊重裁判、尊重对手，表现出公平竞争的意识。	（3）鸭子步。 （4）专项拉伸。 3. 比赛：1分钟交互绳摇绳比赛。	3. 教师讲解比赛规则和方法，强调安全和注意事项，组织学生进行1分钟交互绳摇绳比赛。
16	**运动能力**：初步掌握交互绳技术动作，发展学生的上、下肢力量及协调性、平衡能力。 **健康行为**：将健康与安全知识和技能运用到日常生活中。在跳绳比赛中表现出良好的情绪调控能力。 **体育品德**：具有团队精神和集体意识，能接受比赛结果。	1. 结构化知识与技能：交互绳摇绳与进绳（注意身体姿势与脚的动作）。 2. 体能训练： （1）立卧撑。 （2）高抬腿。 （3）半蹲跳起。 3. 比赛：30秒交互绳接力赛。	1. 教师示范交互绳摇绳与进绳，学生模仿练习，并选出水平较好的学生进行展示，结束后教师指导评价。 2. 分组练习，教师巡回指导，小组长协助指挥。 3. 教师讲解比赛规则和方法，强调安全和注意事项，学生进行30秒交互绳接力赛。
17	**运动能力**：初步学会多人穿梭"8"字长绳，发展学生的下肢力量、心肺耐力。 **健康行为**：将健康与安全知识和技能运用到日常生活中。 **体育品德**：在有挑战性的体育活动中迎难而上，表现出自信和抗挫能力，具有团队精神和集体意识，能接受比赛结果。	1. 结构化知识与技能： （1）两人车轮跳。 （2）交互绳摇绳与进绳。 （3）多人穿梭"8"字长绳。 2. 体能训练： （1）快速小步跑。 （2）高抬腿。 （3）蹲跳起。 （4）平板支撑。 3. 比赛：3分钟"8"字长绳比赛。	1. 学生进行"学"与"练"，分组进行完整的多人穿梭"8"字长绳练习，并邀请水平较好的学生进行展示。 2. 在音乐伴奏下，集体练习，教师巡回指导，小组长协助指挥。 3. 教师讲解比赛规则和方法，强调安全和注意事项，学生进行3分钟"8"字长绳比赛。

（续上表）

课次	教学目标	教学内容	教学组织与方法
18	**运动能力：** 进一步掌握花样跳绳大众三级动作、交互绳、四人不同跳法接力，发展学生的灵敏性及下肢力量。 **健康行为：** 理解体育锻炼对健康的重要性，主动参与校内外体育锻炼。遭受挫折和失败时保持情绪稳定。 **体育品德：** 遵守规则，尊重对手，表现出公平竞争的意识，具有团队精神和集体意识，能接受比赛结果。	1. 结构化知识与技能： （1）交互绳摇绳与进绳。 （2）多人穿梭"8"字长绳。 （3）交互绳＋四人不同跳法接力。 2. 体能训练：跨越丛林。 3. 展示：根据音乐分组进行 2 分钟展示动作。	1. 学生进行"学"与"练"，邀请水平较好的学生展示，教师从旁讲解。 2. 分组练习，教师巡回指导，小组长协助指挥。 3. 教师讲解展示方法，强调安全和注意事项，组织学生根据音乐分组进行 2 分钟展示动作。

二、单元总评

本单元案例是以水平三的学生为主要授课对象，该单元有以下特点：

（1）根据水平三年龄段学生的个人特点，如年龄、性别、身体条件、学练水平、特长、文化水平和心理品质等方面，有针对性地、科学地确定学习任务、内容、方法、手段和运动负荷。

（2）采取各种形式的游戏激发学生的学习兴趣，帮助学生掌握花样跳绳项目的专项运动技能，同时提高学生的体能。

（3）速度训练与花样训练相结合，速度训练是花样跳绳训练中的基础训练，花样训练是速度训练的高级形式，花样动作的完成都需要速度作为保证。注重学生成果的展示以及运动技能的组合应用，突出教学目标的应用性。

（4）创新学习方式，注重练习任务循序渐进，强调分层学习、小组合作学习、赛事学习等形式的运用，充分满足学生的个性和共性发展需要。

（5）提供展示平台，倡导学以致用。在教学中创设情境和比赛氛围，学生运用所学技术，通过比赛提升竞赛能力，培养良好的竞争意识和团队合作能力。通过"学、练、赛"相结合，达到全员参与并获得提升的目标。

参考文献

［1］中华人民共和国教育部．义务教育体育与健康课程标准（2022 年版）［S］．北京：北京师范大学出版社，2022．

［2］于素梅．义务教育课程标准（2022 年版）课例式解读　体育与健康［M］．北京：教育科学出版社，2022．

［3］毛振明，潘建芬．新版课程标准解析与教学指导：体育与健康［M］．北京：北京师范大学出版社，2022．

［4］王金华．基于核心素养的有效学习与学业评价策略：中小学体育与健康［M］．长春：东北师范大学出版社，2019．

［5］黄宇顺．游泳必备基础实用技巧［M］．北京：清华大学出版社，2009．

［6］熊建设，卢丹旭．网球［M］．重庆：重庆大学出版社，2017．

［7］人民教育出版社，课程教材研究所，体育课程教材研究开发中心．体育与健康（南方版）［M］．北京：人民教育出版社，2014．

［8］黄宇顺．游泳［M］．成都：成都时代出版社，2009．

［9］刘树军．花样跳绳［M］．北京：高等教育出版社，2013．

［10］赵振平．从小玩跳绳［M］．北京：人民体育出版社，2000．

［11］王虹，王晓东，杨晶梅．花样跳绳［M］．北京：北京师范大学出版社，2014．

［12］杨小凤．花样跳绳［M］．上海：上海教育出版社，2014．

［13］于素梅．从一体化谈运动能力标准及其体系建构［J］．中国学校体育，2021，40（8）．

［14］尹志华．论核心素养下体能与运动能力的关系［J］．体育教学，2019，39（2）．

［15］姜勇，王海贤，潘正旺．基于核心素养的中小学生运动能力评价模型研究［J］．沈阳体育学院学报，2019，38（6）．

［16］唐炎.《青少年运动技能等级标准》的研制背景、体系架构与现实

意义 [J]．上海体育学院学报，2018，42（3）．

[17] 尚力沛．学校体育教学改革"教会、勤练、常赛"一体化推进探析 [J]．体育文化导刊，2022（5）．

[18] 岳建光．大学公共体育教学中"教会、勤练、常赛"的实践研究 [J]．体育视野，2022（8）．

[19] 季浏．义务教育体育与健康课程实践中的疑惑与解答：《义务教育体育与健康课程标准（2022 年版)》专家解读 [J]．体育教学，2022（8）．

[20] 王乐，熊明亮．体育课结构化技能教学的内涵阐释与应用路径 [J]．体育学刊，2020，27（1）．

[21] 季浏．我国《普通高中体育与健康课程标准（2017 年版)》解读 [J]．体育科学，2018，38（2）．

[22] 季浏．我国《义务教育体育与健康课程标准（2022 年版)》解读 [J]．体育科学，2022，42（5）．

[23] 毛振明．"大单元教学"：体育教学改革的突破口：体育教学改革思考之五 [J]．浙江体育科学，1994，16（5）．

[24] 张庆新，陈雁飞．新课标视域下体育大单元教学的内涵、设计依据与要点 [J]．首都体育学院学报，2022，34（3）．

[25] 李瑞瑞．新课标视域下体育大单元教学的实施困境与应对策略 [J]．教学与管理，2022（32）．

[26] 张培欣，邢中辰，王钦呈，等．小学体育大单元教学的思与行：以水平三（六年级）《小篮球》大单元教学为例 [J]．中国学校体育，2021（10）．

[27] 陈威，魏敬，张庆新．指向实战比赛的小学六年级篮球大单元教学设计 [J]．体育教学，2022（5）．

[28] 闫雪艳．普通高校开展羽毛球运动的价值及意义 [J]．体育世界（学术版），2018（10）．

[29] 张燕．全民健身视域下高校开展羽毛球运动价值探析 [J]．运动精品，2018（7）．

[30] 陈珂琦，李志刚，陈世雄，等．对加强校园足球课程教学体系建设的认识与建议 [J]．中国学校体育，2015（5）．

[31] 姚杰．足球进课堂背景下中小学足球教学的阶段性地位研究 [J]．青少年体育，2017（3）．

[32] 刘陵，张伟．青少年趣味足球的内涵解读及推进策略 [J]．当代体

育科技, 2017 (9).

[33] 顾海亚. 小学足球教学的几点思考 [J]. 田径, 2017 (3).

[34] 陈浩. 简论足球技术中场上意识的培养 [J]. 运动, 2017 (4).

[35] 陈英军, 陈园. 田径课程体验式学习内容体系的构建 [J]. 体育学刊, 2014 (3).

[36] 季浏. 《义务教育体育与健康课程标准 (2022 年版)》突出的重点与主要变化 [J]. 课程·教材·教法, 2022, 42 (10).

[37] 李文江. 构建学习目标体系落实体育与健康课程核心素养 [J]. 体育教学, 2022, 42 (9).

[38] 汪晓赞, 杨燕国, 徐勤萍. 新世纪以来我国基础教育体育与健康课程标准的继承与发展 [J]. 西安体育学院学报, 2022, 39 (5).

[39] 陆煜. 体育学科核心素养的内涵、特征及落实路径 [J]. 体育师友, 2022, 45 (1).

[40] 傅先锋. 体育与健康课程中核心素养内涵特征与构成的研究 [J]. 考试周刊, 2018 (61).

[41] 姜勇, 王梓乔. 对体育与健康学科核心素养内涵特征与构成的研究 [J]. 中国学校体育 (高等教育), 2016, 3 (10).

[42] 蔡建光, 黄艳艳. 新时代高中体育与健康学科核心素养培养路径研究 [J]. 四川体育科学, 2022, 41 (2).

[43] 吕慧敏, 查春艳, 董翠香. 核心素养导向下的体育学习目标设计 [J]. 体育教学, 2020, 40 (6).

[44] 尹志华, 孙铭珠, 付凌一. 论核心素养下体育与健康课程中的目标体系及制订原则 [J]. 体育教学, 2020, 40 (1).

[45] 肖爽, 王华丹, 李雪, 等. 小学生体育与健康学科核心素养培养策略研究 [J]. 体育科技, 2021, 42 (4).

[46] 杨同春, 邹旭铝. 核心素养背景下的中小学体育健康教育内容分析 [J]. 体育教学, 2018, 38 (4).

[47] 孙文平. 身体素养和体育与健康学科核心素养的关系解读 [J]. 体育研究与教育, 2022, 37 (6).

[48] 王彦军. 情境教学法在小学武术中的运用 [J]. 师道 (人文), 2020, 365 (12).

[49] 孔令良, 徐万银. 体育过程性考核评价中武术单元教学的思考 [J]. 少林与太极 (中州体育), 2012 (2).

［50］汪晓赞.《课程标准（2022 年版)》课程内容要点解析［J］. 中国学校体育，2022，41（6）.

［51］李克建. 结构主义、后结构主义与教育研究：方法论的视角［D］. 上海：华东师范大学，2007.

［52］王庆丰. 国际田联少儿趣味田径项目在焦作市小学开展的实效性研究［D］. 成都：成都体育学院，2019.

［53］于阔. 体育与健康新课程背景下北京市海淀区高中体育老师的核心素养及发展研究［D］. 北京：首都体育学院，2021.

［54］曹月宵. 新时代初中体育课堂有效教学评价指标体系的构建研究［D］. 阜阳：阜阳师范大学，2022.

［55］梁洁晶. 小学武术基本功的教学设计与优化策略研究［D］. 长春：吉林体育学院，2020.